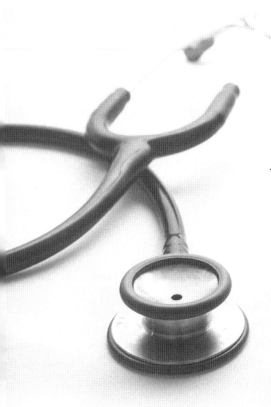

고령사회의
노년기 만성질환과
호스피스의
생명정치

서이종 편저

박영사

책을 출판하며

    우리 사회는 세계적으로도 비교될 수 없을 정도로 빠르게 초고령사회로 나아가고 있다. 65세 이상 노년인구층이 아직 12.3%에 머무르고 있지만 고령화 속도는 다른 어느 사회보다 빠르게 나아가고 있는 만큼 고령사회에 대한 제반 대비책은 그 어느 때보다 시급한 형편이다.

(사진참조: 픽사베이)

    특히 만성질환과 호스피스 등 죽음에 이르는 길에 대한 학문적 연구는 국가정책적으로 대단히 중요하다. 고령화에 따라 노년기 만성질환은 더욱 다변화되어 복합적으로 이루어지고 있어 종합적 예방정책과 치료를 위한 보험체계 등 다각적인 경제적 지원책이 요구된다. 또한 웰다잉(Well-Dying)에 대한 정책 또한 중요하다. 많은 죽음이 중환자실에서 효과조차 불분명한 치료를 받다가 이루어지고 있어 이들 연명치료에 대한 윤리적 논란과 함께 죽음의 질은 OECD국가 중 최하위에 머물러 있다. 더 이상 완치가 불가능할 때 통증완화와 증상관리 등 완화의료의 시행과 함께 사회적, 심리적, 영적 호스피스서비스가 통합적으로 이루어질 수 있어야 한다. 선진국에서 이미 시행된 호스피스완화의료 관련 법률은 우리나라에서 2007년에 그 법제화에 대한 논의가 이루어져 암관리법 개정안을 통해서 말기암 환자를 중심으로 우선적으로 시행되었다. 하지만 이러한 호스피스 완화의료는 적용범위에서 암환자로 제한되어 있을 뿐만 아니라 호스피스 전문시설 및 호스피스 환자에 대한 체계적인 지원책이 없는, 제한된 법제화였다고 할 수 있다. 최근 웰다잉 관련 기본법안으로서 호스피스 완화의료법에 대한 정책화가 논의되고 있다. 말기암 환자를 넘어서 명실상부하게 모든 말기환자를 위한 호스피스완화의료서비스를 위한 호스피스완료의료법안의 공청회를 갖게 되었기 때문이다. 현재 대법원 판결 이후 2013년 국가생명윤리위원회의 권고안에 이어 연명의료 중단결정에 관한 법률안이 국회에 상정되어 있으며 또 호스피스 완화의료서비스를 말기암 환자를 넘어 다른 말기환자로 확대하는 암관리법 개정안이 국회에 제출되어 관련 법률은 본 호스피스 완화의료 법안과 국회에서 통합적으로 논의될 것이다. 이미 2015년 7월 보건복지부에서 호스피스완화의료의 건강보험 적용 시범사업을 실시하기로 결정했으며 이를 위해 제1차 국가암관리위원회를 개최하여 가정호스피스완화의료팀 신설을 결정하였으며, 호스피스서비스에서 완화의료서비스뿐만 아니라 심리사회적 영적 서비스의 지원 확대 방안도 논의되고 있다.

이러한 정책적 노력 속에서도 학문적 연구는 일천하다. 무엇보다도 첫째, 만성질환과 죽음에 이르는 노년기 생애사에 대한 정책은 통합적인 시각이 필요한데도 불구하고 의료계는 의료적 돌봄과 그 대책에만, 사회복지계는 사회적 돌봄과 그 대책에만 매달려 있다. 만성질환에 대해서도 의료적 처치뿐만 아니라 생활습관 변화 등 사회-의료적 예방이 무엇보다도 중요하며, 호스피스 또한 통증완화나 증상관리 등 완화의료뿐만 아니라 사회적, 심리적, 영적 돌봄이 필요하다. 즉 통합돌봄의 관점에서 봐야 한다. 이러한 통합돌봄이 어려운 점은 의료나 사회복지 현장에서만 관찰되지 않는다. 이를 지원하는 공공보험체계 또한 이분화되어 있기 때문이다. 관리적 관점에서 건강보험은 의료돌봄에, 장기요양보험은 사회적 돌봄에 지원되어 분리 운영되고 있다. 이렇게 엄격하게 분리 운영되고 있는 것은 중복 수혜 등을 차단함으로써 보험재정의 안정적이고 튼튼한 운영에 기여하였지만 동시에 서비스 현장에서 통합적 돌봄서비스가 불가능하게 하

는 역효과를 초래하고 있다. 둘째, 서비스 현장이나 보험제도뿐만 아니라 생명
윤리나 문화, 가족문화 등 다양한 층위의 거시적인 시각, 즉 생명정치적 시각이
필요하다. 죽음의 불안은 비단 오늘의 문제는 아니지만, 특히 식민지와 전쟁의
경험 속에서 잘 살아보세를 외치며 달려온 우리들에게는 특히 심하다. 아무리
의사의 전문적인 진단에 따라 치료가 불가능한 상태라 하더라도 지속적인 적극
적인 치료를 위하여 상급병원에 장기 입원하고 있을 뿐만 아니라 환자 본인은
연명치료를 거부하더라도 자녀들은 효를 다해야 하는 사회적 시선으로 인해 연
명치료를 다 하고 있는 실정이다. 이러한 복잡한 현실에서 '오호(嗚呼) 痛哉라'하
며 장탄식만 늘어놓거나 비웃고 욕하는 것(笑罵)을 넘어, 현장 중심의 연구를 통
해서 적극적인 대비책과 관련 쟁점을 고찰하는 것은 대단히 중요하다.

이러한 취지에서 본 단행본은 7장으로 구성되어 있다. 제1장에서는 생명정
치적 문제의식이 구체적으로 무엇인지를 다루었고 제2장에서는 만성질환의 포
괄적인 관리체제의 특성을 다루었으며 제3장에서는 사적 의료보험의 성격과 한
계를 다루었다. 제4장에서는 호스피스 완화의료의 결정과정에서 제기되는 생명
윤리적, 사회적 쟁점을 다루었으며 제5장에서는 호스피스 완화의료의 제도화 과
정에서 장애물이 무엇인지를 다루었으며 제6장에서는 고통의 다차원성을 중심
으로 호스피스 완화의료의 통합적 돌봄서비스의 필요성을 다루고(6장은 「한국사회학」
49/1(2015)에 논문으로 발표되었음) 제7장에서는 호스피스 현장에서 사회복지사의 활동
과 역할을 다루었다.

본 단행본은 한국연구재단의 SSK지원을 받아(2013년 정부(교육부)의 재원으로 한국연
구재단의 지원을 받아 수행된 SSK연구사업(NRF-2013S1A3A2043309)의 결과로서) 2013년부터 2
년간 의사, 요양사/복지사, 사회단체, 노인과 가족 등 관련 집단에 대한 관련 설
문조사와 인터뷰 그리고 현장 방문을 통해서 이루어진 연구성과이다. 세계적으
로도 빠른 속도로 초고령사회로 접어들고 있는 우리 사회에서 만성질환과 죽음
의 생명정치적 연구성과인 본 단행본은 고령사회의 노년기 만성질환과 죽음에
대한 종합적인 대비책을 마련하는 데 기여할 것으로 보인다. 본 단행본을 출간
하게 된 것은 무엇보다도 부족한 연구책임자인 편집자와 함께 공동연구원으로

박경숙 교수, 조비룡 교수, 최경석 교수, 한수연 교수의 적극적인 연구 참여를 통해서 이루어진 것이다. 다시 한번 감사드린다. 또한 필자로 참여해주신 포천 의료원 김종명 과장에게 감사드리며 2014년 12월 후기사회학대회에서 발표한 연구결과에 대한 유익한 코멘트해준 서울대학교 윤영호, 하정화 교수, 그리고 한양대 의대 유상호 교수에게도 감사드린다. 끝으로 본 연구결과를 수행하는 데 도와준 이화여대 박사과정 안경진 씨, 서울대학교 박사과정 구미진, 정령 그리 고 석사과정 박정현, 김민재 씨에게도 감사드린다.

2015년 6월 30일
연구책임자 **서이종** 교수

차   례

서울대 사회학과 서이종

제 1 장
고령사회의 노년기 만성질환과
호스피스의 생명정치

1. 돌진적인 고령화 속도와 (초)고령사회로의 진전

생로병사는 자연의 이치이지만, 오늘날 초고령사회로 진전되는 우리 사회에서 개인적으로뿐만 아니라 사회적으로 커다란 문제이다. 사람은 태어나서 모두 늙고 병들어 죽지만, 근대 사회 이후 생활수준의 향상과 의생명기술의 발달로 우리는 신체적 정신적으로 건강을 더 유지할 수 있고 더 질병으로부터 치유될 수 있음으로 인해서 죽음을 거부하는 문화가 지배되고 있다. 때문에 근대 사회 이후 죽음이 개인적, 가족적 영역으로 자리잡은 이래 죽음의 공포와 불안감은 만연되어 있다. 이미 그리스 시대 시에나의 베르나르디노는 자신의 시에서 노인들에게 다음과 같이 권면하였다. "당신네는 오래 살고자 했고 오래 살기를 원했으며 오래 살지 못할까 걱정했소. 이제 오래 살게 되자 당신네는 불평하오. 누구나 오래 살기 바라지만 아무도 늙으려고 하지는 않는다"고 하였다. 또한 성서에도 육신은 흙으로 돌아가는 것(창세기 3: 19; 시편 146: 4)이고 영혼은 영원한 세계로 들어간다(마가복음 25: 46)고 하였지만 이러한 죽음 앞에서 노인들은 "그들이 생각하는 것이나 그들이 마음속으로 두려워하는 것은 마지막 날 죽음 앞에서

〈그림 1〉 인구구성의 변화(2015-2045)

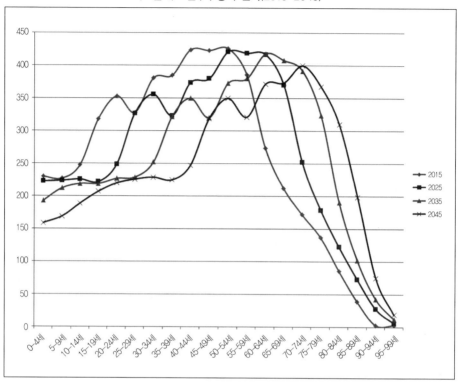

의 불안이다"(집회서 40: 2)고 명시되었다. 키케로는 이러한 노년의 삶을 "노년에 관하여"(On the Old Age)에서 다음과 같이 특징적으로 표현하였다. "노년이 비참해 보이는 네 가지 이유를 발견하게 되네. 첫째, 노년은 우리를 활동할 수 없게 만들고, 둘째, 노년은 우리 몸을 허약하게 하며, 셋째, 노년은 우리에게서 거의 모든 쾌락을 앗아가며, 넷째, 노년은 죽음으로부터 멀리 떨어져 있지 않다는 것이네." 이러한 죽음에 대한 불안과 두려움은 근대사회에 들어 죽음이 철저히 사적인 영역으로 자리잡은 후 공론의 장으로부터 은폐되면서(Aries, 1975(1998)) 노인의 삶 속에서 더욱더 증폭되었다. 특히 병원의 중환자실에 입원하는 경우 인공호흡기 등 생명연장장치에 둘러쌓여 죽음의 순간을 주체적으로 맞을 수 없다. 그럼에도 불구하고 개인적인 불안 속에서도 나이가 들어 노년이 되는 것은 일찍이 "익은 사과가 땅에 떨어지는 것", "입항하기 전에 닻을 내리는 것" 등으로 지칭되기도 하고 그러한 세대교체를 "長江의 거대한 물결"로 비유하기도 하였다.

그런 자연스런 삶의 여정과 세대교체가 고령사회로 접어들면서 커다란 사회문제가 되어 사회적으로는 전혀 다른 의미를 지니게 되었다. 65세 이상 노인인구층이 급하게 증가하고 있기 때문이다.

우리 사회는 초고령사회(super-aged society)로 질주하고 있다. 우리나라에서 가장 큰 인구비율을 차지하는 연령대가 2015년 40~50대인 데 반하여 2025년에는 50~60대로, 그리고 2035년에는 60~70대로 급격하게 이동하고 있다.

65세 이상 노인층은 2015년 13%에서 2030년 24%로, 2050년에는 37%를 넘어설 전망이다. 인구구조의 이러한 급속한 고령화의 소용돌이에서, 노년의 인구층 내부에서도 젊은 노인층 못지않게 나이든 노인층의 비율이 급격하게 증가하고 있다. 70세 이상 노인층이 2015년 8%에서 2030년 16%로 두 배로 증가하고 2050년에는 29%로 거의 두 배로 배증될 것이며 80세 이상 노인층 또한 2015년에는 3% 정도에서, 2050년에는 14%로 급증할 전망이다.

〈그림 2〉 노인의 인구증가와 연령별 구성

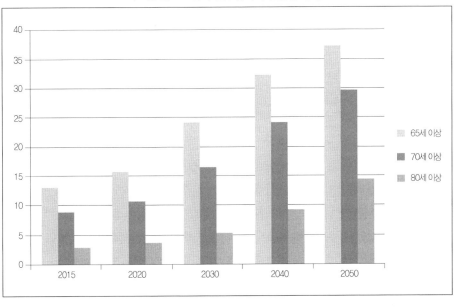

이렇듯 초고령사회로 빠르게 돌진하는 우리 사회에서 노년기 만성질환에서 죽음에 이르는 과정에 대한 사회제도적 장치 마련과 그 쟁점은 대단히 중요한 의미를 지닌다.

특히 이러한 초고령사회에서는 노인의 신체적 사이클, 즉 노화ㅡ만성질환ㅡ죽음의 진전과 관련된 여러 가지 사회문제가 증폭될 것이다. 즉 이러한 노년기 만성질환ㅡ죽음에 이르는 궤적은 인구구조뿐만 아니라 만성질환에 대한 의료기술의 발달에 따라 새로운 형태를 띨 것이다.

2012년 질병 통계에 따르면, 순환기계 질환과 암 등 악성 신생물질로 인한 질병이 거의 절반에 육박하지만 동시에 나이가 들수록 질환이 다양해짐을 알 수 있다. 순환기 질환과 암 등 신생물질뿐만 아니라 호흡기 질환, 심장질환, 뇌혈관 질환 등이 증가하고 있다.

〈표 1〉 노령기 연령별 주요 만성질환

	60세	65세	70세	75세	80세
순환기계 질환	26.18%	26.51%	26.93%	27.47%	27.82%
악성 신생물	20.73%	19.95%	18.71%	16.87%	14.41%
호흡기계 질환	11.97%	12.24%	12.61%	13.08%	13.68%
심장질환	11.46%	11.56%	11.72%	11.95%	12.21%
뇌혈관 질환	10.97%	11.10%	11.23%	11.33%	11.11%
폐암/폐렴	10.93%	10.92%	10.82%	10.60%	10.28%
내분비계 영양대사질환	4.71%	4.70%	4.66%	4.53%	4.22%

이러한 노년기 만성질환으로 의료비 지출이 기하급수적으로 증가되는 결과를 초래하고 있다. 인구층에서 가장 많이 차지하는 40~64세에 비해 65~84세 노년층은 그 비중이 상대적으로 낮음에도 불구하고 생애사 전체의 의료비 비중은 압도적으로 높다. 특히 85세 이상 인구층은 전체 인구에서 1.5% 정도를 차지하지만, 의료비에서는 더욱 높아 7~8%를 차지하고 있음을 알 수 있다.

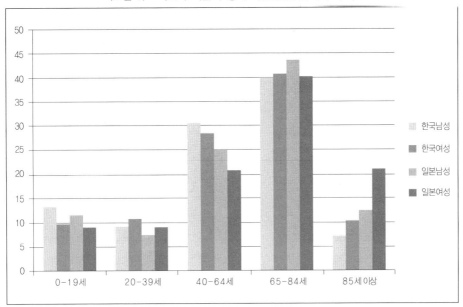

〈그림 3〉 의료비 지출의 생애 비율(한일 남녀의 비교)

범례:
한국남성
한국여성
일본남성
일본여성

2. 노년기 건강과 질환에 대한 새로운 접근과 생명정치

빠른 고령화로 노년의 인구층이 급속하게 증가하는 것은 새로운 사회전망 뿐만 아니라 사회문제를 낳고 있다. 가장 중요한 것은 지금까지 노년의 규정이 고령화의 파고 이전의 낡은 방식에 머물고 있다는 사실이다. 노년층이 급속하게 증가하고 있을 뿐만 아니라 날로 의생명기술이 발달하여 노년의 신체적 건강과 신체적 능력이 증가되어 노년기를 새롭게 재규정하지 않으면 안 되는 시점에 이르고 있다. 과거 회갑이라 일컬어 노인의 나이 규정으로 중요했던 60세는 이제 전통적인 노인층의 이미지를 벗고 있다. 신체적으로 여전히 장년층과 같은 활기와 건강을 유지하는 "젊은" 노인층이기 때문이다. 이제 노인층은 70세 이상을 지칭해야 할 정도로 노인층의 신체는 과거에 비교가 되지 않을 정도로 건강하고 활력있다. 따라서 빠른 고령화에 따라 건강하고 활기있는 이들 노인층이 급증하고 있다. 이러한 신체적 능력과 활기는 풍부한 영양 공급과 더불어 여러 가지

질환을 치유하고 관리하고 있는 의료기술의 발달에 기인한다.

　　하지만 지금까지 노년 연구는 이러한 측면에 주목하지 못하였다. 사회복지학, 사회학 등에서 사회적(social) 측면에서 노년의 삶과 의식, 라이프스타일 그리고 가족 내 혹은 세대 간의 공존, 그리고 그 사회적, 문화적, 정치적 역할에 대해 주목하여 연구되었으나, 여전히 노인을 돌봄의 대상 혹은 복지의 대상으로 대상화하고 있다. 또한 의학, 간호학 등에서는 노년을 신체적으로 퇴화되고 질환을 가진 사람으로서 의료적 돌봄의 대상으로 간주하였다. 이들 학문의 입장에 따라 노년의 문제를 바라보는 입장들은 많은 차이를 보이지만, 아마도 하나의 관통된 시선은 노년의 삶을 더욱 윤택하고 풍요롭게 하는 방법이 무엇인가 하는 근대적인 시선이라 할 것이다. 즉 노년의 삶의 특성과 제반의 욕구 실태를 파악하면서 (정경희 외, 2005, 2006; 박명화 외, 2009), 취약한 노년의 삶에 대한 진단에서부터(이가옥 외, 2004) 건강하고 긍정적인 노년이미지 구축의 과제, 그리고 노화 과정에 대한 적절한 사회, 의료적 개입에 대한 학문적 정책적 관심들이 확장되고 있다(Minkler/ Estes, 1991; 조성남, 2004; 한국노인과학학술단체연합회, 2009). 하지만 이들 노년 연구에서 노년의 신체적 건강과 신체적 능력이 의생명기술의 발달에 따라 급속하게 향상되어 평균수명 100세를 향하는 오늘날 과학기술 시대에서 노년의 새로운 과학기술적 재구성 방식과 그 사회적 논란에 대한 연구가 미흡하다. 즉 현대사회에서 노년이 퇴화와 질병의 '잉여적인' 삶에서부터 의생명기술의 발달로 신체적 건강과 능력이 향상되어 더욱 젊은이 못지않게 주체적인 삶으로 거듭나고 있다는 점이 주목되었다고 보기 어렵다.

　　물론 지금까지의 노년 연구를 통해 제기된 주요한 쟁점은 노년에 대한 보다 성찰적인 시각을 아우르고 있다(박경숙 외, 2011). 노년이 어떤 삶이고 어떤 삶이어야 한다는 인식은 사회문화적으로 규정되고, 시대적으로 변천되어 왔다. 하지만 잉여생산이 제한되어 생산의 기반이 육체적인 건강에 의존하는 결핍사회에서는 오래 산다는 것은 개인들이 일반적으로 경험하는 현상이 아니었으며 고려장과 같이 노인유기 관습 등 공동체적 규율, 즉 문화적 생명거버넌스 장치를 발전시켰다. 반면 노년의 존재 인식은 생산성과 우생학적 생명의 가치가 강조된 근대사회에서 해방과 또 다른 억압의 이중성을 표상하고 있다(박경숙, 2004). 개인의 생명, 소유, 성욕, 재생산, 돌봄 등의 욕구는 생명기술의 발달, 돌봄서비스의 확장에 추인되면서, 노화에 대한 숙명론적 인식에 도전하고, 노년에서도 생산성, 힘, 건강, 그리고 생명의 가치를 확장시키고 있다. 무욕이 노년의 중요한 덕목이라는 전통적 통념에 도전하면서, 노년도 주체적인 삶의 한 단계로서, 이전 시대와 다르지 않은 욕구의 시기로서 새롭게 인식되고 있다. 이러한 변화는 그동안 정치, 도덕적 힘에 의해 억제되었던 노년의 욕구를 해방하는 의미가 크다. 하지만, 이렇게 생명의 욕망이 확장되고, 과학 기술, 의료/돌봄 산업이 이 욕망을 부추기면서 노화는 치유되어야 하고 극복되어야 한다는 인식이 확장되게 된다. 노년에 대한 지나친 의료 혹은 질병적 관점의 확장으로 계층적으로 상이하지만 죽음, 노화과정의 주관적 긴장과 갈등이 강화되고 그러한 노화에 대한 불안은 과도한 기술적 임파워먼트로 나아가고 있다. 이제 100세 시대에 노화 과정 및 의 생명적 개입을 주체가 어떻게 받아들이고 있고, 어떻게 받아들여야 한다고 생각하는지 하는 생명사회적(biosocial), 생명정치적(biopolitical) 질문와 더불어 이런 존재와 인식에 대해 사회는 어떤 영향을 미치고 책임을 가져야 하는가 하는 생명거버넌스에 대한 질문을 하여야 한다.

　이런 질문은 이론적으로 생명의 사회/정치적 의미를 탐구한 기존의 생명사회적, 생명정치적 관점을 '노년'으로 확장하여 구체화하는 것이다. 이론적 관점으로 생명사회 혹은 생명정치론은 지금까지 생물학과 정치 사이의 관계를 밝히는 생물정치 개념에서 더 나아가 미셀 후코의 주권과 생명정치의 문제의식 이후 인종, 시티즌십(citizenship), 인구관리, 위생관리 등 자본주의적 거시구조적인 시각에서 다루거나 전쟁, 인종학살 등의 예외적인 상황에 대한 연구(Agamben, 1995, 2003; Hardt/Negri, 2004)와 생명기술의 직접적인 영향을 다루고 있는(Rose, 2007) 등 사회적으로 확장되었다. 이러한 푸코적 생명사회적, 생명정치적 시각(Haraway, 1993; Rabinow, 1996; Rabinow/Nose, 2006; Gibbon/Novas, 2008)을 노년을 중심으로 구체화하여, 거시적인 생명사회적, 생명정치적 시각과 생명윤리의 사회화/정치화의 통합적 관점으로 새롭게 이론화하여야 한다.

　생명윤리의 사회학은 생명윤리 자체의 사회맥락적 측면을 강조하여 비판적 성찰성에 초점을 두었지만(Evans, 2000; Corrigan, 2003, 2009; de Vries et. al., 2007; Fox/Swazey, 2008; Peterson, 2011), 생명윤리와 사회의 관계를 거시적으로 해명하는 방향으로의 확장은 생명사회적, 생명정치적 문제의식과 맞닿고 있기 때문이다.

연명의료 중단에 대한 윤리적 고찰 못지않게 환자가 어떻게 연명의료를 결정하는지, 사회적으로 왜 연명의료를 불가피하게 선택하는지 하는 다양한 구체적인 현실을 함께 보아야 한다. 사회학은 뒤르껭(E. Durkheim)이나 짐멜(G. Simmel), 베버(M. Weber) 등 고전사회학자들에게서 사회적 규범 또는 윤리에 대한 과학, 즉 '도덕과학'(Moralwissenschaft)으로서 출발하였다(서이종, 2008). 규범과 윤리를 보편적으로 도출하고 정당화하는 윤리학과 달리 모든 사회구성원들의 자신들의 규범과 윤리와 그 사회적 행위와의 관련성은 사회학의 본질적 대상이며 이러한 인식은 현대사회학에서도 부르뒤외(P. Bourdieu)의 취향 및 미학에 대한 사회학적 비판에서 잘 나타난다(Bourdieu, 1979). 따라서 의생명기술의 발달에 따라 대두되는 성찰적인 생명사회적, 생명정치적 연구는 생명윤리의 사회학을 포함하여(서이종, 2006, 2014a) 더 넓은 거시적 사회/정치적 영역으로 확장된다. 그러한 이론적 문제의식 하에서 고령사회의 핵심 사회정책적 과제가 될 '의생명공학 시대의 노년의 신체(몸)'를 중심으로 노화, 만성질환, 죽음에 대한 보다 성찰적인 연구의 다학제적 프로그램이 발전되고 있다(Walker, 2014). 생명정치적 생명사회적 연구는 생명윤리의 논리적 도출을 넘어 노년 생명윤리의 사회쟁점화, 사회제도화, 사회운동화 등 생명사회적(bio-social), 생명정치적(bio-political) 이해를 기반으로 노년 연구에 대한 새로운 이론 패러다임을 제시할 것이다. 이러한 연구는 노년의 생명윤리의 사회화/정치화를 통해 노년의 생명사회적, 생명정치적 측면을 학술적으로 연구함으로써 특히 다가올 (초)고령사회에서 초미의 관심이 될 노년의 생명거버넌스(governance of life)의 새로운 재구성 혹은 새로운 생명사회(BioSociety)의 태동에 대한 국가적 정책 대안을 제시하는 데 기여할 것이다. 생명공학 시대에 걸맞는 항노화 치료/기술/약품 투입, 완화치료, 품위 있는 죽음, 소극적 안락사, 뇌사 판정 등에 이르는 전반적인 생명거버넌스의 새로운 재구성에 대한 국가정책적 대안 마련에 크게 기여할 것이다.

3. 생명윤리정치와 노년의 생명거버넌스

생명에 대한 생명기술의 개입을 다루고 있는 생명기술정치로서 생명정치

(Rose, 2007)는 그 경험분석적 영역으로 다양하게 발전될 수 있다. 여기서는 생명사회적, 생명정치적 시각(Haraway, 1993; Rabinow, 1996; Rabinow/Nose, 2006; Gibbon/Novas, 2008)을 구체화하여 새롭게 재구성되는 생명사회적, 생명정치적 측면을 생명윤리의 사회화/정치화를 통해서 새롭게 이론화하고자 한다. 이러한 이론적 관점에서 노년기의 노화에서 퇴행성 질환을 거쳐 죽음에 이르는 후반기 인간생명을 어떻게 거버넌스(governance)하고자 하는지 또 할 것인지 하는 점 즉 노년의 생명정치를 탐구하고자 한다.

1) 생명윤리의 정치학(politics of bioethics)

생명의료기술의 정치학은 생명윤리의 정치학을 그 근간으로 한다. 윤리적인 것은 행위의 정언명령이나 정당성으로 이어진다는 점에서 사실상 정치적인 것이다. 더욱더 생명기술이 인간과 사회에 개입되고 실현될 때 그러한 개입과 실현이 타당한가를 두고 명시적이든 명시적이지 않고 암묵적이든 윤리적 문제 즉 광의의 생명윤리를 낳는다. 생명기술은 기존의 생명현상과 그 경로에 대한 우리의 의식에 도전하며 동시에 그러한 의식의 전환을 요구하기 때문이다. 또한 생명기술은 생명현상과 그 경로에 특수하게 개입하여 새롭게 그러나 '특수하게' 재규정하기를 시도하기 때문이다. 생명에 대한 과학기술적 개입의 진전에 따라, 생명윤리(bioethics)가 생명기술 시대에 주요한 사회적 관심사이며 정치적 주제가 되고 있다. 생명의 기술적 개입과 변형이 우리의 가치와 도덕에 심각하게 도전하고 있으며 그에 따라 그러한 개입과 변형이 우리의 윤리적 가치와 도덕에 비추어 허용될 수 없다거나 혹은 허용될 수 있으며 우리의 가치와 도덕이 새로운 생명윤리로 재정립되는 논란을 촉발하기 때문이다. 이러한 여건에서 생명윤리의 윤리학은 윤리학의 하나의 응용분야를 넘어 현대 생명공학 시대에 삶의 중요한 주제로서 각광을 받고 있다.

생명기술 시대에 생명의료기술의 특수한 발전과 융합에 따라 생명현상과 그 경로를 새롭게 그러나 특수하게 재규정되고 문화화하지 않으면 안되는 압력을 받고 있다는 사실은 사실 이제 생명현상에 대해 어디까지 어떻게 개입해야 하는가 하는 '생명윤리 정치'(politics of bioethics)를 주요한 구성부분으로 하고 있을 뿐만 아니라(Peterson, 2011) 새로운 생명거버넌스 시스템의 구축이라는 정책적 관심과 맞닿아 있다는 사실이다. 생명윤리는 생명기술의 발전에 따른 그리고 그에 대한 성찰적 행위이며 동시에 새로운 생명정치체제의 시도와 관련된 윤리적 정당성의 논박과 관련되기 때문이다. 때문에 생명의 치료 및 연구 현장에서 이종장기이식이나 교잡, 유전자 변형을 통한 키메라, 인간복제 등 새로운 생명의 창조뿐만 아니라 기술적인 생명연장, 기능증강, 장기대체 등 인간생명에 대한 개입은 생명연구의 윤리이며 동시에 커다란 사회적 논란이 된다.

하지만 생명정치(biopolitics)는 생명윤리를 둘러싼 정치로 한정될 수 없다(Evans, 2000; Stevens, 2000). 첫째, 생명윤리를 정립하고 관련 법적 가이드라인을 만들어 실행하는 것은 현실(reality)의 무수한 권력관계와 무관하거나 뛰어넘는 '유토피아'일 수 없기 때문이다. 생명윤리를 현실 속에서 실현하기 위해서는 생명윤리가 실행되는 사회적 조건과의 상호성을 고려하지 않을 수 없다. 그래서 생명윤리나 인권을 정립하는 것보다 더 중요한 것은 생명윤리나 인권의 정치(politics of human right)라고 하지 않았겠는가? 뿐만 아니라 둘째, 생명자본의 형성과 지배나, 정년 결정(Casey et al., 2003), 노년의 기초연금 등 자본주의적 생명경제 등 구조적 조건은 여전히 생명윤리 밖에 있을 뿐만 아니라 그러한 구조적 조건에 대한 성찰 없는 생명윤리는 넓게는 생명자본에 포섭되어 그 권력을 유지하는 매우 도구적 성격으로 전락될 수밖에 없기 때문이다(Aran/Peixoto, 2006: 8). 따라서 생명윤리의 올바른 이해는 사실상 생명윤리를 둘러싼 정치뿐만 아니라 생명자본과 노동, 정부의 제도형성과 재정적 지원의 결정과정, 시민들의 삶의 현장에서 다양한 경험과 이해갈등, 주권과 글로벌 경쟁 등을 포섭하는 생명정치로 나아가야 한다.

2) 생명윤리정치와 생명거버넌스(life governance)

노년은 삶의 후기단계로서 노화과정이라는 물리적, 신체적 과정의 결과이지만 사실은 그 이상의 사회적 결과이다. '노년'은 그 정신적 측면이라기보다는 신체적 측면에서 정의된다. 그래서 쉽게 노년은 신체(몸)의 노화의 어느 단계로 정의되며 그 정신의 노화로부터 정의되지 않는다. 그럼에도 불구하고 노년을 노화 그 자체의 물리적, 신체적 결과라기에는 훨씬 더 사회적 규정성을 지니고 있다. 결핍사회에서 노년은 고려장과 같은 노인을 버리는(棄老) 습속이 있었지만 풍요사회에서 노년은 이제 정치적, 사회적으로 당당한 주제로 거듭나고 있다. 이제 영화 은교에서 노시인 이적요의 말처럼, '당신들의 젊음이 잘한 일에 대한 상이 아니듯, 내 늙음도 과오에 대한 징벌이 아니다'라고 당당히 밝힐 수 있게 되었다. 더 나아가 현대사회에서 생명의료기술의 발달에 따라 질병치료뿐만 아니라 항노화(anti-aging) 즉 신체향상(empowerment)으로 '100세 시대'라는 고령사회(aging society) 혹은 초고령사회(super-aging society)를 낳고 있다.

이에 따라 생명공학 시대인 현대 고령사회에서 노년은 매우 빠른 속도로 새롭게 재규정되고 있다. 단순히 수명이 연장된다는 점을 넘어서 생명의료기술의 도움으로 젊은이들만큼이나 건강하고 강한 노인, 젊은 외모의 멋쟁이 노인 등 새로운 노인의 탄생은 노년을 더 이상 생물학적 노년으로 규정할 수 없게 만들고 있기 때문이다. 생명을 관리하는 시스템(생명정치)의 새로운 변화라는 시각에서 특히 생명의료기술의 발달에 따라 '새로운 노년'의 탄생을 목지하고 있기 때문이다. 하지만 노화를 부정하고 만년 젊고자 하는 욕망은 인간, 즉 노년의 주체적 욕망으로 부정될 수 없지만 노년 자신을 부정하는 자기부정적 의식을 심화시키고 더 나아가 인간의 자연스러운 삶과 죽음을 부정하는 부자연스러운, 반생태적 삶을 부추기고 있기 때문이다. 따라서 의료 및 생명기술의 발달에 따라 재규정되고 있는 노년의 건강과 신체(몸)능력 향상은 "어디까지 어떻게 개입되어야 하는가"하는 생명윤리적 논란을 넘어 "어떻게 삶과 죽음을 재규정하고 지지해야 하는가"하는 생명 거버넌스(governance of life) 시스템에 대한 본질적 재편을 의미하며 새로운 생명사회(BioSociety)의 태동을 내포하고 있다. 즉 생명윤리 논쟁을 기초로 "생명의료기술에 따라 노년이 어떻게 새롭게 재규정되어야 하는가"하는 생명정치적 혹은 생명사회적 연구로 거듭나고 있다.

노년의 돌봄(care)시스템은 의료/기술적 돌봄(케어)과 사회적 돌봄(케어)을 동반한다. 때문에 과잉 의료화를 경계하여야 한다. 동시에 생명정치적 시각은 돌봄정치(care politics) 시각과 구별된다. 돌봄정치는 의료/기술적 돌봄과 사회적 돌봄으로 대별될 수 있는바, 생명정치는 의료/기술적 돌봄 정치와 맞닿다. 하지만 생명정치는 의료/기술적 '돌봄' 정치로 한정될 수 없다. 생명기술의 발달에 따라 새로운 기술적 가능성이 단순한 돌봄 이상의 신체능력 향상을 의미하며 또한 그러한 새로운 기술적 가능성의 존재가 노화에 대한 새로운 재규정을 포함하기 때문이다. 즉 노화를 더 이상 자연스러운 상태라기보다는 기술적 가능성(수단)을 이용해서 노화를 방지하지 못한 상태로 인식되게 된다. 즉 빈곤한 사람이거나 자기관리를 철저히 하지 못한 칠칠맞지 못한 사람으로 낙인찍힐 가능성이 높다.

본 연구는 생명공학의 발달에 따라 과학기술시대에 노년은 새롭게 재편되고 있다. 점증하는 의료 및 기술적 개입은 노년에서 어떻게 이루어져야 하는가? 이러한 노년의 생명정치적 제도화를 둘러싼 논의들과 사회현상을 다룬다.

4. 노년의 생명(윤리)정치적 연구

1) 노화의 생명윤리와 생명정치

노화는 인간이 생명체로서 시간의 흐름에 따라 불가항력적으로 발생하는 신체적 기능 및 인지 능력의 자연스러운 저하 및 항상성 유지의 실패, 질병의 취약성을 가지며, 궁극적으로 죽음에 이르는 과정을 의미한다. 그러므로 생명체로서 노화는 불가피하지만, 현대사회의 발달된 의학 기술은 인간으로 하여금 노화에 의한 신체기능 저하와 이로 인한 각종 기능 장애, 질병의 고통과 같은 부정적인 면을 일부 극복할 수 있게 해주었다. 그러므로 개개인에 있어서 타고나는 유전적인 차이뿐만 아니라, 후천적 사회경제적인 측면에 의해 물리적인 나이에 비해 생물학적인 나이라 할 수 있는 노화의 개인차가 크게 벌어진다.

노화에 대한 가장 주요한 윤리적 사회적 질문은 발달되는 의생명분야 항노화(anti-aging)기술 속에서 '노화와 이에 의한 장애를 자연스러운 것으로 받아들여야 하는가?'이다(이은주, 2007). 의생명기술과 관련해서 보면, 노화는 더 이상 자연스러운 것이 아니며 정도의 차이가 있을 뿐 항노화기술과 자연스러운 노화의 복합적 결과일 수밖에 없기 때문이다. 의생명기술의 발전에 따라 이제 '자연적인 노화가 무엇이냐' 더 나아가 '자연으로서의 생명'은 가능한가 하는 질문이 제기된다. 생명의 '자연'상태나 '자연'적 복원력이란 매우 상대적인 함의를 지니고 있을 뿐만 아니라 이제 그 자연은 기술적 개입이 없는 순수한 의미에서 자연일 수 없기 때문이다. 자연으로서 생명은 생명계의 재생가능성을 넘어 그 어떠한 '자연적인 것'의 사회적 규정도 의문시될 수 있기 때문이다.[1]

의생명기술의 고도화에 따라 자연스러운 노화는 '관리되지 않는 (지저분한) 삶'으로서 이제 부정적인 것으로 인식되는 경향을 띠게 되었다. 물론 의생명기술의 발달 이외에도 다음과 같은 사회적 영향 또한 무시할 수 없다. 첫째, 자기부정적 노년관이다. 노화를 자연스럽게 받아들이는 품위 있는 노년의 자의식이 낮아 노화를 자연스럽게 받아들이기보다는 나이에 어울리지 않는 젊음과 미를 지향하는 노년이 자화상이 되고 있다. 이에 따라 경제력이 있는 노년에게 신체적 능력 향상(enhancement)은 보톡스의 생명정치에서 보듯이 시대적 아이콘이 되고 있다 (Hughes, 2006). 둘째, 연령주의(ageism)이다. 연령주의가 우리 사회에서 자기부정적 노년관을 심화시키고 있다(이금룡, 2006). 신체적 노화 여부와 관계없이 나이에 따라 정년 등 사회활동을 제약하고 규정짓는 연령주의는 나이듦에 대한 자기부정적 태도를 심화시키고 있다. 셋째, 노년의 지식과 지혜의 가치 추락이다. 현대 사회에서 급속히 발전하는 정보기술 등 사회인프라의 변화로 사회환경이 급변하면서, 오랜 인생의 경험을 바탕으로 한 노년의 지식과 지혜가 이전 사회에서보다 새로운 사회환경에서 훨씬 더 가치를 상실하면서, 사회적으로 노년의 존재감 상실과 겉보기 중시의 사회분위기에서 의생명기술의 발달과 더불어 노년의 자기부정적 자의식을 강화하여 노년의 독특한 생명정치를 낳고 있다.

항노화기술의 발달에 따른 생명윤리적 생명사회적 하위 주제는 영역별로 다양하다. (1) 시력 노화에서는 라식수술 – 안경 논쟁, 칩/인텔리전스 안경 논쟁 등이 있다. 노안의 경우 어디까지 라식수술을 해야 하는가 하는 논쟁은 안경에 의한 보완과 노안 라식수술 관계는 무엇인가, 이러한 쟁점은 효과성과 더불어 위험(risk)이 덜한 기술을 먼저 채용하는 것이 더 윤리적이다(FDA, 2009). 이 논란의 경우 시술자로서 의료인보다 시술대상자인 노인들의 위험에 대한 민감도와 인식 수준이 훨씬 더 높다. (2) 근력(기능) 노화에서는 인공관절수술이 시행되고

---

1) 그동안 '자연적인 것'은 철학적으로 (1) 자연적으로 존재하는 것 (2) 자연상태에서 정상적인 것 (3) 물리적 실체가 있는 것 (4) 도덕적으로 공정하다고 느끼는 도덕감에 기초한 것 (5) 사물의 내적 속성에 기초된 것 (6) 인위적이지 않고 자연에 의해 형성된 것(Keller, 2008: 118)에 의해 다양하게 규정되었다.

있으며 의족, 의치, 보청기 등의 기술향상이 눈에 띈다. 인공관절수술이 리스크와 관련하여 논란이 될 수 있으며 단순한 의족, 의치, 보청기는 사회적으로 윤리적 쟁점이 아니지만, 여러 가지 형태로 지능화되는 경우 사회적으로 논란이 될 것으로 보인다. (3) 피부 노화에서는 보톡스 시술, 피부이식 등이 논란의 대상이다. 성형과 미용의 관계에 대한 근본적인 의문과 더불어(임소연, 2011), 노화된 피부의 미용을 넘어선 이식 및 성형수술은 논란이다. 더 젊은 피부를 가지고 싶은 노년의 열망은 자의식의 발로이지만, 동시에 노년으로서의 자기부정적 의식 더 나아가 반생명적/반생태적 의식 확산(Milbrath, 1993)의 근저를 이루고 있다. (4) 성기능 노화에서도 호르몬 대체요법, 비아그라 등이 논란이다. 호르몬 대체요법에서 월경하는 젊은 여성을 '정상성'으로 설정하고 노화에 따른 폐경기를 질환으로 간주하여 폐경기 여성에게 인위적으로 여성호르몬을 주입하는 것이 타당하고 옳은 것인가 하는 논란이 제기되고 있으며(Notman/Nadelson, 2002) 남성의 경우에도 남성 호르몬 테스토스테론의 보충요법이 논란이 되며 또한 성기능을 향상하는 비아그라 약품요법도 신체적 능력 향상에 대한 윤리적 논쟁 사한의 하나를 이루고 있다. (5) 치매 등 인지능력 노화에서는 인지능력 향상 약물치료 및 유전자 치료가 단순한 질병치료 및 기능 보완 수준을 넘어설 때 효과성과 안전성 등을 포함한 윤리적 논쟁의 대상이다(Sandel, 2007). 특히 이들 항노화기술은 건강검진을 통한 질환 조기 발견과 치료뿐만 아니라 운동, 영양 관리, 호르몬 요법, 피부관리, 스트레스 관리 등 다면적이며 또한 그 기술의 진전에 따라 그 혜택이 노년의 사회경제력에 따라 계층적 차이가 크다는 사실이 사회적, 윤리적 대상이 된다.

2) 퇴행성 질환의 생명윤리와 생명정치

퇴행성만성질환의 범주가 논란의 대상이 되지만, 노화단계에서 나타나는 만성질병을 어느 정도 어떻게 치료해야 하는가 하는 것이다. 하위 주제로는 퇴행성 만성질환과 active treatment, 퇴행성 만성질환의 고통저감과 안락사, 퇴행성 만성질환과 "회복불가능함(being irreversible)"의 의료적 판단, 퇴행성 만성질환의 사회적 돌봄은 누구의 책임인가 등이 있다.

노화/퇴행 관련 만성질환의 경우 비만 방지, 운동, 적절한 영양, 휴식, 정기 검진, 조기발견과 같은 일차 예방이 가장 중요한데, 이에 관련되는 사회경제적인 문제들이 있다. 또한 노인은 한 가지 질환이 아니라 여러 질병이 동시에 나타나며, 쉽게 만성화하고, 후유증이 발생하며, 이후 장애가 발생하는데, 이로 인한 독립적 생활을 영위할 수 있는 신체활동 및 인지능력의 상실로 인해 궁극적으로 배우자나 자식, 사회 복지체계에 의존적인 삶을 살아가며 요양을 하게 되는 과정에서 발생하는 의료, 사회적 비용, 세대 갈등, 생명연장술의 적용과 사망의 판정이 생명윤리적 논란으로 대두된다. 이러한 쟁점은 사실 사회적으로 만성퇴행성질환의 의료 논쟁이며 더 나아가 안락사의 논쟁(Dworkin, 1998)과 연관된다. 노화/퇴행 관련 만성질환의 경우 의료적 개입은 적극적인 치료가 아니라 소극적 치료와 고통 저감에 둘 때 그 기준과 근거는 무엇인가 하는 생명윤리적 논란이 된다.

노인의 만성질환은 사실 퇴행성질환과 관련된 만성질환이다. 노년의 신체적 퇴행과 노화는 단위 기능의 퇴행과 노화를 넘어서 근력, 시력, 간기능, 성기능, 인지력, 피부 등에서 다면적으로 나타나며 이러한 노화와 퇴행 상태에서 특정한 질환에 노출되었을 때 쉽게 수술이나 약물치료를 신체적으로 감당할 수 없어 만성화되거나 급속하게 합병증화되는 경향을 띠고 있다. 따라서 만성퇴행성질환은 개선의료와 완화의료(palliative medicine) 사이의 지향하는 치료의 성격을 지닌다. 세계보건기구(WHO)는 "고통과 육체적, 심리적, 정신적 문제들과 그 밖의 여러 가지 문제들을 초기에 파악하여 완벽히 평가하고 치료하여 고통을 예방하고 경감시킴으로써 생명을 위협하는 질병과 연관된 문제들에 직면해 있는 환자와 그 가족들의 삶의 질을 증진시키는 접근법"이라고 완화의료를 규정한다. 그런데 문제는 개선의료와 달리 완화의료가 지향하는 "삶의 질" 증진은 무엇을 의미하는가 하는 것은 개별적 상황과 개인의 주관적 해석에 의존할 수밖에 없다는 것이다. 때문에 완화의료를 채택하는 만성퇴행성질환의 판정과 그 기준, 그리고 완화의료(또한 완화약품, 완화 사회서비스 등 포함)의 범위, 완화의료의 윤리적 기준 등이 사회적으로 윤리적으로 심도있게 고려되어야 한다.

이러한 만성퇴행성질환은 노인인구의 증가로 인해 더욱 늘어날 것으로 전망되어 적절한 거버넌스체제는 불가피할 것으로 보인다. 만성퇴행성질환과 관련된 국민보건과 삶의 질 향상에 필수적 의료서비스, 예방 의료, 추후관리, 재활, 요양 등의 보건서비스에 적절한 정책이 요청된다. 뿐만 아니라 이들 의료서비스는 정서적, 사회적 측면에서의 돌봄 서비스와 긴밀하게 연관되어야 한다. 현재 가족 중심의 돌봄체계가 보다 체계적이고 지속적인 전문 인력에 의한 돌봄 서비스로 거듭난다고 할 때, 만성퇴행성질환에 대한 의료/기술적 개입의 범위와 허용 기준 그리고 완화의료의 범위와 기준, 의료인의 에토스 등이 사회적 돌봄 체계와 함께 복합적으로 사고되어야 한다. 사실 노인들이 건강상실을 두려워하는 것은 신체적 고통뿐만 아니라 그로 인하여 일상적인 활동을 하지 못할 때 부정적인 심리와 감정상태가 수반된다. 독립적으로 살지 못할 때, 상실감이 크며 우울 상태가 수반된다. 그런데 질병과 기능상실이 주체인식에 부정적으로 영향을 미치는 것은 질환이나 기능 약화 자체 때문만이 아니라 삶이 기능으로 존재하고 해석되는 존재양식의 영향도 클 수 있다. 또한 질병, 문제를 어떻게 정의하는가는 질병상태에 대한 개입방식을 다르게 하고 몸과 주체의 관계를 새롭게 구성할 수 있다. 질환에 대한 의료적 관점과 노인의 삶과 관계에 대한 종합적인 관점에서, 의사와 노인환자 관계, 돌봄제공자와 가족, 노인의 관계, 몸과 주체의 밀접한 관계를 조명하는 것이 중요하다.

3) 죽음의 생명윤리와 생명정치

여기에서는 의료기술적 개입 측면에서 죽음을 어떻게 대처하는가 하는 점이다. 노년에게 '죽음을 어떻게 대처해야 하는가?' 혹은 '품위 있는 죽음' 맞이는 필요한가?' 등이 핵심적 쟁점이다. 관련 하위 주제로서는 죽음교육, 연명치료 거부와 완화치료의 생명윤리, 고통 저감과 (적극적) 안락사 논란, 죽음의 개념정치와 뇌사의 생명윤리, 장기기증(이식)이나 사후 의례의 생명윤리 등이 있다.

죽음은 심폐사에서 뇌사로의 개념 정치의 특징을 지닌다. 뇌사로 죽음을 개념 규정하는 경우, 뇌사 진단 이후 의료적 회복가능성, 뇌사의 기준과 판정, 뇌사 판정 이후 장기이식 등이 뇌사논쟁의 주된 쟁점이다(구인회, 2004). 죽음과 관련해서는 뇌사의 생명정치뿐만 아니라, 사망진단, 시신의 정의와 지위 문제도 고찰할 필요가 있다. 의료체계는 죽음을 인간적 조건의 일부로서 내부에서 생겨나는 것으로 보기보다는 오히려 저지해야 할 외부로부터의 공격자처럼 여긴다. 뇌사와 관련되어 장기기증을 하려는 경우의 사망판정을 위해서는 일반적으로 설정되어 있는 두 가지 기준이 있다. 심장사 후 기증 또는 소위 비심장박동 기증에 사용되는 순환기-호흡기 기준과 뇌사 기준으로도 알려져 있는 신경학적 기준이 그것이다. 장기기증의 적격성을 사망판정과 분리함으로써 사망판정을 둘러싼 논쟁들을 회피하기 위한 제안들을 볼 수 있다. 중요한 것은 신경학적 기준을 이용하는 사망판정이 삶의 질에 대한 판단이나 무가치에 대한 판단이 아니라 죽음에 대한 판정이라는 사실을 인식하는 것이다.

또한 호스피스 논쟁과 적극적 안락사 논쟁이 있다. 호스피스 치료를 받는 환자는 자주 육체적 고통에 더하여 심리적 고통, 영적 고통, 사회적 고통을 겪는다. 호스피스는 죽음을 앞둔 말기 환자와 그 가족을 사랑으로 돌보는 행위로서, 환자가 여생 동안 인간으로서의 존엄성과 품위를 유지하면서 생의 마지막 기간에 평안하게 임종을 맞이하도록 신체적, 정서적, 사회적, 영적으로 도우며, 사별 가족의 고통과 슬픔을 경감시키기 위해 총체적인 돌봄을 제공하는 것이다. 따라서 호스피스 철학은 인간 존중과 인간 이해, 인간의 자유의지와 창의성을 소중히 하는 인도주의와 인간사랑을 기반으로 한다. 호스피스는 환자와 가족에게 완치가 가능하지 않지만 치료가 필요한 상황에서 이루어지는 치료철학이다.

완화치료는 치유를 제공하기보다는 심각한 병세를 줄이는 데 집중하는 모든 형태의 돌봄이나 의학적 처치이다. 보통 완화의료에는 돌봄은 제공될 수 있으나 완치가 기대되지 않는 질병 말기나 만성 질환을 가지고 사는 환자에게 필요한 편의를 제공하는 포괄적인 계획이 포함된다. 말기 진정은 적절히 적용되는 경우 완화 치료에 합법적으로 사용되지만, 때로는 의사조력자살과 안락사의 수단으로 옹호되기도 한다. 죽음의 결정을 적절히 이해하는 데 필요한 특징적 요소들에는 치료 적용, 치료 철회, 죽는 것의 허용, 삶의 질에 대한 판단 등이 있다.

안락사 또는 자살의 수단으로서의 말기 진정은 영양과 수분 공급을 제거함으로써 환자의 죽음을 야기하게 된다. 삶의 질에 관한 문제는 환자가 특정 치료를 포기할 수 있는지 여부를 고찰할 때 관련이 있는 도덕적 사고의 한 부분이다. 다른 대안적 치료법을 이용할 수 없다면, 비록 아직 실험적인 의료처치라 할지

라도 가장 발달된 치료법을 사용할 수 있다. 만일 그 의료처치가 제공하는 이점이 기대에 너무 미치지 못한다면 예외적 수단을 사용하기를 거부하거나 중단할 수도 있다. 통상적 수단으로 충분할 수 있고 모든 예외적 수단을 거부할 수 있다. 그러한 거부는 자살과 같지 않다. 그와는 반대로, 인간 조건의 수용으로서 간주되어야 하며, 기대할 수 있는 결과와 균형을 이루지 못하는 의료 처치를 회피하려는 원의나 가족 혹은 공동체에 과도한 부담을 강요하지 않으려는 원의로 간주되어야 한다. 죽음이 임박한 때는 불확실하고 고통스러운 생명의 연장을 하게 할 뿐인 치료법을 거부할 수 있다. 죽이는 것과 죽도록 허용하는 것 간에는 윤리적 차이가 있으며 또한 사전의료의향서 등 법적인 차이가 있어야 한다(최경석, 2009; 신동일, 2012).

제 **1** 부

고령사회의 만성질환과
돌봄체계

Biopolitics of Chronical Diseases and Hospice of the Elderly in Aged Society

제 2 장
노인 만성질환의 통합적 관리와 예방

서울대학교 의과대학 가정의학교실 조비룡

우리나라 고령화의 특징으로 빠른 고령화 속도와 이로 인한 만성질환 및 장애의 증가, 의료비증가 등을 들 수 있다. 하지만 노인들은 예전과는 달리 가족의 지원을 제대로 받지 못하는 경향이 급격히 늘어나 단독생활 노인이 증가하고, 사회의 복지는 아직 선진국을 따라가지 못하여 빈곤층의 노인이 많아지고, 자살률과 같은 좋지 않은 지표들이 매우 높은 경향이 있다. 이러한 경향을 바로 잡기 위해 의료에서 제공해야 할 것들이 노인들의 기능저하와 질병발생을 예방하고 잘 관리하는 것이다. 이로 인해 노인에게 건강수준을 유지하게 하여 자립적인 생활을 영위하도록 함으로써 노후 삶의 질을 향상시키는 근본을 제공하는 것이다.

우리나라는 빠른 속도로 경제 발전을 이룩하며 의학과 보건학적인 발전도 함께 빠른 속도로 이루어졌다. 이에 따른 위생의 개선과 의료기술의 발달로 인해 국내 주요 사망원인은 감염성 질환과 같은 급성질환에서 만성질환으로 변화되고 있다. 또한 전 세계적으로 기대수명이 증가하여 노령화 현상이 진행 중이며, 이러한 노령화로 인한 만성질환 증가는 의료비의 급증을 악화시켜 국가 재정 부담을 가져오는 원인이 되고 있다. 2009 통계청 자료에서 대표적인 만성질환인 본태성 고혈압은 가장 많은 진료비를 소비하였으며 진료실 인원수도 전체 질환 중 11위였으며, 인슐린 비의존 당뇨병이 진료비 소비로 2위, 만성 신질환이 3위를 차지하여 만성질환으로 인한 의료비 지출을 보여주었다. 그 외에도 고혈압성 심장병, 뇌혈관질환 후유증, 무릎관절증, 자극성 장증후군, 추간판 장애, 관절염, 척추증, 고지혈증, 전립선비대, 골다공증 등의 만성질환이 진료비 기준 100위 안에 포함되었으며, 노인진료비에서 가장 많은 비중을 차지하는 질환진료비를 따로 분석하여 순서대로 볼 때도 대부분 고혈압, 대뇌혈관질환, 골관절염, 치매, 척추병증, 추간판장애, 소화기질환 등 만성질환 진료비로 지출됨을 알 수 있다.

고혈압, 당뇨와 같은 만성질환의 경우 관리가 이루어지지 않으면 합병증의 발생과 그에 따른 수명의 단축으로 연결될 수 있는데, 만성질환은 전체 노인 사망의 90%를 차지하는 의료비 급증의 원인이자 급속한 고령화로 더욱 심각해진 사회적 질환임에 따라서 선제적 예방조치만이 해결 방안이다. 비단 주요 만성질환 뿐 아니라 두통, 폐경기증상, 불면증 등과 같은 만성 건강병들도 삶의 질과 생산성을 감소시키고, 의료비 지출을 증가시키는 원인으로 알려지고 있다. 이러한 질병들은 사망과 직접적으로 연관되지 않아 우선순위에서 미뤄지고 있으나 유병률이 높고 의료비 지출 증가의 큰 원인으로 작용하는 만큼 예방적 조치와 관리가 필요하다.

1. 노인에서의 주요 건강문제

2014년 9월에 발표된 통계청의 사망원인통계 결과를 보면 40대 이후부터는 암이 전체 사망률 1위를 차지하며, 60대 이후부터는 심장질환과 뇌혈관질환이 2, 3위를 차지하는 것을 알 수 있다. 즉, 최근 노인에서의 사망 원인은 급성질환이라기보다는 만성질환이 문제가 됨을 알 수 있어서 만성질환을 어떻게 조절하고 예방할 것인가가 매우 중요해진다. 이런 만성질환들은 노인들의 삶의 질과 신체 기능을 떨어뜨리는 주요한 요인으로 작용하고 있다. 문제는 이러한 만성질환의 예방을 위해서는 나이가 든 후보다 어렸을 때부터 건강관리가 중요하다는

<表 1> 연령별 3대 사망원인 구성비 및 사망률, 2013년(통계청)

(단위: %, 인구 10만 명당)

연령 (세)	1위			2위			3위		
	사망원인	구성비	사망률	사망원인	구성비	사망률	사망원인	구성비	사망률
1-9	악성신생물	17.0	2.4	운수 사고	14.8	2.1	선천 기형	9.1	1.3
10-19	고의적 자해(자살)	28.4	4.9	운수 사고	19.1	3.3	악성신생물	15.7	2.7
20-29	고의적 자해(자살)	42.6	18.0	운수 사고	16.9	7.2	악성신생물	11.2	4.7
30-39	고의적 자해(자살)	36.3	28.4	악성신생물	19.7	15.4	운수 사고	8.2	6.4
40-49	악성신생물	28.8	50.3	고의적 자해(자살)	18.8	32.7	간의 질환	8.3	14.6
50-59	악성신생물	38.3	146.3	고의적 자해(자살)	10.0	38.1	심장 질환	7.5	28.7
60-69	악성신생물	44.0	361.5	심장 질환	8.1	66.2	뇌혈관 질환	7.7	63.1
70-79	악성신생물	34.4	852.2	뇌혈관 질환	11.2	277.4	심장 질환	9.7	239.9
80세 이상	악성신생물	16.6	1477.6	심장 질환	11.5	1026.8	뇌혈관 질환	11.4	1018.5

* 심장 질환에는 허혈성 심장질환 및 기타 심장질환이 포함.

사실이다. 그러므로 나이가 들어서 건강관리를 시작하는 것이 도움이 되기는 하지만, 좀 더 적극적으로 어릴 때부터 건강관리를 시작하도록 하는 것이 노후 건강관리의 주요 전략이라 할 수 있겠다.

2. 만성질환 예방과 건강증진: 성공적 노화 모델

노인의 만성질환을 예방하고 건강을 증진시키는 가장 잘 알려진 모델은 성공적 노화(Successful Aging) 모델이다. 이는 Baker 등(1958)에 의해 예전부터 제창되어 왔으나, 1987년 당시 뉴욕의 Mount Sinai 의과대학의 학장으로 있던 John W. Rowe 교수(1987: 143-149)가 Science지를 통해 발표하면서 학계에서도 자주 사용되는 용어로 정착되었다. 처음 발표될 당시의 의도는 '특별히 진단된 질병이 없으면 노인들의 기능 상실은 대부분 노화에 의한 것'이라고 여기던 생각들을 반박하기 위함이었다. 즉, 개개인의 노화를 살펴보면 일반적으로 보는 노화(Usual Aging)와 다른 성공적 노화(Successful Aging)가 있는데, 둘 다 특별한 질병은 발견할 수 없지만, 후자의 경우는 더 오래 살 뿐만 아니라, 나이 듦에 따른 기능의 저하가 훨씬 적다라는 것이다. 더욱더 의미 있는 메시지는 이 두 군 간의 차이가 대부분은 유전적이라기보다는 변경 가능한 생활습관의 차이라는 것이다. 이후 노화와 함께 저하되는 기능들을 나이로 인한 어쩔 수 없는 것으로 받아들이기보다는 고칠 수 있는 요인으로 보는 시각이 강하게 자리잡아가고 있다. 이 발표는 당시 서서히 자리를 잡아가던 건강증진(Health Promotion)의 개념과 접목되면서 의료인들에게 새로운 방향을 제시하는 계기가 되었다. 1990년도 중반부터는 초기의 신체적 건강에 사회적, 정신적 개념이 추가되어 여러 분야에서 같이 연구하는 분위기가 익숙해졌고, 특히, 20세기 말의 분자생물학의 괄목할 만한 발전은 임상의학에 적용되기 시작하면서 바람직한 노화(Optimal Aging), 노화방지 또는 항노화(Anti-aging) 등의 또 다른 용어를 탄생시켰다(Fries, 2002: 371-382; Rowe & Kahn, 1997: 433-440).

1) 고전적인 성공적 노화 개념

Rowe의 개념이 가장 대표적인 것인데, 〈그림 1〉에서 보다시피 성공적 노화가 되기 위해서는 신체적, 사회적, 정신-인지적인 기능이 잘 유지되어 적절한 기능을 할 수 있어야 하고 이와 함께 행복감을 느낄 수 있어야 한다는 것이다. 이러한 개념에 의하면 신체, 사회, 정신-인지의 3대 기능을 측정하여 모두 일정한 수치 이상이 되어야 성공적 노화라고 말할 수 있다. 이런 기준을 엄격하게 적용하였을 경우는 기준에 따라 차이가 나지만, 전체 노인의 약 10% 정도만이 성공적 노화의 범주에 들어갈 수 있다.

이 개념의 가장 큰 문제는 너무 기준이 엄격하여 노인들의 소수만 '성공적 노화' 기준에 들어가기 때문에 나머지 대부분의 노인들을 '실패자'로 만드는 경향이 있다는 사실과 용어가 너무 선정적이어서 성공 아니면 실패로 양분하는 경

〈그림 1〉 고전적인 또는 양적(Quantitative) 성공 노화의 개념

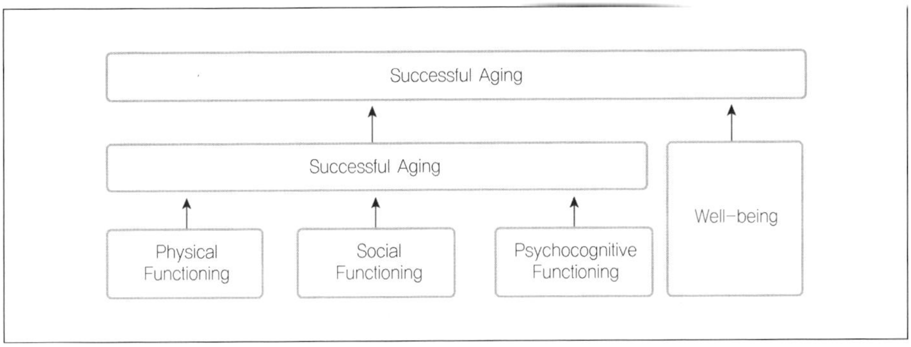

향이 있다는 것이다. 이 외에도 사회적 구조의 문제를 등한시하여 개인에게 책임을 전가한다거나(Riley, 1998) 인간을 너무 기계에 견주었다는 견해(Baltes, 1997)도 있다.

2) 일반 노인들이 생각하는 성공적 노화의 개념

일반 노인들을 대상으로 설문조사(Strawbridge, 2002)를 한 연구와 심층 인터뷰를 한 새로운 연구들에서는 노인들의 성공 노화는 기존의 개념과 차이가 있음을 보고하였다. 이 두 연구에서도 기존의 개념을 적용시켰을 경우는 10% 내외만이 '성공 노화'의 개념에 속하였으나, 자신의 인생을 성공적이라고 보는지를 묻는 주관적인 질문에는 절반 이상이 자신의 노화를 성공적이라고 답한다고 보고하였다. 이들이 이렇게 답하는 큰 이유는 성공 노화를 달리 보기 때문인데, 이를 위의 개념과 비교하여 도식하여 보면 〈그림 2〉와 같다. 즉, 대부분의 노인들은 신체적 건강과 정신-인지적인 기능을 따로 구분하지 않으며, 이 기능의 정도 또한 사회적인 생활 또는 기능을 가능하게 해 주느냐, 아니냐에 따라 구분하는 경향이 있다는 것이다. 그리고 이러한 기준 또한 절대적이라기보다는 자신이 정한 상대적 개념에 입각하여 있다는 것이다. 자신을 성공적이라고 보는 노인들은 자신의 현재 기능 또는 젊었을 때에 비해 잃어버린 기능을 자신이 어찌할 수 없는 것이지만, 긍정적으로 받아들이고 그에 맞추어 사회적인 생활을 하고 그 정도의 생활을 할 수 있음에 만족하는 경향이 있다. 결국, 신체 기능 또는 인지

기능이 좋아도 자신을 불행하게 보는 노인이 생기는가 하면 젊은이의 눈에는 도저히 성공적이라 할 수 없는 노인이 스스로를 성공적이라고 보며, 자신의 기능에 맞추어 자신의 일을 독립적으로 처리한다는 것이다. 실제로 신체적, 인지적 기능이 훨씬 높은 노인이 의존적인 삶을 사는가 하면 점수가 훨씬 낮은 노인이 독립적으로 사는 경우가 많이 관찰되었다.

일반 노인들과의 인터뷰에서 발견된 또 다른 특징은 사회적인 접촉이 많다고 꼭 행복한 것은 아니라는 것이다(Menec, 2003). 기존의 사회적 기능 점수는 주로 얼마나 많은 사회와 접촉하느냐에 따라 매겨지는데, 일부 노인들은 몇 안 되는 사회적 접촉만으로도 더 안정감을 느끼고 행복해 하여 접촉의 질적 수준이 양 못지않게 중요하다는 것이다. 가족이나 평생을 같이 했던 친구 등 중요한 사람과의 접촉은 하나의 손실에도 매우 힘들어 함이 일반적이며, 내성적인 성격의 소유자들은 흔하지 않은 사회적 접촉의 숫자에도 불구하고 그림을 그리거나, 뜨개질을 하는 등의 다른 취미나 일들로서 대인접촉 이상의 행복 지수를 나타내었다. 사회적인 접촉이 자신이 주도하느냐, 다른 사람의 주도에 따라 가느냐에 따라서도 개인이 느끼는 성공 정도가 매우 달랐다. 물론 신체적 기능 정도의 유지나 사망률에 대해서는 여전히 사회 접촉의 횟수가 중요한 변수이다.

이러한 기준은 성공적 노화가 한 사람에 있어서 수시로 변할 수 있다는 데 문제가 있다. 물론, 일반적인 성공의 개념을 생각한다면 오히려 이렇게 변하는 것이 더 바른 개념일 수도 있으며, 이러한 개념을 어떻게 측정할 지에 대한 연구가 앞으로의 과제이다.

〈그림 2〉 질적(Qualitative) 또는 노인들이 말하는 성공적 노화의 개념

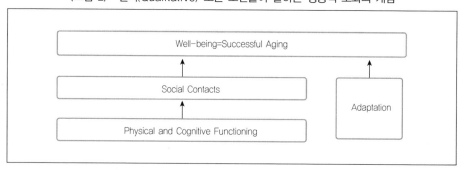

앞의 두 개념의 차이는 우리 의료인들에게 시사하는 점이 하나 있다. 의료계에서는 전통적으로 신체적 기능을 성공 노화의 기준으로 가장 중요시하여 왔다. 신체적 기능을 가능한 잘 유지하는 것은 매우 중요한 노력이지만, 상식적인 정도의 나이에 따른 신체적 기능 저하를 실패로 받아들이는 견해를 유지하게 되면, 기능의 보존 여부에 관계없이 삶의 만족도를 떨어뜨리게 된다는 것이다. 즉, 객관적인 기능의 정도를 높이는 데 많은 노력을 기울여야 하겠지만, 개선이 불가능한 노화에 따른 기능 저하라면 이를 자연스럽게 받아들이고, 사회적으로도 수용할 수 있도록 하는 노력이 필요하다 하겠다.

3. 건강한 생활습관 유지 및 조절

그렇다면 만성질환의 예방과 관리를 위한 방법은 어떠한 것들이 있는가? 아직 가장 근거가 확실하고 효과적인 것은 상식적인 선을 크게 넘지 않는다. 규칙적인 운동과 식사, 적절한 수면, 스트레스 관리, 금연, 절주 등과 같은 건강한 생활습관이 우리가 할 수 있는 가장 큰 방법(Hubert et al., 2002)이며, 유럽의 2,300여 명을 대상으로 하여 10년 간 추적되어 2004년에 결과가 보고된 HALE(Healthy Aeging: A Longitudinal study in Europ) 연구(Knoops et al., 2004)에 의하면 운동, 흡연, 절주, 식이 등이 모두 개별적인 위험요인으로 작용하며, 이 네 가지만 조절하여도 조기 사망이나 질병의 60%는 막을 수 있을 것으로 추정하고 있다. 의사들이 처방하는 질병에 대처하는 많은 약이나 서비스들도 삶의 질을 더 이상 떨어지지 않도록 도와줄 수 있다(Sandhu & Barlow, 2002). 특히 조기 진단을 위한 서비스들은 최근 빠른 발전을 보이고 있다. 유전인자의 중요성은 서서히 밝혀지고 있지만, 현재의 세대들이 이러한 혜택을 받기는 힘들 것으로 보인다. 최근 각광을 받고 있는 항산화제나 비타민 등 건강기능식품들도 아직은 효과가 없거나, 있다 하더라도 미미한 수준이며, 상업성이 가미되면서 득보다 실이 많은 부분으로 전락할 기미마저 보이고 있다. 최근 밝혀진 몇 가지 사실들을 위주로 정리하여 보면 다음과 같다.

1) 꾸준한 신체적 활동

운동(Exercise)이라는 말보다 신체적 활동(Physical Activity)이라는 말을 많이 쓰는 경향이 생기고 있는데, 이는 어떠한 신체적인 활동도 도움이 되며, 일반인들이 운동이라는 단어에 부담을 느끼고 있다는 사실을 발견하고부터이다. 운동 또는 신체적인 활동은 성공 노화 방법론으로는 모두가 찬성하며 그 효과도 제일 큰 것들 중 하나이다(Fiatarone-Singh, 2002). 펄 교수가 진행하고 있는 뉴잉글랜드 세기인 연구(New England Centenarian Study)에 의하면 100세 이상 살고 있는 노인들의 상당수가 2층 또는 3층에서 살며, 빨래나 청소와 같은 일들은 거의 자신이 직접 하고 있는데, 펄은 이에 대해 이러한 환경이나 활동이 이들에게 꾸준한 운동을 기회를 준 것 같다고 부연 설명하고 있다.

운동의 종류 또는 방법으로는 전통적으로 일주일에 세 번 이상을 한 번에 30분에서 1시간가량을 유산소 운동을 중심으로 자신의 최대 맥박의 60~70%가 유지되는 강도로 하도록 권유하고 있다. 하지만 노화로 인한 기능저하, 즉 노쇠의 큰 요소가 근육의 감소(Sarcopenia)라는 것에 동의하면서, 무산소 운동 또는 근육 유지를 위한 운동(Resistance Exercise)의 중요성이 같이 강조되고 있다. 즉, 운동을 거의 하지 않았던 사람들을 대상으로 한 연구 결과들은 70세가 되면 젊었을 때에 비해서 근육의 40%가 줄어들지만, 일반적인 운동이나 신체 활동으로 이의 절반 정도가 회복이 가능하며, 근육운동을 시행할 경우는 거의 80% 이상 회복이 가능하다는 것이다. 실제로 하버드의 히브루 재활센터의 Maria 등은 낙상이 문제가 되는 80세 이상의 노인들에서도 이러한 처방으로 근육량을 3배까지 증가시켰으며, 낙상의 빈도도 줄였음을 보고하였고, 알라바마 대학에서도 근육의 강도를 50% 이상 증가시키고 보행 속도도 약 20%가량 증가시켰음을 보고하였다. 또한 근육의 강도 못지않게 유연성과 평형성이 노인에서는 중요해지므로 이들에 대한 스트레칭 운동, 평형성을 강조하는 태극권 같은 운동들이 같이 강조되고 있다. 결국 노인들에게는 유산소 운동과 함께 근육 운동, 평형 운동, 유연성 운동이 같이 시행하도록 하여야 한다. 최근 운동이 더 각광받고 있는 것은 운동이 인지기능을 향상시키고(Kramer et al., 2000; Etnier et al., 1997), 우울증을 줄여준다는 임상결과(Singh et al., 2001)들 때문이기도 하다.

운동 처방의 가장 큰 문제는 식이 요법과 같이 좋은 효과는 대부분 알고 있으면서도 실행을 하지 못한다는 데 있다. 이를 해결하기 위해 여러 방법들이 제시되고 있지만, 사회제도적인 도움이 필요하다는 데 대부분 동의하고 있다. 개개인도 운동 시간은 식사 시간이나 수면 시간과 같이 절대 필요한 시간으로 정해두어야 하겠지만, 이를 사회제도 또는 직장 제도적인 차원에서 인정할 뿐만 아니라 장려하도록 해야 한다는 것이다.

2) 신선하고 균형 잡힌 식이

식이가 중요하다는 것은 누구나 공감하지만, 한 사람이 섭취한 영양소를 제대로 측정할 수 있는 방법이 아직 없는 관계로 연구 결과들이 상당히 혼돈되며, 한마디로 결론을 말하기는 어려운 부분이다. 하지만, 식이에 대한 전반적인 가이드라인은 공통점들이 있는데, 우리나라 노인의 식생활에 대한 2000년 보건사회연구원의 '국민영양개선을 위한 식생활지침연구팀'이 제안한 지침과 2002년 보건산업진흥원에서 권장한 새로운 지침을 요약하면 대체로 다음과 같다.

첫째로, 다양하고 부드러운 음식을 골고루 제시간에 먹는다.
둘째로, 활동적인 생활 습관으로 식욕과 적당한 체중을 유지한다.
셋째로, 두류와 우유 및 유제품의 섭취를 늘린다.
넷째로, 신선한 녹황색 채소와 과일을 충분히 섭취한다.
다섯째로, 동물성 식품은 어류와 육류, 가금류를 고루 섭취한다.
여섯째로, 음주량을 제한하고 충분한 양의 물과 음료를 마신다.
일곱 번째로, 너무 짜게 먹지 않도록 한다.

이 외에도 마가린이나 쿠키의 재료로 들어가는 트랜스 지방은 포화지방보다도 더 해로울 가능성이 많아 이의 섭취를 줄이도록 해야 하는데, 우리나라는 아직 이의 사용표시를 의무화하지 않기 때문에 어려운 점이 있다. 불포화지방산 중에서도 오메가 3의 중요성이 부각되면서 이가 많이 들어있는 어류의 섭취를 증가시키도록 해야 한다는 보고가 증가하고 있으나, 우리나라 사람들에서는 서양의 수준은 아니므로 개별적으로 어류를 섭취하지 않는 대상들만에게 상담하면 충분할 듯하다. 아직까지 우리나라 사람들의 섭취 칼로리양이나 구성에 큰 문제는 없지만, 서서히 칼로리 과다 섭취가 문제가 될 가능성이 많으므로 비만에 미리 주의할 필요는 있으며, 현재로서 결핍이 문제가 되는 부분은 남녀 모두에서 칼슘, 리보플라빈이고, 여자에서는 철분과 비타민 A이다. 그러므로 칼슘이 많이 든 유제품과 녹황색 채소를 좀 더 권장할 필요가 있다.

3) 적절한 수면

교통사고에 있어서 졸음운전이 음주운전보다 더 많은 기여를 하고 있다는 보고가 나오기도 할 정도로 수면은 겉으로 드러나지 않은 문제이다. 특히, 성공한 사람을 다룰 때 꼭 나오는 것이 잠을 얼마나 줄이고 일 했느냐 라는 부분이라 어렸을 때부터 우리는 잠을 줄이도록 알게 모르게 강요 받아왔다 해도 과언이 아니다. 하지만 젊었을 때의 수면 제한 노력이 불면증으로 이어지고, 이것은 노화 속도 증가와 삶의 질 저하에 큰 영향을 끼치고 있다.

4) 교　육

하버드 대학교 성인발달 연구소의 Vaillant 등(2001)은 빈민가의 청소년과 하버드 대학생들이 노인이 되어 사망할 때까지 추적관찰하여 그 결과를 2000년에 보고하였는데, 성공 노화의 가장 중요한 요인으로 교육을 뽑았다. 특히 〈그림 3〉에서 보다시피 빈민가의 청소년들도 대학까지의 교육을 마치는 경우는 하버드 졸업생과 거의 동일한 정도의 노화에 따른 기능저하를 보이는 것을 보고하면서 교육이 중간단계의 매개체일 수도 있으나, 교육만으로도 성공적 노화의 상당부분을 달성할 수 있다고 주장하였다. 즉, 성공적 노화를 이루기 위해서는 금연, 절주, 운동, 영양 등 다양한 요인들을 조절할 수 있어야 할 뿐 아니라, 직장, 급여 등 사회적인 요소 등 많은 요인들이 관여되어 있고, 이러한 많은 요인들을 자신의 성공적 노화에 유리한 쪽으로 조절할 수 있는 능력은 교육과 가장 관련성이 크다는 것이다.

〈그림 3〉 일반 대학생, 빈민가의 청년, 빈민가 청년들 중 대학진학생 들의 50세 이후
발생한 심한 신체적 장애 또는 사망 정도

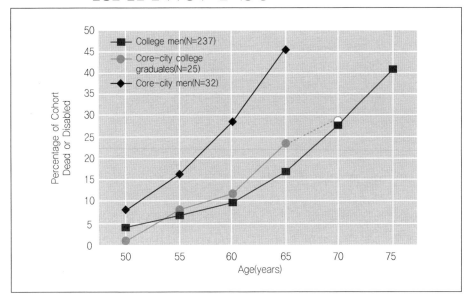

5) 금 연

담배를 피는 사람은 그렇지 않은 사람에 비해 심경색의 위험성이 6배가량
높은 것으로 보고되고 있으며(Njolstad et al., 1996), 심근 경색 환자에서 재발률이
담배를 피지 않았던 사람에 대비하여 1년간 금연하였을 경우는 50%가량 감소하
고, 2년간 금연하였을 경우는 거의 비슷하여 진다(Wilhelmsson et al., 1975). 금연에
는 '이젠 너무 늦었다'라는 개념이 적용되지 않는데, 아무리 나이가 들어도, 아무
리 오랫동안 피웠어도 금연을 권고하여야 한다. 노인에서나 젊은이에서나 금연
의 이득은 큰 차이가 없음을 알아야 하며(Hermanson et al., 1988), 특히 심폐기능의
저하를 방지함으로써 노쇠예방에 큰 효과가 있다(Albrecht et al., 1998).

6) 질병의 조기 발견과 치료

성공적 노화를 방해하는 가장 큰 요인은 역시 질병, 특히 만성질환이다. 그

러므로 독감예방접종과 같이 예방할 수 있는 것들은 예방하도록 조처해야 하며 (Deguchi & Nishimura, 2001), 이환되었을 경우는 합병증 없이 치료되도록 하여야 한다. 암과 같이 늦게 발견하면 치료가 어려운 질병이나 고혈압이나 당뇨와 같이 오래 두었을 경우 합병증이 큰 질병은 조기에 발견하여 합병증 없이 치료가 되도록 하여야 한다. 노인에서 우울증은 삶의 질을 떨어뜨리는 유병률이 큰 질병 중의 하나이므로 이의 선별에도 각별한 주의를 기울여야 한다(Flaherty et al., 1998).

7) 실천 가능한 치료

생활습관 교정의 많은 부분이 실천 가능성이 작은 것이며, 질병 예방이나 조기 발견의 많은 것들이 비용이 너무 비싸거나, 검사법의 어려움 등으로 인하여 권고대로 시행하기 어려운 것들이다. 특히 노인들은 항상성이 적으므로 내시경이나 장세척 같이 약간이라도 침습적인 검사나 조치의 경우 그 후유증이 오래 지속되거나 문제를 일으킬 수 있다. 그러므로 노인들에게 필요한 모든 것을 처방하기보다는 가장 중요하거나 절실한 것 한두 가지부터 시작을 하되, 실천 가능하도록 조치하여 주는 방안이 필요하다.

4. 건강검진

건강검진은 노인성 질병에 대한 일, 이차 예방이 기본적으로 포함되어야 하는 한편, 한국 노인의 약 90% 이상이 만성질환에 이환된 상황에서는 이미 존재하는 질병의 관리와 합병증을 예방하는 측면 또한 고려되어야 한다. 나아가서 노인 건강검진은 수명연장뿐만 아니라 독립적 생활을 위한 신체, 정신, 사회적 기능에 대한 평가들도 함께 고려되어야 한다. 즉, 노년기에서는 특정 질병의 조기진단 및 관리와 더불어, 기능장애의 발생 위험을 조기 확인하여 예방하는 것이 중요하므로 노인 건강검진에서는 이러한 항목들이 포함될 필요가 있다. 노인 건강검진의 경우에도 일반적인 성인 건강검진과 같이 선별검사의 기본 조건을 만족해야 한다. 그런데 노인에서는 이러한 기본 조건 외에도 노인 건강검진과 관련한 특수성을 고려해야 한다. 먼저, 노인 집단만을 대상으로 한 연구가 많지 않기 때문에 객관적인 근거 자료가 부족하여 일반 인구집단을 대상으로 한 연구 결과를 바탕으로 적용해야 하는 경우가 많다. 또한 노인의 경우 건강상태의 개인차가 크기 때문에 개별적 접근이 필요하고 개인의 철학적, 문화적 배경에 따라서 노년기 선별검사에 대한 주관적 인식이 다름을 고려해야 한다. 노년기 건강검진에서 평가하고 관리해야 할 주요 지표들을 표 2, 3, 4에 정리하였다

〈표 2〉 노년기 암검진

항 목	방 법	주 기	종료연령
위암	내시경 또는 위장조영술	2년	근거 부족
대장암	매년 분변잠혈검사 또는 5-10년으로 간격 S장 결장경이나 대장내시경 또는 바륨조영술	SOB(매년), others(5-10년)	84세
간암	AFP, 간초음파	6-12개월	치료적 중재가 가능하면 지속
유방암	유방촬영술	3년	70세
자궁경부암	PAP smear	1년	70세 (최근 10년간 세 번 이상 음성판정시)
전립선암	PSA+DRE(or TRUS)	1년	근거 부족
폐암	고위험군에서 LDCT	1년	근거 부족
갑상선암	근거 부족	근거 부족	근거 부족

〈표 3〉 노년기 만성질환 검진

항 목	권고내용	방 법	주 기
기본 항목			
고혈압	고혈압을 선별하기 위하여 수은혈압계나 보정된 전자혈압계로 혈압 측정을 권고한다	혈압 측정	매년
고지혈증	심혈관계 증상이나 질환이 없는 남자 35세, 여자 45세 이상은 총콜레스테롤, HDL 콜레스테롤, 중성지방을 측정한다.	TC, HDL-C, TG	2년 (85세 까지)
골다공증	무증상 노인여성에서 DEXA를 이용한 골다공증선별검사를 실시한다.	골밀도 검사	2년
비만	모든 무증상 노인에서 신장과체중을 측정하여 체질량지수를 평가한다.	체질량	매년

	모든 무증상노인에 서허리둘레를 측정한다.	지수, 허리둘레	
요실금	65세 이상의 노인에게 요실금에 대한 선별검사를 실시할 것을 권고한다. 간략한 형태의 설문으로 매년, 혹은 매 2년 간격으로 실시할 것을 권고한다.	*설문 (1개 질문)	매년
우울증	노년기에는 1-2년마다 우울증선별검사를 시행할 것을 강력히 권고한다. 선별도 구로는 적용시간이 짧고 민감도가 높은 GDS-5 및 자살에 대한 설문을 고려한다.	†설문(GDS-5/15)	매년
치매	환자 또는 보호자가 인지기능저하를 호소하는 경우 추적 관리가 가능하다면 치매에 대한 선별검사를 1-2년마다 권고한다.	‡문진 (기존설문+ MIS-K)	매년
구강질환	성인연령층과 같이 노인을 대상으로 정기건강검진시 구강 질환 및 구강건강상태에 대한 평가와 상담이 필요하다.	§ 설문과 치과진찰	매년
추가 고려 항목			
당뇨	모든 무증상 노인에서 당뇨병에 대한 선별검사를 권고할 근거는 부족하다. 그러나 현실적으로 무증상 40세 이상 성인에서 당뇨병에 대하여 공복혈당 검사가 고려되는 경우, 연령에 따른 유병률의 증가와 노년기 유병률을 고려할 때 무증상 노인에서 당뇨병의 선별검사는 우선적으로 고려되어야 한다.	공복혈당	2년
빈혈	무증상 노인에서 빈혈의 선별검사를 추천하거나 반대할 근거는 부족하다. 그러나 무증상 40세 이상 성인에서 빈혈에 대하여 혈색소검사가 시행되고 있는 경우, 연령에 따른 유병률의 증가를 고려하여 무증상 노인에서는 혈색소검사를 통한 빈혈의 선별검사는 우선적으로 고려되어야 한다.	혈색소	매년
폐결핵	흉부방사선촬영의 선별검사로서의 효능에 대한 근거가 불충분하나(I) 우리나라노인의 결핵유병률과 사망률이 높고 또한 연령에 따라 증가하며 효과적인 치료법이 있는 점을 감안하면 모든 무증상노인에서 흉부방사선촬영을 통한 폐결핵선별검사를 시행할 것을 추천한다.	흉부 x-ray	2년

* 요실금: 배뇨장애에 관한 질문입니다. 소변을 보는데 장애가 있거나 소변을 지리는 경우가 자주 있습니까?(밤에 소변이 마려워 3회 이상 깬다, 소변이 너무 급하다, 배뇨 후에도 시원치않다 등)
예/아니오
† 우울증: 축약형노인우울척도(GDS5/15＝HoylGDS−5) → 평가: 2/5점 이상이면 우울증 가능성
‡ 치매: 생애전환기설문이용(4/5점 이상이면 MIS−K평가), MIS−K(한국판기억력평가척도, 의사가직접시행)
§ 구강건강: 생애전환기설문을 그대로 활용함

<표 4> 노년기 기능 및 건강행위 평가 검진

항 목	권고내용	방 법	주 기
기능 평가			
시력상태	노인에서 시력표를 이용한 정기적인 시력검사는 권고한다.	시력검사	매년
청력상태	노인에게 주기적으로 청력에 대해 질문하여, 보청기가 필요한지 상담하는 것을 권고한다.	순음청력검사 또는 손가락비비기 검사	매년
낙상위험	지역사회 거주 노인들에게 전반적인 낙상위험요인을 고려한 포괄적 낙상위험평가를 정기적으로 시행할 것을 권고한다. 그 중에서도 근력, 보행, 균형 등과 같은 운동능력평가는 단독평가로도 낙상위험요인 평가에 도움이 된다.	* 설문과 보행균형검사	매년
건강행위 평가			
영양평가	심혈관계질환위험요인이 있거나, 독거노인, 시설수용자등 영양결핍의 고위험군에 대해서는 매년 혹은 매 2년간격으로 영양평가 및 영양상담을 강력히 권고한다.	† 설문(의도하지 않은 체중감소)	매년
운동 및 신체활동	충분한 신체활동여부에 대해 간략한 설문지로 선별하고 교육할 것을 추천한다.	‡ 설문	매년
금연	65세 이상의 노인에게 흡연에 대한 선별검사 및 흡연자에 대한 금연상담을 실시할 것을 권고한다. 선별검사는 간략한 형태의 설문으로 매년, 혹은 매 2년 간격으로 실시할 것을 권고한다.	‡ 설문	매년
절주	65세 이상의 노인에게 음주에 대한 선별검사 및 문제 음주에 대한 절주상담을 실시할 것을 권고한다. 선별검사는 간략한 형태의 설문으로 매년, 혹은 매 2년 간격으로 실시할 것을 권고한다.	‡ 설문	매년
약물복용	노인에서 약물복용에 대한 상담과 중재는 낙상의 위험을 줄이기 위해 평가하여야 한다.	§ 설문	매년
예방접종	무증상 노인에게 매년 인플루엔자 백신과 1회의 폐렴구균 백신 접종을 권고한다.	** 설문	매년

* 낙상(아래 세 가지 중 두 가지 이상에 문제가 있으면 낙상위험 있음)
▫ 지난 6개월간 2회 이상 넘어지거나, 넘어질까봐 두려움이 있습니까?
　약물복용 설문
▫ 진찰: TimedUp & Gotest시행 → 20초 이상 소요시 이상으로 판정
† 영양상태: 6개월 전에 비하여 뜻하지 않게 체중이 5%(2-4kg) 정도 줄었습니까?(또는 평소에 입던 옷이 헐렁해질 정도로 체중이 줄었습니까?)
‡ 흡연, 음주, 운동 및 신체활동: 생애전환기설문을 그대로 활용함.
▫ 흡연: 흡연경력, 금연 및 현재흡연여부 및 흡연량
▫ 음주: 음주횟수, 음주량
▫ 신체활동(운동): 격렬, 중간, 경도의 신체활동(운동) 여부와 횟수
§ 약물복용: 지난 한달간 매일 영양제를 제외하고 5가지 이상의 약을 지속적으로 복용하고 있습니까?
** 예방접종: 매년 독감예방 접종을 받으셨습니까? 최근 5년 이내에 폐렴예방접종을 받으셨습니까?

5. 의학적 방법들; 항노화

성공적 노화와 비슷한 개념이지만, 좀 더 적극적인 방법들을 사용하는 것이 '항노화' 또는 '노화방지'라는 이름으로 구분되어 있다. 성공노화나 바람직한 노화, 노화개선 등의 의미는 노화 자체를 막는다기보다는 노화로 인한 부작용을 최소화하거나, 잘못된 행동이나 원인에 의한 조기 노화를 방지하겠다는 의미가 주가 되는 반면, '항노화'는 노화 자체를 염증이나 암과 같은 하나의 병적인 현상으로 보고 이를 직접 조절하겠다는 가치관이 강하다.

1) 노화의 측정

항노화에서는 노화를 병적인 개념으로 받아들이기 때문에 노화를 측정하고 이를 조절하려 한다. 노화측정에서 가장 많이 사용되는 방법이 생물학적 연령 (Biological Age) 계산법이다. 생물학적인 연령을 측정하는 방법은 주로 한 사람의 기능을 평가함으로써 이루어진다. 예를 들어 폐기능, 근력, 심폐지구력, 유연성 등을 측정하여 실제나이의 평균과 비교하여 생물학적 연령을 계산하여 낸다. 이 외에도 골밀도, 성호르몬 수치, 혈색소 등의 구성 지수 또는 생화학 수치를 측정하여 실제 연령과 비교하기도 한다. 이후 항노화 치료를 시행한 뒤 생물학적 연령이 얼마나 좋아졌는지를 모니터링하게 되는데, 문제는 이 지수의 타당도가 아직 확증되지 않았다는 것이다. 건강위험행동의 정도로서 간접적인 타당도는 조사가 되어있으나, 이의 긍정적인 조절이 실제 노화를 늦추는 지는 말하기 어렵다.

2) 노화방지 프로그램

현재 노화를 직접 치료 또는 방지한다고 가장 많이 사용되고 있는 방법은 성장 호르몬, 남성 또는 여성 호르몬, DHEA, 멜라토닌, 흉선 호르몬, 프로그네놀론 등과 같은 호르몬을 보충하는 방법, 비타민 C, E, Caroteinoid, Flavonoid

등과 같은 항산화제를 보충하는 방법, 각종 미네랄이나 유산균, 올리고당과 같은 probiotics/prebiotics 제제들을 보충하는 방법들이 주를 이룬다. 이 외에도 중금속을 킬레이션하여 배출하기 위해 EDTA 등을 사용하는 킬레이션법, 대장의 독소를 제거한다는 관장해독법 등 대체요법이라 불리는 방법들을 사용하기도 한다. 이들의 대부분이 세포실험이나 동물 실험의 자료를 보자면 많은 설득력을 가지고 있고, 특히 여성호르몬이나 남성호르몬과 같이 몇몇 물질들은 임상 시험에서도 그 효과들이 인정된 바 있지만, 아직은 '항노화' 또는 '노화 방지'라는 이름을 가질 정도의 물질은 없다고 보는 것이 정설이다(Fisher & Morley, 2002; Hercberg et al., 1998). 많은 항노화 센터들이 수진자들의 만족도가 올라가고 실제 생물학적 연령이 줄어들었다고 보고를 하고 있지만, 제대로 디자인된 임상연구 결과는 없기 때문에 논의 자체가 어렵다. 대부분의 학자들은 이들이 만약 실제 효과가 있다 하여도 사용하고 있는 이러한 특이한 노화방지 프로그램 때문이 아니라, 같이 제공되고 있는 운동처방, 식이요법, 스트레스 관리, 질병 관리 등의 방법에 기인하였을 것으로 추정하고 있다.

이러한 항노화 프로그램의 단점은 첫째로 설마 효과가 있다 하더라고 비효과 대비한 비용이 너무 비싸다는 점이고, 둘째로는 실제 효과가 입증된 방법에 대한 순응도의 감소이다. 혈압이 높거나 혈당이 높고, 비만하고 운동하지 않으며 흡연하는 사람들이 이들의 생활습관 조절 없이 이런 호르몬 치료나 항산화제 보충 등에만 의존한다면 이들의 결과가 좋지 않을 것은 불을 보듯 뻔하다.

Saint Louis 대학의 노인병센터에서는 'Passport to Aging Successfully'라는 폼을 개발하여 센터를 방문하는 노인들에게 나누어 주고 이를 작성하도록 종용하고 이 결과를 주치의와 상의할 수 있도록 권장하고 있다. 이것은 이 노인병센터의 노인의학자들이 주를 이루어 만든 외래에서의 건강관리 지침서의 일종인 Glidepaths(Flaherty et al., 2002)를 기초하여 만든 것이다. 대한노인병학회의 노인 기능평가 연구회에서도 2005년 우리나라 상황에 맞게끔 '성공 노화로 가는 길'이라는 외래용 설문 및 교육지를 개발하였는데, 〈표 5〉와 같다.

<표 5> 성공적 노화로 가는 길(대한노인병학회, 2005)

이름   나이: 만   세   성별: 남/여

1. 혈압   /   mmHg 1) 정상   2) 고혈압   3) 모름
2. 몸무게 현재   Kg 6 개월 전   Kg 변화   Kg
3. 키   현재   cm 30대 때   cm
4. 매일 세끼 식사를 규칙적으로 하십니까?   예 / 아니오
5. 지난 7일 동안 땀이 약간 나거나, 숨이 약간 찰 정도의 운동이나 일을 하루__분씩 일 했다.
6. 담배 피운 적 없음 / 피우다 끊었음 / 피우고 있음
7. 술 거의 안 마심/ 하루 한 두잔 이내 / 그 이상(   )
8. 시력   보는 데 불편함이 있습니까?   예 / 아니오
9. 청력   듣는 데 불편함이 있습니까?   예 / 아니오
10. 매일 몇 개의 약을 드십니까 ? _____ 개
11. 약을 복용한다면 드시는 이유는 무엇입니까? 1) 고혈압 2)당뇨 3) 고지혈증 4) 골관절염 5) 기타
12. 독감 예방접종을 매년 맞습니까 ?   예/아니오
13. 지난 6개월간 넘어진 적이 [ ]1. 없다 [ ]2. 있다 → 넘어진 횟수는 몇 회입니까? _____회
14. 기억력이 예전보다 많이 떨어졌습니까 ?   예 / 아니오
15. 슬프거나 우울합니까?   예 / 아니오
16. 3개월 이상 지속되는 통증이 있다면 어느 정도입니까?

           전혀 없음   매우 심함
17. 소변 보기가 불편하거나 지리는 경우가 있습니까 ? 예 / 아니오
18. 성생활에 만족하십니까 ?   예 / 아니오 / 해당없음
19. 암검사 : □ 위암 검사   시행   년 □ 대장암 검사 시행   년
남자: □ 전립선암 검사 시행   년 :   )_____
여자: □ 자궁암검사   시행   년 □ 유방암검사 시행   년

20. 당신이 어려움에 처했거나 몸져 누웠을 때, 믿고 의지하여 도와줄 사람이 있습니까? 예/ 아니오
21. 콜레스테롤/중성지방/HDL 측정 유무경험 (유/무) 시행   년 결과수치 (/   /   )
22. 공복 혈당 측정 경험유무 (유/무) 시행   년 결과수치 (   )
23. 골다공증 검사   측정 경험유무 (유/무) 시행   년 결과 (있다/ 없다)

6. 고령친화 건강증진병원과 임상예방서비스

이러한 상황에 대한 의료계의 대처방안으로는 만성질환을 예방하고 관리하는 새로운 기술의 도입과 함께 고령친화건강증진병원, 임상예방서비스의 급여화와 같은 보건의료 서비스제도의 도입 또한 강구 중이다. 고령친화 건강증진병원(Age friendly Health promoting Hospital)은 1970년대부터 시작된 건강증진병원의 개념이 1990년대에 와서 고령친화병원의 개념과 합쳐지면서 WHO와 학회 등을 통해 소개되었다. 최근 2010년대부터 캐나다, 호주, 대만 등을 중심으로 병원 또는 국가 중심으로 이 개념을 도입한 병원들이 증가하고 있는데, 노인들의 이용률이 상대적으로 더욱더 크게 증가하는 노인들이 편하게 이용할 수 있는 병원으로 만들자는 데 그 근본 취지가 있다. 이의 구현방법은 정책, Care process, 정보 및 교육, 환경 4개의 표준으로 제시되고 있고, 몇몇 국가에서는 병원 평가 시에도 적용하고 있다. 임상예방서비스는 만성질환 또는 노인성 질환의 근본적인 대책은 치료뿐 아니라 임상예방서비스의 강조가 꼭 필요하다는 데에서 시작하였다. 최근 영국의 Quality Outcome Frame, 미국의 Affordable Care Act 등으로 강조되고 있는 임상예방서비스제도는 과거의 단편적인 사업에서 지속성을 유지하기 위해 노력하고 있는데, 이의 주요 방법이 '일차의료기관 중심'과 '임상예방서비스 급여화'이다. 약물치료나 시술 이외의 중요한 일상생활의 건강관리에 대해 친화적인 제도를 구축하고, 상담 및 관리하는 데 적절한 급여를 제공함으로써 의료제공시스템이 이를 적극적으로 갖출 수 있도록 한다는 목적이다.

7. 요약 및 결론

경제와 의료의 발달에 힘입어 성공적으로 고령화가 진행되었지만, 이러한 결과는 엉뚱하게도 만성질환의 증가와 의존적인 노인의 증가를 불러일으키고 있다. 이는 의료비와 의료부담의 증가를 급격하게 유발하고 있어 국가에서는 또 다른 문제점으로 제기되고 있다. 이에 대한 가장 효과적이고 적극적인 대책은 노인이 되어서도 만성질환을 잘 관리하고 예방하여 건강을 잘 유지할 수 있는 '성공적 노화'이다. 성공적 노화의 가장 중요한 방법론은 아직은 자신에게 맞고 필요한 '건강한 생활습관'을 잘 유지하는 것이고, 이를 위해 정기적인 건강검진과 예방접종과 같은 적극적인 건강증진법을 시행해야 할 필요성이 있다. 줄기세포나 유전자치료와 같은 항노화치료는 매우 기대되는 영역이지만, 아직은 연구와 임상시험 단계에 있다는 사실을 일반인들에게 잘 알려 피해가 되지 않도록 주의해야 한다. 최근 성공 노화를 위해 전세계적으로 고령친화병원과 임상예방서비스의 급여화와 같은 제도적인 장치들이 도입되고 있다.

제 3 장
노인의 만성질환과 민간보험의 한계와 공적 보험

가정의학과 의사 김종명

1. 들어가며

우리 사회의 급격한 고령화로 만성질환이 급격히 증가하고 있다. 암, 뇌혈관질환, 심장질환 등과 같은 만성질환의 급증은 의료비의 급증으로 이어졌다. 그러나 공적 의료제도인 건강보험제도는 우리 사회의 의료비 문제를 해결하는 주체로 나서지 못하고 있다. 건강보험이 보장해주는 의료비가 전체 의료비의 대략 60% 정도에 불과하다는 점을 보면 그렇다.

그러다 보니 많은 국민들이 민간의료보험에 가입하고 있다. 암보험, 실손의료보험, 어린이보험과 같이 사보험사가 판매하는 민간의료보험이 날개돋치듯 판매되고 있는 것이다. 그러나 이런 사보험에 우리사회가 닥친 의료비 문제를 맡겨두기엔 한계가 있다. 사보험은 시장에서 지불능력에 따라 보험사와의 개별적인 계약을 체결한다. 모든 국민이 가입할 수 있는 것은 아니다. 많은 국민들이 이러저러한 이유로 인해 가입을 하고 싶어도 못하는 경우가 발생한다. 특히 노인의 경우 민간의료보험에 가입하고 싶어도 가입할 수 없는 경우가 많다. 이미 만성질환이 있는 경우도 가입하지 못하는 경우가 많다. 그렇다면 이들에 대해

제 3 장 노인의 만성질환과 민간보험의 만성한계와 공적 보험 41

우리 사회는 어떻게 할 것인가.

인구의 급격한 고령화와 평균수명의 증가가 초래한 의료비 문제를 어떻게 해결하는 것이 맞는 것인지에 대해 사회적 논란이 제기되는 지점이 여기에 있다. 이 문제를 우리사회가 어떻게 접근할 것인가. 사회 전체적으로 해결책을 모색할 것인가, 아니면 국민 개개인이 알아서 각자 해결하도록 내맡겨 둘 것인가라는 점이다. 전자의 해결책이라면 공적 의료보장제도를 강화하는 방향이 제시될 것이고, 후자라면 사보험을 강화하는 방향이 될 것이다.

이 글에서는 이와 같은 만성질환의 증가로 인해 발생되는 노인의료비를 어떻게 해결해 나가는 것이 올바른지에 대한 해답을 찾아보기로 한다.

2. 급격한 고령화와 만성질환 증가의 현황

2012년 현재 기대수명은 81.4세다. 남성은 77.9세, 여성은 84.6세다. 1980년의 기대수명이 65.7세였으니 32년 만에 15.7년이 늘었다. 2년이 지날 때마다 기대수명이 1년씩 늘어난 셈이다. 조만간 100세 시대가 도래할 것이라는 기대가 현실화될 날도 그리 멀지 않은 것 같다. 급격한 평균수명의 증가와 출산율 저하로 우리 사회는 급격한 고령화 사회로 접어들고 있다. 65세 이상의 고령인구는 2012년 현재 11.8%에서 2040년엔 32.3%에 이를 것이라 한다(통계청).

평균 수명이 급격히 늘어나다 보니, 노인을 바라보는 시대상도 변했다. 한때는 60세가 되면 장수하였다며 환갑잔치를 크게 하였지만, 지금은 외려 60이면 청춘이나 다름없다. 80세 정도가 되더라도 기껏 평균 수명정도에 불과하니 장수하셨다고 하기도 부담스러운 사회가 된 것이다.

질병의 양상도 과거에 비해 급격히 변했다. 1960년대까지만 하더라도 주된 사망원인은 폐렴이나 결핵과 같은 전염성 질환이었다. 하지만, 1970년대 이후 평균 수명이 점차 증가하고 생활환경이 개선되면서 만성질환이 주된 사망원으로 자리 잡았다. 특히 암질환과 뇌혈관 질환이 주된 사망원인으로 자리 잡았고, 그 비중도 점차 늘어나고 있다.

가장 최근의 자료에 의하면 전체 사망원인의 27.6%가 암으로 인한 사망이

<표 1> 인구 10만명 당 사망수

순위	1958	1966	1974	1986	2012
1	폐렴, 기관지염(73.8)	폐렴, 기관지염(43.8)	악성신생물(43.5)	악성신생물(78.4)	악성신생물(146.5)
2	결핵(39.5)	결핵(35.8)	뇌혈관질환(40.3)	뇌혈관질환(65.6)	심장질환(52.5)
3	위장염(31.0)	뇌혈관질환(26.1)	고혈압(38.6)	사고(57.7)	뇌혈관질환(51.1)
4	악성신생물(25.8)	악성신생물(25.8)	사고(32.1)	기타순환기계(45.7)	자살(28.1)
5	뇌혈관질환(19.6)	위장염(14.2)	호흡기계(21.9)	고혈압(40.2)	당뇨병(23.0)
6	심장질환(8.5)	사고(12.8)	기관지염, 폐기종(20.2)	만성간질환(24.7)	폐렴(20.5)
7	사고(8.2)	심장질환(11.7)	폐염(17.0)	결핵(14.7)	만성하기도 질환(15.6)

자료: 1) 한국개발연구원, 한국의 보건문제와 대책(Ⅱ), 1997.
　　　2) 경제기획원 조사통계국, 사망원인 통계연보, 1966, 1986.
* (　)는 인구 10만 명당 사망자수.

다. 심장질환과 뇌혈관질환으로 인한 사망도 19.5%이다. 전체 국민의 절반은 암이나 심장 뇌혈관질환으로 사망하는 것이다.

　　이렇게 암, 심장뇌혈관질환으로 인한 사망이 급격히 증가하는 이유도 평균수명의 증가와 관련이 있다. 흔히 암환자가 늘어나는 것을 암발생률 자체가 늘

<그림 1> 모든 암의 연령군별 발생률(2010년)

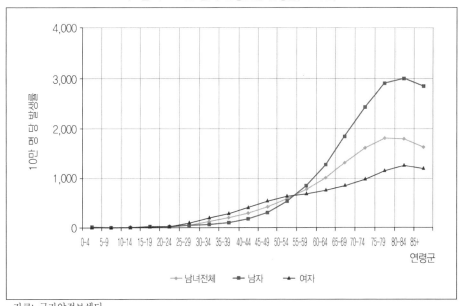

자료: 국가암정보센터.

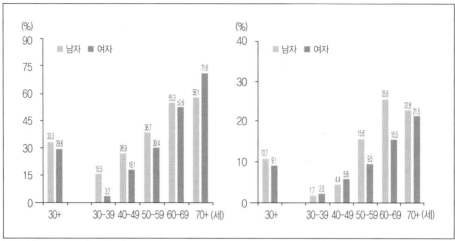

<그림 2> 고혈압 유병률   <그림 3> 당뇨병 유병률

자료: 국민건강영양조사, 2012.   자료: 국민건강영양조사, 2012

어나는 효과로 이해하기 쉬운데 그렇지 않다. 평균 수명의 증가에 따라 자연스레 암환자가 늘어나는 효과이다. 연령에 따라 암발생률은 다르다. 암발생률은 20세 미만에서는 10만 명당 10~20명 정도가 발생하지만, 40대는 170~300명, 60대는 1,200~1,800명, 70대에는 2,300~2,900명 정도가 발생한다. 연령의 증가에 따라 매우 가파른 양상을 보인다. 따라서 평균 수명이 증가할수록 암발생률은 더 올라갈 수밖에 없다. 현재 평생 암발생률은 남성은 38%, 여성은 33%정도이다. 이것은 평균 수명을 기준으로 한다. 남성은 77세, 여성은 84세기준이다. 만일 앞으로 평균 수명이 더 늘어난다면 평생 암발생률도 더 늘어날 것이다.

심장, 뇌혈관의 주요 원인이 되는 고혈압과 당뇨병의 유병률 역시 연령과 관련이 크다. 연령이 증가할수록 유병률은 급격히 올라간다. 그로인해 심장, 뇌혈관질환 역시 상승하게 된다. 이렇듯 최근 질병양상의 변화는 평균 수명의 증가에 기인한다.

고령화로 인한 암과 만성질환의 증가 등은 노인층의 의료비 지출을 급격히 증가시키고 있다. 2001년 노인인구비중은 6.9%였지만, 2012년엔 11.8%로 두 배 가까이 증가하였다. 그에 따라 건강보험 급여지출에서 노인의료비가 차지하는 비중도 19%에서 34%까지 증가하였다. 향후 인구구조 상 노인인구가 20% 이상

<그림 4> 연령대별 월평균 건강보험 진료비

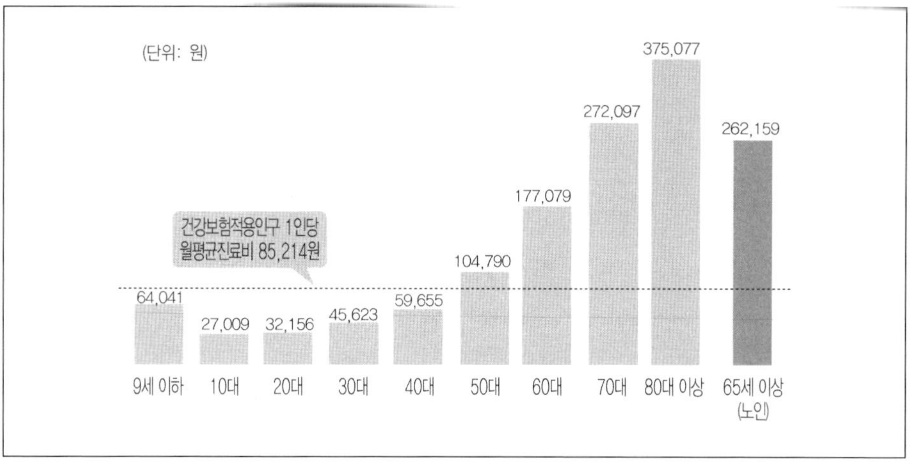

(단위: 원)

건강보험적용인구 1인당
월평균진료비 85,214원

9세 이하	10대	20대	30대	40대	50대	60대	70대	80대 이상	65세 이상 (노인)
64,041	27,009	32,156	45,623	59,655	104,790	177,079	272,097	375,077	262,159

자료: 국민건강보험공단 2013.

을 넘어서게 되면 건강보험 지출의 절반 이상은 노인들이 지출할 것으로 보인다.

의료비 지출 역시 전형적으로 연령의 증가를 반영한다. 2013년 1인당 평균 건강보험 진료비는 85,214원이지만, 65세 이상은 평균 262,195원을 지출하고 있다. 평균 3배가 넘는다. 더욱이 70대, 80대가 될수록 더욱 급격히 의료비는 증가한다. 평균 수명의 증가와 고령인구의 증가는 건강보험 재정이 향후 해결해야 할 당면한 과제이기도 하다. 다른 한편 인구의 고령화의 추세로 인해 향후엔 더욱 의료비 지출 증가가 예상된다.

한편, 아직까지 우리사회의 국민의료비 지출 수준은 서구에 비해 높지 않은 편이다. 국민의료비로 현재 GDP 대비 7.4%(2011년)를 지출하고 있어, 9~12%를 지출하고 있는 서구에 비해 낮은 편이다. 그럼에도 OECD최고 수준의 고령화가 진행되고 있어 증가율은 매우 가파르다. 또한, 국민의료비 대비 공적 지출비중도 낮은 편이다. 공적 지출 비중이 높을수록 공적 의료보장제도가 탄탄하다고 볼 수 있다. 우리는 국민의료비 대비 공적 지출이 55% 정도로 매우 낮다. OECD 평균이 72%이고, 서구 유럽 복지국가들은 80%를 넘는다는 점을 고려하면 그렇다. 공적 지출이 낮은 이유는 국민건강보험의 보장이 낮기 때문이다. 현재 건강보험의 보장률이 기껏해야 60%에 불과하다. 건강보험의 보장이 낮아, 환자가 직접 부담해야 하는 의료비 지출이 높다. 그래서 의료비로 인한 가계파탄의 위협도 매우 높다. 국민의 직접 의료비부담을 줄여 의료불안을 해소하기 위해서는 국민의료비 비중 공적 지출을 대폭 높여야 한다.

그러나 급격한 고령화로 인해 의료비가 급증하고 있어 공적 의료비 지출을 늘리는 것이 쉽지 않다. 그럼에도 이는 우리 사회가 어떻게든 해결해야 할 과제임은 분명하다. 그런데 안타깝게도 우리사회의 정책결정자들은 공적 의료보장 제도를 강화하여 국가차원에서 해결하려는 노력보다는 개인에게 떠넘기는 정책을 펼치고 있다. 건강보험의 보장성 확대 정책은 소극적인 대신 민간의료보험확대와 의료영리화에는 매우 적극적이다. 건강보험의 보장을 확대하기 위해서는 지금보다 더 많은 재원을 조달해야 하고 그러기 위해서는 국가와 사회의 책임을 강화해야 하는데 그 책임을 시장으로, 개인으로 떠넘기고 있는 것이다. 고령화로 인한 만성질환의 증가, 그로인한 의료비 증가를 국가와 사회의 공동책임이 아니라 개인책임으로 떠넘기는 것이다. 과연 우리사회가 당면한 의료비 문제를 어떻게 해결해야 할까. 공적 의료보장을 강화할까, 아니면 민간보험으로 각자 해결하도록 해야 할까. 이에 대해 심도 깊게 살펴보고자 한다.

3. 민간의료보험 지출 현황과 구조적 문제점

1) 민간의료보험의 지출 현황

(1) 왜 민간의료보험에 가입하나

건강보험의 보장이 낮아 국민의 의료불안을 해결해주지 못하자, 어쩔 수 없이 민간의료보험에 가입할 수밖에 없다. 병원비의 대부분을 국민건강보험이 해결해 준다면, 굳이 민간의료보험에 가입할 필요가 없을 것이다. 한국의료패널의 조사에 의하면, 민간의료보험에 가입하는 이유의 대부분(82%)은 건강보험의 보장성이 낮고, 질병과 사고로 인한 경제적 부담을 줄이기 위해서라고 답변하는 것을 통해서도 알 수 있다.

<표 2> 민간의료보험 신규 가입 이유

민간의료보험 신규 가입 이유	%
국민건강보험의 서비스 보장이 부족하다고 판단해서	35.48
불의의 질병 및 사고로 인한 가계의 경제적 부담을 경감하기 위해	46.31
본인의 건강상태가 좋지 않다고 생각해서	1.07
고급 의료서비스를 받기 위해	7.86
보험설계사의 권유에 못 이겨서	7.38

자료: 한국의료패널.

민간의료보험은 크게 정액형과 실손형으로 구분할 수 있다. 정액형 민간의료보험이란 특정질병에 대한 진단비, 입원일당, 특정 수술비, 간병비 등 보험계약 시 약정된 금액을 지급하는 보험을 말한다. 대표적인 보험이 암보험, CI 보험이다. 실손형 민간의료보험이란 상해나 질병으로 치료 시 건강보험이 보장해주지 않는 본인부담금(법정 본인부담금과 비급여 본인부담금)을 보장해주는 보험이다.

(2) 민간의료보험 가입 현황

우리나라 가구가 민간의료보험에 얼마를 지출하고 있는지를 보여주는 대표적인 연구가 한국의료패널이다. 한국의료패널 자료에 의하면 우리나라 가구는 평균 3.8개의 민간의료보험에 가입하고 있으며, 평균 232,200원에 이르는 민간의료보험료를 지출하고 있다고 한다. 민간의료보험 1개당 대략 월 6만 원 정도로 지출하고 있는 셈이다. 강성욱 교수는 2008년 한국의료패널 자료를 이용하여 민간의료보험 총규모를 추정한 바 있는데 무려 33.4조 원이었다.

민간의료보험 가입현황을 소득별로 나누어 살펴보면, 연소득이 2천만 원 미만 가구는 평균 2개에 못 미치는 반면, 4천만 원 이상은 5~6개나 가입하고 있다. 연소득이 2천만 원 미만은 월 10만 원 이내의 민간의료보험료를 지출한 반면, 4천만 원 이상 소득가구는 무려 30~40만 원에 이르는 민간의료보험료를 지출하고 있다.

연소득이 높은 가구는 보통 가구당 5~6개는 기본으로 가입하고 있다. 4인 가족이라면 부부가 실손의료보험에 각각 하나씩, 암보험에 각각 하나씩만 가입

가구소득	2008		2009		2010	
	가입개수	월보험료	가입개수	월보험료	가입개수	월보험료
천만 원 미만	0.77	38,384	0.87	41,497	0.70	31,862
천만 원~2천만 원	1.98	103,636	2.05	104,633	1.90	104,394
2천만 원~3천만 원	3.46	192,705	3.46	195,200	3.58	207,355
3천만 원~4천만 원	4.37	258,483	4.66	273,544	4.60	281,340
4천만 원~5천만 원	4.92	290,122	5.33	320,184	5.17	315,901
5천만 원 이상	5.43	365,414	5.94	385,863	6.27	405,590
평 균	3.36	200,866	3.64	216,559	3.80	232,200

해도 4개가 된다. 여기에 아이 2명을 키우면 각각 하나씩 어린이 보험이 추가
되니, 총 6개인 셈이다. 민간의료보험은 가족구성원이 모두 다 각자 따로따로
들어야 하니, 보험료가 만만치 않다.

그렇더라도 이런 민간의료보험에 노인들은 가입하기가 쉽지 않다. 최근엔
민간의료보험시장이 포화가 되어 노인들을 대상으로 판매하는 상품이 출시되고
있긴 하지만, 보험료 부담으로 인해 노인들은 거의 가입하고 있지 못하고 있다.
또 노인들의 경우 질병위험이 매우 높아 보험사들이 노인들을 가입시키는 것을
기피하고 있는 실정이다.

2) 사례를 통해 살펴본 민간의료보험의 문제점

이제 많은 국민들이 건강보험 대신 의료불안을 해결하기 위해 가입하고 있
는 민간의료보험의 문제점들을 살펴보자. 구체적인 상품을 분석함으로써 이해
를 돕고자 한다. 대표적인 민간의료보험 상품이 실손의료보험과 암보험이라고
할 수 있다. 이런 상품의 구조를 통해 민간보험으로 의료비 문제, 특히 노인의
의료비 문제를 해결할 수 있는지를 살펴보자.

(1) 실손의료보험의 예

실손의료보험은 건강보험이 보장해주지 않는 법정본인부담과 비급여 본인
부담을 실손보장해주는 상품이다. 흔히 병원비 돌려주는 보험 혹은 실비보험으

로 알려져 있다. 실손의료보험은 대표적인 갱신형 상품이다. 갱신주기는 5년마다, 3년마다 갱신하는 상품이 대부분이며 최근에는 1년갱신상품도 판매되고 있다. 실손의료보험은 특약형태로 주로 판매되고 있으며 보험료는 월 7~10만 원 정도이나, 실제 실손의료보상에 해당되는 보험료는 1~3만 원 정도이다.

실손의료보험 가입자가 흔히 잘못 알고 있는 내용이 보험료 납입기간이다. 실손의료보험이 100세 만기 상품을 구매하였다면 보험료 납입기간도 100세까지이다. 실손의료보험은 갱신상품이기에 100세까지 갱신을 해야 하는 것이다. 그런데 소비자원의 조사에 의하면 가입자의 90% 정도가 가입기간을 잘못 이해하고 있었다. 20년 혹은 30년만 납입하면 된다거나, 60세 혹은 70세까지 납입하면 이후는 보험료를 납입하지 않더라도 보장을 해준다고 오해하고 있는 것이다. 실제로는 그렇지 않다. 실손의료보험 갱신형 상품으로 만기까지 갱신을 해야 한다. 만일 40세 가입자가 100세까지 실손의료보험으로 병원비를 해결하려 한다면, 무려 20회를 갱신해야 한다.

실손의료보험이 갖고 있는 가장 큰 문제는 보험료가 갱신할 때마다 급격히 인상되고 있어 가입자의 불만이 매우 크다는 점이다. 금융위원회의 자료에 의하면 실손의료보험은 3년마다 갱신 시 40% 내외로 보험료가 인상되고 있다.

실손의료보험료가 갱신 시마다 40%씩 인상된다고 하면 나중에는 보험료가 얼마나 될까. 이를 간단히 계산해보면 아래와 같다. 현재 40세 남성의 실손의료보험료가 10,000원이라고 하자. 3년마다 갱신할 경우, 40%씩 인상된다고 한다면, 13회 갱신 후인 79세가 되면 무려 56만 원이 된다.

〈표 4〉 갱신주기마다 40%씩 증가 시 실손보험료 추정

(단위: 원)

경과기간(연)	40세	43세	46세	49세	52세	58세	61세
갱신마다 40%씩 증가할 경우	10,000	14,000	19,600	27,440	38,416	53,782	7,5295
	64세	67세	70세	73세	76세	79세	82세
	105,413	147,578	206,610	289,254	404,956	566,939	793,714

40세에는 1만 원에 불과하였던 실손의료보험료가 60대가 되면 10만 원이 되고 70세에는 20만 원이 넘어서 80세가 되면 무려 60만 원 내외에 이르는 것이

다. 설마 이렇게까지 증가할까 싶을 것이다. 그런데, 실제로 그렇다. 이것은 정부(금융위원회)가 공식적으로 인정한 것이다. 정부는 실손의료보험의 갱신폭등이 심각한 문제로 대두되자, 2012년 8월 30일 [실손의료보험 종합개선대책]을 내왔는데, 그 자료에 의하면 현재 추세로 실손의료보험료가 증가하게 된다면, 80세가 되면 60만 원에 이를 것이라고 발표한 바 있다.

이렇게 실손의료보험료가 갱신 시마다 급격히 인상되는 데에는 몇 가지 이유가 있다. 우선적으로 갱신 시마다 증가하는 연령에 따른 위험률 증가 때문이다. 의료비 지출에 가장 결정적인 요인은 연령이다. 앞에서 건강보험 진료비의 상당을 노인들이 지출하고 있음을 상기해보자. 1인당 평균 건강보험 진료비는 8만 5천 원 정도이지만, 연령대에 따라 다르다. 60대는 17만 원, 70대는 27만 원, 80대는 37만 원으로 급격히 증가한다. 즉 연령이 증가할수록 의료비 지출이 급격히 늘어나기 때문에 실손의료보험료 역시 갱신 시마다 보험료가 증가하는 것이다.

그런데 문제는 이것만이 아니다. 3년마다 갱신 시 보험료 증가율이 40% 정도인데 그중 절반인 20%포인트 정도는 자연증가분으로 주로 연령의 효과로 인한 증가율이다. 나머지 20%포인트는 다른 위험률의 증가 때문이다. 즉 과잉의료의 결과인 것이다. 바로 도덕적 해이다. 실손의료보험 가입자의 도덕적 해이는 전체 평균보다 훨씬 높게 나타나고 있다.

실손의료보험에서 나타나는 도덕적 해이는 두 가지 이유가 있다. 첫째는 환자 측 요인이며, 둘째는 의료공급자 측 요인이다.

우선 환자 측 요인을 보자. 실손의료보험에 가입하게 되면, 사실상 무상의료나 다름없다. 비록 의료비 본인부담을 사후에 보험사에 청구하여 지급받긴 하지만, 입원환자의 경우 본인부담(법정본인부담+비급여본인부담)의 90% 정도까지 보상해 주기에 그렇다. 그런데 실손의료보험은 값비싼 보험료를 내놓고 의료 혜택을 보지 못하면 손해라는 생각이 들기 마련이다. 실손보험은 의료이용을 하지 않는다고 보험료를 돌려주지 않는다. 의료이용을 하든 하지 않든 간에, 보험료는 나간다. 가입기간 동안 보험혜택을 보지 못하면, 결국 보험료만 버린 셈이다. 그러다 보니 기회가 되면 크게 혜택을 보겠다는 생각을 하게 된다. 그래서 실손의료보험 가입자는 과잉의료를 하는 경향이 나타난다.

다른 한편, 병원 측 요인도 작동한다. 환자들은 국민건강보험의 보장이 낮기에 입원을 하게 되면 환자가 부담해야 할 병원비가 많다는 것을 잘 알고 있다. 그렇기에 비급여 검사의 경우, 질병을 치료하는 데 필요한데도 동의해주지 않는 경우가 많다. 때론 의사가 불필요하게 과잉검사하지는 않는지 의혹을 보내기도 한다. 그런데, 실손의료보험에 가입한 환자는 진료에 부담이 없다. 더욱이 많은 병원들은 병원의 수익창출을 위해 과잉진료경향이 강하다. 이런 상황에서 실손의료보험에 가입한 환자들은 일반 건강보험 환자보다는 검사에 대한 불만이 적다. 그렇기에 각종 비급여 검사를 남발하게 하는 동기가 작동된다.

그렇다면 실손의료보험으로 인한 도덕적 해이의 책임은 누구에게 더 크게 있는 걸까. 환자 쪽일까 공급자 쪽일까. 사실 도덕적 해이의 책임소재를 누구에게 더 있다고 볼 수는 없다. 왜냐면 실손의료보험이라는 보험 자체가 도덕적 해이를 유발하기 때문에 그렇다. 환자들은 추가로 비싼 보험료를 납부하고 실손의료보험에 가입하는 이유가 바로 그 실손의료보험의 혜택을 누리기 위함이다. 보험사는 그렇게 과잉 이용하라고 실손의료보험을 판매하는 것이며, 가입자는 그 목적으로 상품을 구매하는 것이다.

따라서 실손의료보험 환자에게서 나타나는 도덕적 해이는 그것을 구매한 환자나 그 환자를 진료하는 병원으로 책임을 돌릴 것이 아니라, 실손의료보험 그 자체이다.

이렇게 실손의료보험료는 갱신 시마다 보험료가 급격히 증가하기에 노후가 되어 실손의료보험을 유지하기란 쉽지 않다. 수십 만 원에 이르는 보험료를 유지하기가 쉽지 않기에 그렇다. 실손의료보험으로 노후를 대비하기란 쉽지 않다.

(2) 노후 실손의료보험의 예

앞에서 설명한 실손의료보험은 주로 판매되는 대상이 60세 이하 연령층이다. 그간 60세 이후에는 실손의료보험에 가입하고 싶어도 가입하지 못했다. 사보험사는 노인들을 대상으로 해당 상품을 판매하지 않고 있기에 그렇다.

그런데 최근 노후실손의료보험이라 하여 노인들을 대상으로 판매할 수 있는 노후실손의료보험이 판매되고 있다. 박근혜 정부 들어 급격한 고령화와 국민의 노후준비부족에 따른 문제를 해결하겠다며 노후실손의료보험 출시를 허용해주었다. 이 상품은 기존 실손의료보험과 달리 75세까지 가입이 가능하고, 보험료도 기존 실손의료보험보다 70~80% 수준으로 가입할 수 있도록 설계되어 있다. 월 보험료로 대략 2~5만 원에 판매되고 있는 상품이다.

이에 노년유니온 등 시민사회단체들이 실제 노인들을 대상으로 가입여부에 대한 실태조사를 진행한 결과를 발표한 바 있다. 106명의 노인들이 실제로 이 상품에 가입할 수 있는지를 알아본 것이다. 그 결과 106명의 노인 중 실제로 가입이 가능했던 노인은 31명으로 29.%만이 가능했다. 나머지는 가입을 하고 싶어도 보험사가 거부하였다. 보험사가 거부한 이유는 가입 노인들이 고혈압, 당뇨병, 암질환, 과거의 수술병력 등 기왕력을 갖고 있다는 이유였다.

앞에서 고혈압과 당뇨병과 같은 만성질환의 유병률이 연령의 증가에 따라 급격히 증가함을 살펴본 바 있다. 국민건강영양조사에 의하면 50~75세의 경우 고혈압은 50%내외, 당뇨병은 20%내외, 고지혈증 20%내외, 암질환은 7%의 유병률을 갖고 있다. 노인의 대부분은 하나 이상의 만성질환을 갖고 있는 셈이다. 보험사는 보험금 지급 위험이 높은 대부분의 노인들은 배제하고, 질병이 없고 의료이용도 거의 하지 않는 건강한 노인들만 선별적으로 가입시키려고 한 것이었다. 이는 보험사가 보험금 지급을 최소화하여 이익을 극대화하려는 목적으로 질병위험이 높은 고위험군을 배제한 것이다. 이를 보험사의 단물빨기(cream skimming) 행태라고 한다.

이와 같이 질병위험이 높은 고위험군을 가입에서 배제하려는 행태는 비단 노후실손의료보험에서만 나타나는 것은 아니다. 주로 60세 이하를 대상으로 판매하는 실손의료보험에서도 비슷하게 나타난다.

(3) 암보험의 예

이제 암보험의 사례를 살펴보자. 현재 암보험은 여러 형태로 판매되고 있다. 갱신형, 비갱신형, 만기환급형 등이 그 예이다. 여기에서는 갱신형 상품을 예로 살펴보고자 한다. L생명보험사의 플러스암보험이 있다. 이 보험은 암진단시 5천만원을 지급해준다는 상품으로 10년마다 갱신하는 상품이다.

만일 30세 남성이 이 암보험에 가입한다고 할 때 매월 10,500원씩을 납부하면 10년 동안 암이 발생하였을 때 5천만 원의 보험금을 지급받을 수 있다. 월 1만원 정도이니 그리 부담이 크지 않고 10년 동안 납부해야 할 돈도 총 1,260,000원

<그림 5>　L생명의 플러스암보험 보험료 예시

보험료 예시표		
› 주계약	[기준: 가입금액: 주계약 2,500만 원, 만기환급금이 없는 순수보장형, 최초계약 10년 만기, 전기월납, 단위: 원]	
나이	남자	여자
30세	10,500	14,250
40세	21,750	26,500

자료: L생명 홈페이지.

정도라 괜찮아 보인다. 그런데 10년 후에는 다시 갱신해야 한다. 갱신을 하게 되면 보험료가 2배가량인 21,750원으로 인상된다. 보장내용은 변화가 없다. 다시 50세가 되면 보험료도 또다시 2배가량 인상된다.

　　만일 80세까지 보장을 받으려한다면 60세, 70세가 되어서 다시 한 번 갱신을 해야 한다. 그때마다 보험료가 인상된다. 그렇다면 30세 남성은 80세까지 암보험을 유지하기 위해서는 총 얼마의 보험료를 부담해야 할까. 아래는 필자가 계산해본 총 보험료이다. 60세, 70세가 되었을 경우의 보험료는 알 수가 없기에, L보험사에서 보장내용이 동일한 데 보험금은 1천만 원으로 낮춰서 판매하고 있는 실버암보험의 보험료로 추산하였다. 실버암보험의 60세 보험료는 26,150원, 70세는 41,850원이다. 이를 통해 계산해보면 60세가 되면 보험료는 13만 원에 이르고 70세가 되면 보험료는 월 21만 원에 이른다.

　　30세 남성이 80세까지 5천만 원을 보장해준다는 암보험에 가입할 경우 납입해야 할 총 보험료는 5천 100만 원이며, 여성은 3천 3백만 원이다.

　　물론 암보험에 가입한 모든 가입자가 이렇게 보험료를 내는 것은 아니다. 남성의 평생 암발생률(77세까지)은 38%이며, 여성(84세까지)은 33.8%라고 했다. 즉, 암보험에 가입한 사람들 중 가입기간 도중에 암에 걸린다면, 5천만 원의 보험금을 타고, 보험은 바로 해약되므로 더 이상 보험료를 부담하지 않아도 된다. 암에 걸리는 사람들은 암에 걸리는 시점에 따라 납입하는 보험료는 수십만 원이 되기도 하고, 혹은 수백만 원, 수천만 원이 되기도 한다.

〈표 5〉 60세와 70세의 월보험료는 실버암보험의 보험금이 5천만 원이라고 할 경우 보험료임

	남 성		여 성	
	월보험료(원)	10년보험료(원)	월보험료(원)	10년보험료(원)
30세	10,500	1,260,000	14,250	1,710,000
40세	21,750	2,610,000	26,500	3,180,000
50세	53,250	6,390,000	40,000	4,800,000
60세*	130,750	15,690,000	79,250	9,510,000
70세*	209,250	25,110,000	116,250	13,950,000
총보험료		51,060,000		33,150,000

반면, 암에 걸리지 않은 남성들과 여성들은 5천만 원과 3천 3백만 원의 보험료는 그대로 날리는 셈이다. 위 암보험은 또한 순수보장형 상품이라 만기 시에 암에 걸리지 않는다면, 환급되는 보험료는 한 푼도 없다.

이렇게 암보험료가 갱신할 때마다 2배씩 급격히 올라가는 이유는 해당 연령대의 암발생률이 그만큼 올라가기에 그렇다. 앞에서 암발생률을 설명한 바 있다. 연령이 증가함에 따라 기하급수적으로 올라가는 것을 다시 들여다보라. 30세에는 마치 저렴하게 보이던 것이 나중에는 수십만 원에 이른다. 더욱이 60세 이후에는 일반적으로 퇴직 후일 것이고, 소득원천은 국민연금과 기초연금 정도일 것이다. 따라서 대부분의 보험가입자는 나중에는 소득은 사라지는데 보험료 부담이 대폭 증가되어 실제로 80세까지 보험을 유지하기란 거의 어렵다.

3) 민간의료보험의 구조적 문제점

지금까지 민간의료보험의 구조를 살펴보았다. 대체로 연령의 증가에 따라 보험료가 급격히 인상되기에, 노후의 의료비 문제를 해결하기란 결코 쉽지 않다는 점을 확인하였다. 민간의료보험은 구조적으로 노후 의료비를 해결하기가 어려운 조건이다. 이는 의료비 지출의 특성에서 기인한다. 대부분의 의료비 지출은 노인층에서 지출하기에 그렇다. 이를 생애의료비라는 측면에서도 확인할 수 있다. 생애의료비란 출생 시부터 사망 시까지 지출하는 의료비를 말하는데, 생애 의료비의 60% 정도는 60세 이후에 지출하는 것으로 알려져 있다.

이외에도 민간의료보험이 갖고 있는 문제점들은 다양하다. 이를 여러 측면에서 살펴보고자 한다.

(1) 과중한 민간의료보험료 지출

우리사회의 민간의료보험 지출은 너무 과도하다. 2010년 기준 가구당 3.8개, 월평균보험료로 23만 원이나 지출하고 있다. 민간의료보험의 특성상 가구당 가입보다는 개인별로 가입을 하고 있기에, 가구원이 각자 따로따로 가입해야 하기에 보험료 부담이 크게 증가하고 있는 것이다. 4인 가족이 실손의료보험, 암보험, 어린이 보험 등 각각 가입한다면 무려 월 40여만 원의 보험료를 부담해야 한다. 매우 심각한 문제가 아닐 수 없다.

(2) 소득수준에 따른 민간의료보험 가입의 양극화

또한 민간의료보험 가입의 양극화도 심각하다. 앞에서 살펴보았듯이 저소득층은 겨우 1~2개 가입하고 있는 반면, 중산층 이상은 5~6개씩 가입하고 있다. 보험료격차도 매우 크다. 민간의료보험은 시장에서의 구매능력에 따라 가입이 좌우되기에 소득 간 심각한 양극화가 발생한다. 우리의 사회보장제도인 국민건강보험이 취약하여 국민들을 의료불안으로부터 보호해주고 있지 못한 이유로 인해 어쩔 수 없이 민간의료보험으로 그 불안을 해소할 수밖에 없는 처지다. 그런데, 소득이 어느 정도 있다면, 민간의료보험을 구매하여 의료불안을 해소할 수 있지만, 소득이 부족한 저소득층은 의료불안에 그대로 노출될 수밖에 없는 처지다. 국민건강보험이 의료보장제도로서 제 역할을 튼튼히 한다면 저소득층을 충분히 보호해줄 수 있지만, 구매능력에 좌우되는 민간의료보험은 오히려 저소득층에게 더 가혹하다.

(3) 민간의료보험 가입의 거시적 비효율성

민간의료보험이 취약한 건강보험의 보장성을 보완하는 성격을 갖기 위해서는 실제로 의료비 지출이 많은 대상자가 더 많이 가입해야 할 것이다. 그러나 그렇지 않다는 데에 문제가 있다. 의료비는 그 특성상 연령이 증가함에 따라 급격히 증가하는 경향을 띤다. 의료비 지출을 결정하는 가장 결정적인 요인이 연

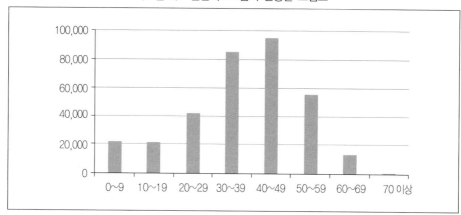

령이기에 그렇다. 연령이 많은 노인일수록 의료비 부담이 더 크기에 민간의료보험이 건강보험을 보충해주기 위해서는 이 고령층을 포괄할 수 있어야 한다.

그러나 실제로 민간의료보험에 가입하고 있는 층은 노인들은 극히 일부에 불과하다. 강성욱 교수가 한국의료패널을 이용해 연구한 연령별 민간의료보험 지출 현황(아래 그래프)을 살펴보면, 전체 민간의료보험 33.4조 원 중에서 젊고 건강한 30~40대가 전체 55%에 이르는 18조 원을 지출하고 있다. 반면 60세 이상에서는 거의 지출하고 있지 못하다. 주로 젊고 건강한 연령층이 민간의료보험료를 지출하고 있는 것이다. 이들은 의료비 지출이 매우 낮은 계층인데도 자신의 필요보다 더 많은 민간의료보험에 가입하고 있는 셈이다.

민간의료보험은 보험료를 부담한 가입자에게만 혜택이 돌아간다. 건강보험의 구조와 확연히 다른 특성이다. 건강보험은 보험료 부담주체와 급여수혜자가 구분되어 있다. 건강보험은 보험료는 소득이 있는 계층이 부담하지만, 그 혜택은 사회전체가 공유한다. 주로 노인, 만성질환자 등 의료비 지출이 필요한 사람에게 돌아간다. 반면 민간의료보험은 가입자만이 누릴 수 있기에 사회 전체적으로 보면, 의료비 혜택이 필요함에도 혜택이 제공되지 않는 공백이 발생하게 된다. 민간의료보험에서는 필연적으로 거시적인 비효율성이 발생한다.

(4) 민간보험의 의료이용량 증가와 노덕적 해이

실손의료보험의 예에서 살펴보았듯이 민간의료보험은 도덕적 해이를 유발한다. 실손의료보험의 도덕적 해이는 단지 실손의료보험으로 인해 실질적으로 의료비 부담이 사라지기 때문에 발생되는 효과만은 아니다. 물론 실손의료보험을 가입하게 되면 의료비 부담이 사라지게 되어 의료이용량이 증가되는 효과를 가져 온다. 이런 효과는 건강보험의 보장률을 대폭 확대했을 경우에도 동일하게 나타날 것이다. 그러나 문제는 실손의료보험에서 나타나는 도덕적 해이는 부정적 측면이 크다는 점에 있다.

실손의료보험의 도덕적 해이는 보험료에 대한 비용의식이 발생한다. 실손의료보험료는 의료이용을 하지 않더라도 보험료는 갱신 시마다 올라간다. 실손의료보험료는 보험료대로 지출하는데 의료이용을 하지 않는다면, 보험료가 아깝게 느껴진다. 이런 비용의식으로 인해 기회가 된다면 불필요한 의료이용이라도 적극적으로 하려는 욕구가 생긴다. 실손의료보험 환자에게 비급여 진료비 비중이 매우 높은 이유이다.

반면, 건강보험은 다르다. 건강보험료는 소득에 따라 부과한다. 건강보험료에 대한 비용의식이 의료이용에 영향을 미치지 않는다. 누군가가 소득이 높아 건강보험료를 많이 내고 있다고 해서 그 건강보험료가 아까워 의료이용을 더 많이 하려는 욕구가 생기진 않는다. 단지 자신에게 필요한 의료서비스를 이용할 뿐이다. 따라서 건강보험에서는 건강보험의 보장성을 확대하더라도 실손의료보험에서와 같은 부정적인 측면의 도덕적 해이는 상대적으로 적게 나타난다. 실손의료보험의 도덕적 해이는 과잉진료와 불필요한 의료비 증가를 유발하며, 나중엔 국민이 감당하기 어려울 정도의 의료비 증가를 유발할 수 있다. 대표적인 사례가 미국이다. 민간의료보험체계를 갖고 있는 미국은 의료비 지출이 GDP 대비 17%에 이른다. 반면 탄탄한 공적 의료보장제도를 갖춘 유럽의 경우 9~12% 정도에 불과하다. 이로써 왜 미국이 그토록 의료비 지출이 높은지를 이해할 수 있다.

(5) 지속가능성의 의문

또 다른 문제점이 민간의료보험의 지속가능성이다. 민간의료보험으로 의료불안을 해결하기 위해서는 민간의료보험을 가입 전 기간 동안 중도에 해약 없이 유지할 수 있어야 한다. 그러나 실제로 민간의료보험의 계약 유지율을 보면 그렇지 않다.

〈표 6〉 민간보험 종류별 누적 유지율[1]

경과년도	1년	2년	3년	4년	5년	6년	7년	8년	9년
암보험	78.9	68.4	62.2	57.9	54.7	52.2	50.1	48.3	46.6
종신보험	79.7	66.3	59.7	54.8	50.9	47.4	44.7	42.4	40.0
변액연금	86.9	70.1	53.9	43.8	36.0	–	–	–	–
금리연동형 연금	83.6	68.0	55.3	46.8	39.6	33.7	30.0	25.7	23.8
실손의료보험[2]	90.5	78.7	68.6	58.6	48.5				14.7 (10년)

1) 생명보험 상품별 해지율 추정 및 예측모형, 보험연구원.
2) 실손의료보험 종합개선대책, 금융위원회.

어떤 보험이든지 대체로 민간의료보험에 가입한지 5년이 지나면 절반 이상은 해약을 하고 있다. 심지어 9년째가 되면 대략 30% 내외만 유지하고, 나머지 70% 정도가 해약하였다. 지속가능성이 없는 것이다. 이렇게 중도에 해약하는 사유가 정확히 알려져 있지는 않다. 그러나 민간의료보험은 매월 보험료를 납부하기 위해서는 소득이 안정적이어야 하는데 우리사회는 직업의 불안정성이 매우 커서 안정적인 소득이 발생하고 있지 못한 현실이다. 그와 함께 보험을 유지하는 동안 여러 이유로 가계 생활자금이 부족하게 되면 흔히 해결하는 방식이 보험을 해약하는 것이다. 또한, 가계지출에서 민간의료보험료가 차지하는 비중이 크고, 갱신형 보험의 경우 보험료가 계속 인상되기에 부담이 점차 커지게 된다. 이를 감당하기 어려워 결국 중도해약하는 경우가 많을 것으로 추정한다.

(6) 과다한 사업비 비중

민간의료보험은 보험료 중 사업비가 차지하는 비중도 매우 많다. 국민건강보험은 대략 총 재원의 3% 정도만을 관리운영비로 지출하고 있다. 반면, 민간의료보험은 평균 20~25%을 지출한다. 사업비 비중이 국민건강보험 대비 7~8배나 더 많이 지출하는 셈이다. 보험의 관리운영비가 적을수록 재원의 대부분이 가입자에게 그 혜택이 돌아간다. 민간의료보험은 국민건강보험보다 가입자에게 돌아가는 비중이 적다.

4. 공적 의료보장제도인 건강보험 강화의 필요성과 방안

1) 국민건강보험이 민간의료보험에 대해 갖는 우수성

앞에서 민간의료보험이 갖고 있는 구조적인 문제들을 살펴보았다. 우리의 건강보험제도는 민간의료보험과는 전혀 다른 특성을 갖고 있으며, 민간의료보험보다 훨씬 우수하다. 간략히 정리하면 다음과 같다.

첫째, 행정비용(혹은 사업비) 측면이다. 우리의 국민건강보험의 행정비용은 재원의 3% 정도로 사회보험을 하고 있는 나라들(5%내외)보다도 훨씬 적다. 더욱 민간의료보험과 같은 사보험과 비교하면 더욱 두드러진다. 보험사는 보험료 수입의 대략 20~25%를 사업비로 사용하는 것으로 알려져 있다. 국민들이 지출한 재원이 다른 곳에 쓰이지 않고 대부분이 다시 국민건강을 위한 의료비 지출로 돌아간다.

둘째, 건강보험료 대비 혜택이 민간보험보다 건강보험이 매우 높다. 민간보험의 지급률(보험급여혜택/보험료)은 대략 50~80%내외에 불과하다. 더욱이 민간보험이 높은 저축보험료를 끼워 지급률을 인위적으로 높이는 효과를 배제하면 실제로는 50%도 채 안 되는 경우도 적지 않다. 반면 건강보험료는 건강보험료 대비 급여혜택이 170%내외로 매우 높다. 그 이유가 직장가입자의 보험료의 절반을 사업주가 부담하고, 건강보험료 총 수입의 20%를 국고지원을 해주기에 그렇다. 현재 건강보험 재원 중 국민이 보험료로 부담하는 비중은 55%이다. 나머지 45%는 기업주와 국고가 부담해주고 있다.

셋째, 국민건강보험은 사회보장제도로서 법적 강제성에 기반하며, 민간보험은 시장에서 자유로운 계약에 기반한다. 이런 강제성의 원리로 인해 특정 국민을 배제하지 않고 모든 국민을 포괄할 수 있다. 반면 민간의료보험이 내세우는 시장에서의 자유로운 계약이라는 원리는 오히려 특정 국민을 배제하는 근거로 활용된다. 대표적으로 민간의료보험은 보험에 가입하더라도 기왕력에 대해서는 보장을 해주지 않거나, 심지어 질병의 위험이 매우 높으면 가입을 거부당하는 경우가 많다. 민간의료보험이 의료비 지출이 높은 노인, 만성질환자, 중증질환자, 희귀난치성 환자, 장애인 등 의료혜택이 절실히 필요한 국민들을 배제한다. 반면, 국민건강보험은 개개인의 질병위험을 따지지 않고 모든 국민에게 필요한 의료서비스를 제공해준다.

넷째, 국민건강보험은 위험분산의 기능만 가진 민간보험과는 달리 사회연대의 원리에 기초한 제도이다. 사회연대란 사회구성원이 함께 연대하여 책임지는 원리를 말한다. 건강보험은 보험료 부담은 능력에 따라 부담한다. 건강보험료는 경제적 능력에 따라 부담하지만 혜택은 경제적 부담정도가 아니라 필요에 따라 제공한다. 그래서 건강보험은 민간보험과 달리 경제적 부담이 없더라도, 더 질병이 많다고 해서 더 많은 보험료를 부담하지 않는다. 일반적으로 국민건강보험의 연대는 소득이 많은 자와 소득이 적은 자 간의 연대, 건강한 자와 아픈 자와의 연대, 노인/소아와 청장년 간의 세대 간 연대효과를 가진다.

다섯째, 국민건강보험은 소득재분배효과가 매우 커 사회양극화를 해소하는 역할을 한다. 국민건강보험료 부담은 소득에 비례하여 부담하기에 소득재분배효과가 매우 크다. 반면 민간의료보험은 보험료를 소득기준이 아니라 개인의 위험률에 기반한다. 소득과 무관하게 동일한 질병위험이 있다면 보험료가 동일하게 책정된다. 그래서 민간의료보험은 소득재분배효과는 없으며 오히려 소득에 따라 가입률에 차이를 유발하게 되고 이는 결국 고소득층의 의료장벽은 낮추고 저소득층의 의료장벽은 높인다. 민간보험은 오히려 사회양극화를 조장하는 효과를 가진다.

여섯째, 건강보험제도야말로 유일하게 지속가능한 제도이다. 민간의료보험이 갖는 가장 핵심적인 문제는 지속가능성이 없다는 점이다. 대부분의 민간보험 가입자는 5년 후에는 절반가량이 해약을 한다는 점이 단적으로 보여준다. 높은 보험료 부담으로 인한 가계생활자금의 부족, 갱신 시마다 급격히 인상되는 보험료, 기대했던 것보다 못 미치는 보장내용 등이 그 이유다.

일곱째, 국민건강보험은 민간의료보험에서 나타나는 과잉진료와 불필요한 의료이용을 조장하는 도덕적 해이가 더 적다. 민간의료보험은 보험료 부담이 큰 만큼 혜택을 누리려 하기 때문에 과잉이용을 조장한다. 실손의료보험료가 갱신 시 마다 폭탄수준으로 급격히 인상되는 이유가 여기에 있다. 반면, 국민건강보험은 보험료 부담과 급여혜택과는 아무런 연관이 없다. 보험료는 소득에 따라 부담하고 혜택은 필요에 따라 누리기에 자신이 건강보험료를 더 많이 부담한다고 더 많은 의료이용을 하고자하는 기전이 작동하지 않는다. 즉, 사회 전체적으로 불필요한 의료이용을 억제하고 국민의료비 부담을 적정한 수준으로 유지하려면 국민건강보험을 강화하여 국민의료비 지출의 공적 비중을 높여야 한다.

2) 건강보험 재원 확충을 통한 건강보험 보장성 확대

따라서 우리사회가 직면하고 있는 고령화와 만성질환의 증가로 인한 의료비 문제를 해결하는 해법으로 공적 의료보장을 강화하는 방법이라 할 수 있다. 즉 건강보험의 보장을 높이자는 것이다. 건강보험의 보장성을 확대하기 위해서는 그에 필요한 재원을 확충해야 한다. 건강보험의 보장성 목표를 어떻게 설정하고, 그 재원은 얼마인지, 어떤 방식으로 조달할 것인지에 대한 방안이 논의되어야 한다. 건강보험의 보장성을 확대하는 데 필요한 재원을 추정하기 위해서는 목표 보장률을 어느 정도로 할 것인가에 달려 있다. 보통 OECD평균 수준의 국민의료비의 공적 지출 비중을 기준으로 하거나, 건강보험의 보장률 80%로 기준으로 한다. 이에 대해 살펴보자.

(1) OECD 평균수준의 공적 지출을 위한 추가 재원

현재 OECD 평균의 국민의료비 중 공공지출은 72% 정도이며 우리는 54.5% 정도에 불과하다. 국민의료비중 공적 비중을 OECD국가 수준으로 맞추기 위해서는 대략 17조 원(추가 국민의료비 공적비중 17.5%(72%-54.5%)*국민의료비 총액(97조 원, 2012년))이 필요하다. 국민의료비의 공적 지출의 대부분은 건강보험, 의료급여, 산재보험이다. 그중 건강보험의 비중이 가장 크므로 대부분은 건강보험의 보장률을 올림으로써 목표 국민의료비의 공적 지출에 이를 수 있다.

(2) 건강보험의 보장률 80%를 위한 추가 재원방안

국민의료비 기준으로 하게 되면, 국민의료비 개념을 이해하고 있어야 하므로 좀 어려울 수 있다. 그래서 간단히 국민건강보험의 보장률을 기준으로 삼는 경우가 많다. 국민건강보험의 목표를 현재 62.5%(2012년) 수준을 80%정도로 올린다고 해보자. 그럼 얼마가 필요할까.

간단히 계산이 가능한데, 62.5%의 보장률을 80%로 올리기 위해서는 현재의 건강보험 재원의 28%(62.5%*28%=17.5%)를 추가로 확보하면 된다. 2013년 건강보험 급여지출이 40조였으니 11.2조가 추가로 필요하다.

〈표 7〉 국민건강보험 보장률 62.5 → 80%로 증가 시 건강보험 재정 변화(2013년)

	총 진료비	건강보험급여	본인부담
현재 보장률 62.5%	64조 원	40조 원	24조 원
목표 보장률 80%	64조 원	51.2조 원	12.8조 원

이론적으로만 보자면, 보장률이 확대되더라도 사회 전체가 부담하는 총 진료비는 변화가 없다. 단지 진료비 부담을 건강보험이 할 것이냐, 국민(환자)이 직접 할 것이냐의 차이일 뿐이다. 보장률이 확대되면 건강보험이 부담해야 할 재정이 11.2조 원이 늘어나는 대신 국민이 직접 부담해왔던 본인부담은 11.2조 원이 줄어든다.

국민건강보험공단도 2012년 [실천적 건강복지 플랜]이라는 국민건강보험 쇄신위원회 활동보고서를 통해 2017년까지 OECD 기준 국민의료비 공적 비중을 70%로, 국민건강보험의 보장률을 78.5%로 확대하자는 안을 제시한 바 있다. 이를 통해 재난적 의료비 부담을 해소하고, 3대비급여를 포함하여 필수의료중심으로 보장 확대, 저소득층 의료보장 강화가 필요하다고 주장하였다. 건강보험공단은 그에 필요한 재원을 연 11.5조 원으로 추산하였다.

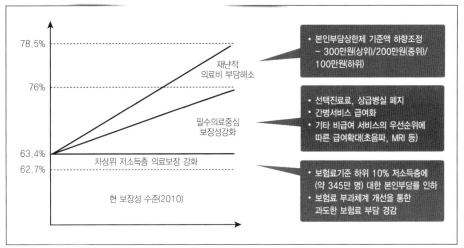

〈그림 7〉 국민건강보험 공단의 건강보험 보장률 달성 방안

자료: 국민건강보험공단

3) 건강보험 보장 확대의 목표

이렇듯, 건강보험의 보장률 목표를 어떻게 설정할 지에 따라 필요한 재원도 차이는 있지만, 대체로 우리사회가 감당하기 어려울 정도는 아니다. 필자가 제시하는 건강보험의 보장목표는 다음과 같다.

첫째, 실손의료보험과 같은 민간보험에 가입할 필요 없는 정도로 국민건강보험의 보장수준이 되어야 한다. 건강보험이 국민의 의료비 불안을 해결해주지 못함에 따라 전 국민의 60% 이상이 실손의료보험에 가입하고 있다.

둘째, 비급여 중 필수적인 서비스는 모두 건강보험을 적용해야 한다. 특히 3대비급여(선택진료료, 상급병실료, 간병료)는 전체 비급여의 60% 이상을 차지한다. 가능한 의학적 타당성이 입증된 비급여는 모두 급여화해야 한다.

셋째, 국민건강보험의 평균 보장률은 최소 80% 이상이 되어야 하며, 특히 병원비 부담이 큰 입원진료에 대해서는 90% 이상이어야 한다. 그렇더라도 중증질환의 경우 본인부담이 클 수 있으므로 연간 100만 원 상한제와 같은 본인부담상한을 설정해야 한다.

넷째, 건강보험의 보장성 확대와 함께 의료의 질 향상을 위한 노력이 필요하다. 특히 간병료의 경우 배보다 배꼽이 더 클 정도로 환자의 부담이 크다. 따라서 간호인력 등 보건의료인력 확충을 통해 간병비 부담을 없애야 하고 더불어 의료의 질을 향상시키는 노력도 동반되어야 한다.

다섯째, 건강보험료 부과의 형평성을 제고해야 한다. 다행히 현재 정부는 건강보험 부과체계를 소득중심의 단일 부과체계로 개선하자는 것을 골자로 논의하고 있다. 이로써 소득에 따라 부과됨으로써 지금의 고소득층이 건강보험료를 오히려 적게 부담하거나, 혹은 소득이 없는 지역가입자가 높은 건강보험료 부담을 떠안았던 것이 상당부분 해결될 것으로 전망된다.

건강보험의 보장률을 구체적으로 어떤 목표를 설정해야 하는지는 조금씩 의견이 다를 수는 있다. 그러나 대체로 위와 같은 방향에서 크게 벗어나진 않는다고 본다. 더 중요한 것은 보장성 확대를 위한 재원 확충을 어떻게 해야 하는지다. 현실에서는 확충되는 재원에 따라 목표로 하는 보장내용과 보장률이 결정될 수밖에 없기에 그렇다.

4) 건강보험 보장 확대를 위한 재원마련 방안 – 사회연대적 보험료 인상

건강보험의 재원을 확충하는 방법은 여러 가지가 있다. 국고지원률을 상향하는 방안, 사업주부담률을 조정하는 방안, 현행 건강보험의 재원분담 방안을 유지한 채 세 주체(국민, 사업주, 국고지원)가 동시에 보험료를 인상하는 방안이다. 이 중 앞의 두 방안은 현행 국민건강보험법을 개정해야 하는 사안으로 국회에서 입법과제다. 그러나 현재 국회에서 논의과정은 쉽지 않아 보인다. 세 주체 중 한 주체에게 모두 부담을 떠넘기는 방안은 쉽지 않다. 현재 국가재정도 30조 원 내외로 적자가 발생한 상황에서 연간 10조 원이 넘는 재원을 국고로 부담하도록 하자는 안은 사회적으로 논의가 되기 어렵다. 또한, 사업주에게 모두 책임을 넘기는 것 역시 쉽지 않다.

따라서 세 번째 방안 즉, 건강보험의 재원을 담당하는 세 주체가 동시에 보험료를 인상하는 것이 가장 현실적이다. 현행 건강보험법상에서 보험료를 동시에 인상하여 보장성 확대에 필요한 재원을 마련하는 방식은 국회의 입법 과제가 아니라 사회적 합의를 통해 얼마든지 도출할 수 있다는 장점이 있다. 건강보험료율을 결정하는 단위는 건강정책심의위원회라는 사회적 합의기구이다. 건강보험 재원은 세 주체로 이뤄져 있는 국민, 기업, 국가다. 사회연대적 보험료인상은 세 주체가 동시에 보험료를 인상하여 재원을 마련하자는 것이다. 이 방안은 세 주체 중 한쪽에 책임을 떠넘기지 않아, 사회적 합의에 이르기가 상대적으로 쉽다.

그럼 얼마나 인상해야 할까. 대략 현재 부담하고 있는 건강보험료의 30%를 인상하게 되면 충분할 것으로 보인다. 시민단체인 [건강보험하나 시민회의]는 2012년 기준으로 세 주체가 모두 건강보험료의 30% 정도를 인상하면 14조 원 정도가 확보될 수 있을 것으로 추산한 바 있다. 14조 원이면 건강보험의 보장률 평균 80%에 이를 수 있고, 입원 보장률 90%, 연간 100만 원 상한제, 간병료 급여화, 보건의료인력확충, 저소득층 보험료 지원 등이 실행가능하다. 2013년 기준으로 단순히 건강보험료 보장률을 80%로 높이는데, 11.2조 원이 필요하다는 점을 고려하면 충분한 재원이라 할 수 있다.

14조 원의 재원을 마련한다면, 그때 세 주체의 부담은 각기 국민 6.5조 원, 사업주 4.4조 원, 국고지원금 3.3조 원(사후정산제 시행을 전제) 수준이 될 것이다.

5) 건강보험 보장성 확대 시 기대효과

(1) 의료비 부담 해소

건강보험료 부담을 높여 건강보험 보장성을 확대하는 것이 국민의 의료비 부담에 어떤 영향을 미칠까. 적지 않은 사람들이 건강보험료 부담을 높이는 것은 국민의 의료비 부담을 높이는 것으로 생각한다. 하지만, 전혀 그렇지 않다. 오히려 국민의 의료비 부담은 대폭 줄어드는 효과를 갖는다.

현재 건강보험의 재정 지출과 본인부담 지출은 〈표 8〉과 같다. 2013년 건강보험의 재정수입은 총 44.7조 원이었고, 그중 41.1조 원을 지출하였다. 41.1조 원 중 건강보험 공단 운영비 1.2조 원을 제외한 39.9조 원을 국민의 진료비에 대한 급여로 지출하였다. 건강보험의 보장률 62.5%(2012년)이 2013년에도 유지된다고 보면, 국민이 직접 부담한 병원비는 27조 원(간병료 포함)이다. 또한, 취약한 건강보험의 보장률로 인한 의료불안을 해결하고자 추가로 40조 원 가량의 민간의료보험을 지출하고 있는 실정이다.

<표 8> 보장성 확대 전 국민건강보험 재정과 의료비 지출(2013년 기준)

국민건강보험 재정		본인부담지출	사보험(민간의료보험) 지출	
44.7[1] 조 원	국민 23조 원[2]	27조 원[3]	40조 원	정액형
	사업주 15.9조 원			
	국가 5.8조 원			실손형

1) 재정 수입 기준으로 당기 흑사(3.6조 원), 건강보험공단 운영비(1.2조 원) 외에 39.9조 원이 급여지출 됨.
2) 직장(15.9조 원) 및 지역(7.1조 원) 가입자 건강보험료를 합친 것임
3) 본인부담진료비(24조 원) 외 간병료(3조 원) 포함한 수치임.

건강보험 하나로 시민회의의 추정대로 14조 원(1조 원은 저소득층 보험료로 지원되므로 실제 보장성에는 13조 원이 투입됨)을 추가로 확보한다면, ⟨표 9⟩와 같다. 건강보험 재정은 57.7조 원으로 증가하게 되며, 그로 인해 본인부담지출은 27조 원에서 14조 원 정도로 줄어든다.

⟨표 9⟩ 보장성 확대 후 국민건강보험 재정과 의료비 지출(2013년기준)

국민건강보험 재정		본인부담지출	민간의료보험료 지출
57.7조 원	국민 29.5조 원	14조 원	20조 원 감소 (실손의료보험 폐지 효과)
	사업주 20.3조 원		
	국가 9.1조 원		

건강보험료로 6.5조 원을 부담하는 대신, 13조 원의 본인부담지출이 줄어든다. 보험료 인상이 국민의 부담을 늘리는 것이 아니라 오히려 의료비 부담을 줄여주는 것이다. 더욱이 수백만 원에서 수천만 원에 이르는 병원비로 인한 가계 파탄의 위협은 모두 사라지게 된다. 그럼에도 13조 원 정도의 본인부담은 그대로 남긴 하는데, 이 본인부담액은 연간 100만 원 상한제가 작동되므로 기껏 수십만 원 정도에 불과하므로 가계에 미치는 영향은 거의 없다고 할 수 있다.

근로소득 300만 원 정도의 4인 가구를 예로 들어보자. 만일 실손의료보험으로 의료불안을 해결하려 한다면, 20만 원이 넘는 보험료가 필요하다. 현재 민간의료보험 하나당 대략 6만 원 정도(한국의료패널)를 지출하고 있다고 계산하면 무려 24만 원이 필요한 셈이다. 그런데 건강보험으로 해결한다면 대략 2만 7천 원

정도의 추가부담이면 실손의료보험이 필요 없을 정도로 건강보험으로 병원비를 해결할 수 있다.

(2) 보장성 확대 시 효과 의료양극화 해소

건강보험의 보장이 확대되면 현재의 취약한 건강보험의 보장률로 인해 발생되고 있는 의료양극화가 해소되는 효과를 가져 오게 된다. 한편에서는 건강보험의 보장을 확대할 경우, 도덕적 해이가 발생하여 불필요한 의료이용량이 급증할 것이라는 우려가 있다. 그러나 그 우려는 기우다.

건강보험 보장성이 확대되면 의료이용량이 증가하는 효과가 있는 것은 사실이다. 이는 저소득층의 미충족 의료가 충족되기에 그렇다. 소득수준별 급여비 현황을 보면 저소득층일수록 의료이용량이 적다. 고소득층일수록 의료이용량이 많다. 이것이 시사하는 바는 고소득층은 건강보험의 보장이 낮더라도 필요한 의료를 충족하는 데 어려움이 없다. 소득이 충분하기 때문이다. 그러나 저소득층의 경우 오히려 의료장벽이 높아 필요한 의료를 충족하지 못하고 있다.

건강보험의 보장성이 확대된다면 그간 의료이용을 하지 못하였던 저소득층의 의료이용이 새롭게 증가하는 효과가 나타나 전체 건강보험 재정이 늘어나게 된다. 이것은 매우 긍정적인 효과다. 그간 의료가격에 대한 장벽으로 인해 필요한 만큼 의료이용을 못한 저소득층의 의료이용량이 증가하기에 그렇다.

물론 건강보험의 보장성이 확대되면 과잉진료와 같은 부정적 측면도 발생할 것으로 보인다. 그러나 이는 충분히 통제 가능하다. 그간 건강보험은 급여대상에 대해서는 엄격한 심사평가로 통제해왔지만, 비급여에 대해서는 통제수단이 없었다. 그러나 비급여를 전면적으로 급여화함으로써 비급여에 대한 통제가 가능하므로 이에 대해서는 우려할 필요는 없다.

특히 건강보험의 보장 확대 시 재정중립의 원칙을 적용하게 되면 과잉진료에 대한 우려는 충분히 통제가 가능할 것으로 보인다. 오히려 불필요한 과잉진료의 증가는 현재 건강보험 영역보다는 실손의료보험에서 더 심각하게 나타나고 있음을 간과해선 안 된다. 민간의료보험의 확대될수록 오히려 과잉진료와 같은 도덕적 해이가 더 나타나 전체 사회적 수준에서 의료비 증가를 유발하고 있기에 그렇다. 실손의료보험료의 경우, 갱신 시마다 보험료가 급격히 인상되어 문제가 되고 있는데, 그 이유의 상당은 바로 과잉진료의 증가 때문이다. 현재 실손의료보험 가입으로 인한 과잉진료에 대한 통제기전은 전혀 없는 상태임을 고려한다면, 건강보험의 보장성 확대로 비급여가 급여화된다면 전체 진료비를 적정하게 관리할 수 있는 수단이 확보되어 오히려 건강보험의 재정뿐 아니라, 국민의료비의 수준도 관리할 수 있는 정책적 수단이 확보되는 장점이 있다.

(3) 민간의료보험료 지출 감소

다른 한편 건강보험의 보장이 확대되면 그간 민간의료보험료에 대한 지출이 대폭 줄어들게 된다. 본인부담이 일부 남더라도 큰 부담이 되지 않으므로 실손의료보험과 같은 사보험은 더 이상 가입할 필요가 없어지기에 그렇다. 건강보험의 보장률을 80% 이상으로 강화하게 되면, 민간의료보험 중 실손의료보험과 같은 사보험에 의지할 필요가 없어진다. 사보험 지출도 그만큼 줄어들게 되므로 의료비 부담은 훨씬 줄어든다.

사회전체적으로 보더라도 국민의 사보험료 지출이 대폭 줄어든다. 금융위원회의 자료에 따르면 민간의료보험 지출 중 실손의료보험에만 현재 3,000만 명이 가입하고 있으며, 이 중 손해보험사에 2,100여 만 명, 단체(기업)보험으로 5백만 명, 생명보험사에 4백 만 명 정도가 가입하고 있다.

그중 손해보험사에서 판매하는 실손의료보험은 월 7~10만 원에 이른다(금융위원회)고 하니, 우리 국민들이 손해보험사에 지출하는 실손의료보험료만 무려 17조~25조 원이다. 건강보험의 보장을 80%수준으로 확대하게 되면 의료불안이 해결되고, 국민의 의료비 부담도 줄어들 뿐 아니라, 실손의료보험과 같은 사보험 지출도 대폭 줄어들게 되는 효과가 있다.

5. 고령화 시대 건강보험이 당면한 과제

지금까지 우리사회가 급격한 고령화에 접어들면서 점차 증가하고 있는 의료비 문제를 어떻게 해결해야 할까라는 점을 중심으로 살펴보았다. 특히 의료비는 연령의 증가에 따라 급격히 증가하다는 특성으로 인해 민간의료보험으로 대융하기는 근본적으로 한계가 존재한다. 민간의료보험은 개인위험률에 따라 보험료를 부과한다. 질병의 위험은 급격히 증가하므로, 민간의료보험료도 덩달아 급격히 증가한다. 노인이 되면 소득은 사라져 민간의료보험료를 감당하기가 쉽지 않다. 민간의료보험은 우리사회의 현안인 노인 의료비 문제를 해결하기 어렵다. 노인의료비의 문제를 국민들이 각자 알아서 해결하라는 것이 불가능한 이유가 여기에 있다. 유일한 방안은 공적 의료보장제도인 건강보험을 강화하는 방안뿐이다. 그래야만 모든 노인이, 국민이 차별 없이 필요한 의료혜택을 누릴 수가 있다. 건강보험은 민간의료보험과는 달리 사회연대 원리에 기초하고 있어, 이에 대한 해결이 가능하다.

그럼에도 여전히 남는 문제는 있다. 우리사회는 향후 급격한 고령화를 맞이할 수밖에 없는 조건이기에, 사회 전체적으로 계속 증가하는 의료비를 계속 감당할 수 있을까라는 점이다. 저출산 고령화 추세가 점차 강화되고 있는 시점에서 노후세대를 부양해야 할 젊은 세대의 짐이 점차 커지고 있기에 그렇다. 그렇더라도 다른 선택의 여지는 없다. 우리 사회가 좀 더 계층 간, 세대 간 연대를 강화하여 대응하는 방법 외엔 뚜렷하게 다른 방법은 없어 보인다. 이를 위해서는 사회구성원간의 연대의식을 더욱 강화해야 한다는 점이다.

제2부

고령사회의 임종기와
호스피스

Biopolitics of Chronical Diseases and Hospice of the Elderly in Aged Society

제 4 장

호스피스의 사회·정치적 문제와 생명윤리적 쟁점

이화여대 법학전문대학원 최경석

1. 머리말

　의·생명과학기술의 발달은 인간의 질병 퇴치와 삶의 질 개선에 기여하였지만, 다른 한편으로는 죽어가는 과정이 장기화되고 삶의 질 개선에 도움이 되지 않지만 죽음의 시기를 연장시키는 기술 역시 제공하였다. 이러한 새로운 문제 상황에 대한 해결책으로 생명윤리학에서는 자발적인 적극적 안락사(voluntary active euthanasia)에 대한 담론이 전개된 바 있고 네덜란드와 같은 일부 국가들은 제도적으로 일정 요건을 갖춘 경우 이를 허용하고 있으나 한국 사회에서는 거론되기조차 어려운 비윤리적인 일로 여겨지고 있다. 치료의 거부나 중단을 포함하는 자발적인 소극적 안락사(voluntary passive euthanasia) 역시 한국에서는 윤리적으로 수용되기 어려운 개념으로 이해되고 있어, "안락사"라는 용어 자체의 사용에 대해 매우 강한 거부반응을 보이고 있다. 이러한 상황에서 호스피스는 서구 사회에서뿐만 아니라 한국 사회에서도 수용 가능한 대안으로 인식되고 있으며, 국립 암센터의 연구에서는 조사대상자의 85%가 찬성할 정도로 이미 한국 사회에서는

호스피스에 대해 긍정적인 태도를 보이고 있다.[1]

　　그러나 호스피스가 국내에 정착하기 위해서는 여러 방면에서의 제도적 지원과 개선이 필요하며, 호스피스에 대한 의료인과 국민들의 인식에도 변화가 필요하다. 이 논문은 한국에서의 호스피스 운용 현황에 대한 문제점을 살펴보고, 문제점과 관련된 사회적, 문화적, 정치적 쟁점들을 고찰한 후, 나아가 이런 쟁점들과 관련된 윤리적, 철학적 쟁점들도 살펴봄으로써 호스피스 또는 완화의료가 한국 사회에 제대로 정착될 수 있는 방안에 대해 모색해 보고자 한다.

2. 호스피스 운용 현황과 문제점

1) 호스피스 또는 완화의료의 정의 관련 문제점

　　세계보건기구는 "완화의료란 환자 및 환자 가족이 겪게 되는 통증, 신체적, 심리적, 영적 문제에 대한 평가와 처치 등을 통해 삶의 질 향상을 도모하는 의료 행위"로 정의하고 있고, 미국 호스피스 완화의료협회는 "호스피스 완화의료란 말기 환자나 가족에게 입원 간호와 가정 간호를 연속적으로 제공하는 프로그램, 완치가 되지 않는 말기 환자들이 가능한 한 편안하게 살 수 있도록 하는 지지와 간호"라고 정의하고 있다(보건복지부, 국립암센터, 2009: 17). 세계보건기구의 정의에는 환자의 상태에 대한 정의는 포함시키고 있지 않으나, 미국 호스피스 완화의료협회의 정의에는 말기 환자를 대상으로 하고 있다는 차이점에 주목할 만하다.

　　한국에서는 암관리법 제2조에서 "'말기암환자 완화의료'란 통증과 증상의 완화 등을 포함한 신체적, 심리사회적, 영적 영역에 대한 종합적인 평가와 치료를 통하여 말기암환자와 그 가족의 삶의 질을 향상시키는 것을 목적으로 하는 의료를 말한다."라고 정의하고 있다. 아울러 "'말기암환자'란 적극적인 치료에도

---

1) 국립암센터 보도자료, "국민의 85%가 호스피스완화의료 이용 의향 밝혀"(2008년 10월 29일). 이 보조자료에 의하면 코리아리서치센터에 의뢰해 2008년 9월 9일부터 9월 19일까지 전국 만 20~69세 성인 남녀 1,006명을 대상으로 전화조사로 실시된 조사에 따른 것으로, 호스피스 완화의료를 이용하겠다는 수치는 2004년의 57.4%에서 2008년 84.6%로 크게 증가한 것으로 나타났다.

불구하고 근원적인 회복의 가능성이 없고 점차 증상이 악화되어 몇 개월 내에 사망할 것으로 예상되는 암환자를 말한다."라고 정의하고 있다.

미국 호스피스 완화의료협회의 정의와 비교해 볼 때 암관리법의 정의에서 확인할 수 있듯이, 말기 환자란 "몇 개월 내에 사망"할 것으로 예상되는 환자로 정의되어 있다. 과연 "몇 개월"이 어느 정도를 의미하는지는 명확하지 않다. 그러나 『완화의료 팀원을 위한 호스피스 완화의료 개론』에서는 "호스피스환자란 예견된 죽음의 과정이 6개월 미만인 환자를 말한다"라고 설명하고 있어 6개월이 기준으로 사용되고 있음을 시사하고 있다. 그러나 과연 한국의 이러한 정의가 미국에서의 말기 환자에 해당하는 것인지 아니면 오히려 임종기 환자라고만 판단해야 하는 것인지는 여전히 명료하지 않다.

또한 정의항의 내용 요소가 다소 상이함이 있음에도 불구하고 위 세 가지 정의는 각각 "삶의 질 향상", "가능한 한 편안하게 살 수 있도록 하는 지지와 간호", 그리고 "말기암환자와 그 가족의 삶의 질을 향상"이란 표현처럼 모두 "삶의 질"을 고려하고 있다는 점에서 공통점을 지니고 있다. 다만 미국에서는 "가정 간호"를 언급하고 있어 가정에서의 호스피스 서비스가 제공되고 있음을 확인할 수 있고, 한국에서는 환자뿐만 아니라 가족의 삶의 질 향상 역시 목표로 하고 있다는 점이 다소 특이하게 보인다.

2) 한국 호스피스 완화의료의 불공평성

국내 의료 현실은 아직도 호스피스를 수용할 제도적 정비를 갖추고 있지 않다. 가장 시급히 개선되어야 할 문제점 중 하나는 "호스피스 완화의료"로 불리는 이 서비스가 단지 암환자에게만 건강보험의 급여 대상이 되고 있다는 점이다. 암관리법에서는 "말기암환자 완화의료"라는 용어를 사용하면서 정부의 완화의료사업이나 완화의료전문기관의 지정과 같은 업무를 수행하지만 그 대상자는 말기암환자로 한정되어 있다. 이러한 조치는 암이 사망 원인의 1위라는 점에 근거한다. 국립암센터에 따르면, 말기암환자의 사망 인구는 2009년 자료에 따르면 69,780명으로 사망 원인 1위로 전체 사망의 28.3%를 차지하고 있다고 한다(보건복지부, 국립암센터, 2012; 6).

아울러 말기암환자의 의료비 지출에 대해 다음과 같은 조사 결과가 있다.

우리나라 말기 암 환자가 사망하기 전 12개월 동안 평균 진료비를 살펴본 결과,
비효율적인 의료비의 사용으로 40%가량이 마지막 2개월인 사망 1개월 전에 26.6%,
2개월 전에 13.5%가 소요되는 현상을 볼 수 있었다. 사망 장소에 따라서도 일반병동
에서 사망 시 호스피스병동사망시보다 약 2배가 소요되었다. 회생이 불가능한 상태에
서 사망 전에 많은 의료비를 낭비하고 있는데, 이것은 환자의 상태에 맞는 적정 진료
대신 무조건 완치를 목적으로 하는 무의미한 치료와 생명 연장에 매달리고 있기 때문
이다(보건복지부, 국립암센터, 2009; 6).

사망 원인의 측면에서나 의료비의 낭비라는 측면에서나 암환자에 대한 보
다 바람직한 정책을 수립하는 것은 마땅한 일이다. 그러나 단지 암환자에 대한
문제가 해결해야 할 시급한 문제라는 이유에서 말기암 환자에게만 호스피스 완
료의료의 혜택을 제공하는 것은 형평성에 어긋난 정책이다. 아울러 최근에는 선
거공약에 따라 암환자에 대한 치료비가 지원되었다. 암환자의 어려움과 고충을
덜어주겠다는 취지는 좋으나, 이 정책은 의학적으로 무익한 항암치료를 임종기
까지 시행하는 결과를 낳고 말았다. 이로써 건강보험기금이라는 공적 자원은 사
망 일주일전까지도 항암치료에 쏟아 부어지는 새로운 현상을 낳게 되었다.
호스피스가 더 적절한 서비스가 될 수도 있었을 상황에서까지 왜 굳이 항
암치료에 연연하고 있는지에 대해서는 두 가지 측면에서의 분석이 가능하다. 하
나는 이미 언급한 공적 자원의 지원에 따른 과도한 치료더라도 병원으로서는 손
해 볼 것이 없는 선택이라는 점이고, 다른 하나는 끝까지 최선을 다한다는 고전
적인 사회 관념이다. 그리고 세 번째는 설사 호스피스 서비스를 받고자 하더라
도 공급이 턱없이 부족하다는 점이다.

3) 호스피스 완화의료기관의 부족

또한 위와 같은 암관리법에 따른 정책에도 불구하고 한국의 호스피스 완화
의료는 절대적인 공급 부족의 문제점으로 인해, 암환자 가운데에서도 일부 환자

만이 혜택을 보고 있다. 국립암센터 자료는 다음과 같이 보고하고 있다.

> 2010년 전국 40개 호스피스완화의료 전문기관을 이용한 말기암환자 수는 6,564명으로 전체 암환자수의 약 9%에 불과하였다. (중략) 호스피스완화의료기관 내 사망률은 전체 암사망의 5% 미만에 불과한 현실이다. 호스피스완화의료 수요에 따른 필요 병상 수를 보면, 우리나라 인구 4,800만 명을 기준으로 최소 1,210~2,420개의 병상이 필요하다. 이는 인구 100만 명당 50개 병상인 영국과 100만 명당 25개 병상인 싱가포르의 기준을 감안하여 추산한 것이다. 2004년 조사 결과에 의하면 호스피스완화의료 기관을 표방하는 100여 개 기관 중 조사에 응한 74개 기관 가운데 표준에 적합한 곳은 51개였고, 이들 기관 중 병상을 보유한 기관은 22개였으며, 병상 수는 총 371개였다. 이는 필요한 병상수의 15~31%에 불과한 것이었다. (중략) 호스피스완화의료 병상은 정부의 지원에 힘입어 2006년 383개, 2010년 772개로 꾸준히 증가하였지만, 매년 계속 증가하는 암사망인구 65,117명(2005), 65,519명(2006), 67,561명(2007), 68,912명(2008), 69,780명(2009)에 비하면 매우 부족한 현실이다(위의 책; 18).

정부는 '2008년 9월 말기암환자전문의료기관 지정기준 고시'를 제정하여 완화의료전문기관 지정제를 도입하였고, 2013년까지 54개 완화의료전문기관(총 868병상) 지정하였다. 종별로 살펴보면 상급종합병원 13개 기관(182병상), 종합병원 28개 기관(422병상), 병원 5개 기관(136병상), 의원 8개 기관(128병상)을 지정하였다(보건복지부, 2014: 37). 그러나 이러한 통계자료에서 알 수 있듯이, 말기암환자에 대한 지원조차 부족한 실정에서 다른 말기 환자에 대한 지원을 강조하는 것은 비현실적이라 판단될 수도 있을 것이다. 그러나 연명의료중단에 관한 입법이 준비 중인 상황2)에서 호스피스완화의료의 정비는 이 법률에 따른 오남용을 막고 사전의료의향서 등의 제도가 정착하는 데 매우 필수불가결한 사항이다.

위와 같이 호스피스완화의료의 공급이 턱없이 부족함에도 불구하고 이런 기관이 설립되지 않는 것은 저수가 때문이라는 지적이 있다. 다시 말해 건강보험 수가가 현실화되어 있지 않아 병원의 입장에서는 호스피스 병동 설립과 운영

---

2) 국가생명윤리심의위원회 특별위원회는 2013년 7월 31일 "연명의료 결정에 관한 권고"를 발표하여 입법을 권고하였고, 국가생명윤리정책연구원은 2013년 하반기와 2014년 상반기까지 권고에 따른 입법안을 연구한 바 있다. 조만간 정부입법안이나 의원입법안이 준비되어 사회적 공론을 거칠 것으로 예상된다.

이 부담스럽다는 것이다.3) 이런 현상은 수도권 병원들이 경쟁적으로 암병원을 개원하는 것과는 대조적임이 지적되기도 하였다.4)

3. 호스피스 관련 사회·정치적 문제

1) 사회적 불평등 문제와 자기결정권의 왜곡 현상

앞선 현황이 보여주듯이, 우리 사회는 같은 말기 환자여도 말기암환자인 것과 그렇지 않은 것이 차별을 불러일으킨다. 아무리 암으로 인한 사망률이 높다 하더라도 말기 환자는 질병에 무관하게 호스피스완화의료 사업의 혜택을 받을 수 있도록 하는 것이 바람직하다. 그 어떤 이론으로도 이러한 사회적 차별은 정당화되기 어렵다고 판단된다. 품위 있는 죽음을 맞이하기 위해 가장 중요한 것에 대한 설문 결과, 다른 사람에게 부담을 주지 않는 것이라는 응답이 28.8%로 가장 높았고, 그 다음으로는 가족이나 의미 있는 사람과 함께 있는 것이라는 응답이 26.0%였다는 조사결과가 있다(보건복지부, 국립암센터, 2009: 16-17). 여기서의 부담은 경제적인 부담과 돌봄에 소요되는 부담 등을 모두 포함하였을 것으로 생각된다. 자식 등 가족에 대한 고려나 배려가 가장 중요한 삶의 가치로 여겨지는 한국 사회의 현실을 고려할 때, 호스피스를 선택하는 이유 역시 이러한 부담 때문이라고 볼 수 있다. 따라서 다른 질병에 의한 것이긴 하지만 동일한 말기 상태에 있는 환자들 중 호스피스 서비스를 받지 못하는 환자들은 치료거부를 통해 죽음을 앞당기고자 하는 의도를 지닐 수 있고 자발성을 가장하여, 가능했다면 받고 싶었던 치료를 거부하는 방향으로 나아가게 할 수 있다.

국민건강보험 건강보험정책연구원의 자료에 따르면 사망 전 1년간 평균 총 의료비는 약 2,800만 원으로 임종 3개월 전까지 36%, 임종 1개월 전의 의료비(약 333만 원)가 전체의 11.8%를 차지하고 있다고 한다(국민건강보험 건강보험정책연구원,

---

3) 메디파나뉴스, "호스피스 완화의료 요구 증가…그러나 병원은 '부담'", 2014. 5. 20. http://medipana.com/news/news_viewer.asp?NewsNum=152049&MainKind=A&NewsKind=5&vCount=12&vKind=1
4) 메디파나뉴스, "호스피스 완화의료 요구 증가…그러나 병원은 '부담'", 2014. 5. 20. http://medipana.com/news/news_viewer.asp?NewsNum=152049&MainKind=A&NewsKind=5&vCount=12&vKind=1

2011; 보건복지부, 2013에서 재인용). 결국 우리 사회의 취약계층일수록 죽어감의 과정에서 소요되는 의료경비가 현실적으로 부담이 되지 않을 수 없다. 결국 이 계층의 사람들이 호스피스완화의료의 서비스를 제공받지 못한다면 결국 선택할 수 있는 길은 치료거부라는 방식을 통한 탈출구일 수밖에 없을 것이다.

그러나 보다 심각한 사회적 문제는 호스피스완화의료 서비스의 공급이 턱없이 부족함으로 인해 이를 대체하는 시설을 이용할 수밖에 없게 된다는 점이다. 저소득 계층은 정말 최소한의 돌봄만 제공되는 요양원에서 집단생활을 감수해야 할 것이고, 많은 경우 치료는 자발성을 가장하여 거부하는 방향으로 진행될 가능성이 높다. 반면 부유한 계층은 시설이 좋은 고가의 요양원이나 병원시설을 이용하게 될 것이다. 결국 말기 내지 임종기의 시기를 어디서 어떻게 보내느냐의 문제 역시 우리 사회는 양극화 현상을 목격하게 될 가능성이 높다.

송병기의 면접연구에 따르면, 요양원의 경우 자기결정권과 관련된 왜곡 현상도 목격된다고 한다. 비교적 고소득층이 이용하는 요양원의 경우 사망은 병원에서 최소한 요양원을 벗어나 이루어지도록 유도하여 사망과 관련된 소송으로부터 피하고자 하는 반면, 저소득층이 이용하는 요양원의 경우 이러한 소송 제기 여부에 대한 과도한 우려 없이 자기결정권이라 이름 아래 치료거부가 너무 손쉽게 받아들여지고 있다는 것이다(송병기, 2014). 이런 기이한 현상은 생의 말기와 관련하여 법률적 제도가 불비한 한국 상황에서 호스피스완화의료가 미치지 못하는 곳에서는 어떤 일들이 발생하는지 가늠하게 해 준다.

물론 한정된 의료자원을 어떻게 분배할 것인지, 나아가 정부의 한정된 복지예산을 어떻게 분배할 것인지는 너무나도 거대한 사회적 문제이자 정치적 문제이다. 이제 우리는 생의 말기에 소요되는 분배적 정의의 문제에 대한 사회적, 정치적 담론을 솔직하게 제기할 때이다. 그래야만 자기결정권이라는 미명 아래 또는 생명의 존중이라는 미명 아래 우리 사회의 어떤 문제들이 어떻게 굴절되고 있는지 정확하게 파악할 수 있을 것이다.

2) 돌봄의 사회화와 호스피스에 대한 왜곡된 인식

호스피스완화의료에 대한 사회적 대응의 문제는 이제 한 개인이 죽어가는 과정에서 해당 개인이나 그 가족이 치러야 하는 단순한 사적인 영역의 문제로 생각되어서는 안 된다. 현대 산업사회는 우리들의 삶의 양식을 변화시켜 왔다. 특히 주목해야 하는 것은 핵가족화 현상과 함께 가사, 육아 등의 문제뿐만 아니라 죽어가는 환자의 돌봄이라는 문제 역시 단순히 사적인 영역의 문제가 아닌 공적인 영역의 문제로 변화되고 있다는 점이다.

현대 사회의 복지문제는 어떤 측면에서는 사적인 영역의 문제로만 치부되어 왔던 문제에 대한 공적인 차원에서의 지원 체제가 어떻게 확립되어 있느냐의 문제로 변화되고 있다. 사회는 가정을 여전히 기본단위로 하며, 가정이 지나치게 육아문제로부터 부담을 느끼거나 환자를 돌보는 문제로부터 기본적인 생활의 영위가 불가능하게 된다면 가정은 위기에 빠질 수밖에 없고, 이것은 다시 사회문제로 확대될 수밖에 없다.

따라서 말기환자를 돌보는 장기간의 노력과 시간의 투여는 제도적으로 보완되지 못할 경우 우리 사회의 심각한 문제로 변질될 수밖에 없다. 결국 말기환자를 돌보는 일이 사적인 영역에서 사회적 영역으로 변화되고 있으며, 간호사 이외에 간병인 등과 같은 직업이 생기는 것은 이런 사회현상을 잘 보여주고 있다. 결국 죽음은 이제 더 이상 가정에서 맞이하기 어려운 일이 되어 버렸다. 아파트와 같은 공동주거형식이 이런 변화에 한 몫을 하고 있는 것은 특별히 강조할 만한 일도 아니다. 그렇다면 죽음의 과정에 장기화되는 우리 현대 사회의 현실을 직시하고 사회적으로 수용 가능한 여러 형태의 시설들이 확충되고 건실하게 운영되어야 함은 당연한 일이다. 호스피스완화의료기관이 우리 사회에 정착되어야 하는 필요성은 이런 점에서 아무리 강조해도 지나치지 않다.

그러나 우리는 호스피스 기관에 가는 것을 버려진 것으로 여기거나 치료를 포기하는 것으로 여기는 시각 또한 존재함에 주목해야 한다. 많은 홍보가 있었음에도 불구하고 이런 시각이 존재하는 것은 아마도 호스피스완화의료 서비스가 아직은 만족스럽지 않다는 것을 방증하는 것이기도 하다. 호스피스에 대한 국민들의 인식도 개선될 필요가 있겠지만 서비스 역시 개선될 필요가 있고, 나아가 시설이 아닌 가정 호스피스의 제도 확산 방안에 대한 모색 또한 필요해 보인다.

3) 의료 환경의 변화와 징치직 문제

호스피스완화의료가 사회적으로 중요한 사안이 될 수밖에 없는 것은 단지 돌봄이라는 사적인 영역이 사회화되는 현상에만 국한되지 않는다. 현대 의료는 과거 동네 의사의 왕진 등으로 이루어진 서비스 제공체계에서 의사들이 모여 하나의 기관을 구성하고 환자들이 기관을 찾아가는 방식으로 변화되었다. 아울러 이러한 기관에서는 첨단 의료기술의 발달과 맥을 같이 하는 새로운 시술들을 도입하고 있다.

우리 사회의 연명의료결정과 관련된 쟁점이나 호스피스완화의료에 대한 담론은 이러한 의료환경의 변화 속에서 발생한 문제들이다. 과거에는 더 이상 손쓸 수 없었던 환자의 상태가 이제는 죽음 시기를 연장하는 기술이 이용될 수 있게 되었고, 환자는 이제 가정이 아닌 기관에서 죽음을 맞이하게 되었으며 그 기간 또한 점차 길어지고 있다.

병원이라는 기관은 점차 거대해지고 이윤으로부터 자유로울 수 없게 되고, 의료인 역시 경제적인 고려를 하지 않을 수 없는 상황에 처하고 있다. 통증 완화 의료를 담당할 전문적인 의료인이 부족한 것도 하나의 사회적 문제이고, 사망 진단이 병원에서 이루어지므로 요양원과 같이 의료진이 부족한 곳은 사망이 임박한 경우 병원으로 환자를 후송하는 관행이 지속된다. 의료기술의 발달로 의료는 죽어감의 장기화에 대한 사회적 문제보다는 더욱더 건강회복이나 완치에 더 무게 중심을 두고 있다.

과연 무익한 치료라고 판단됨에도 치료를 지속해야 한다고 판단하는 사고방식에는 단순히 생명이 존중되어야 한다는 윤리적 인식만이 개입된 것은 아니다. 우리 사회의 의료서비스가 건강과 완치라는 가치에 무게 중심을 두고 있고 이런 가치들에 무게 중심을 둘 수밖에 없는 우리 사회의 제도적 문제, 나아가 현대 사회의 기관화된 의료서비스 체계라는 구조적 문제, 그리고 의료산업의 발달과 재생산이라는 경제적·정치적 문제가 복잡하게 연루되어 있다. 가능한 모든 치료를 다해야 한다는 이데올로기는 어쩌면 의생명과학기술이 안겨준 의도하지 않은 잘못된 이데올로기일 수 있다.

이러한 이데올로기하에서 대형 대학병원은 공격적인 치료를 중심으로 의료계를 선도하고 있는 것은 아닌가 하는 의문도 든다. 그리고 환자들 역시 이러한 공격적인 치료에 희망을 걸고 그것이 우리가 사는 현대라는 시대의 의·생명과학기술이 이룬 성과들을 확인하는 것이라 생각할 수도 있겠다. 대학병원과 개원의 사이의 의료서비스에 대한 역할 분담이 과연 어떤 방식으로 이루어져야 하는지는 호스피스완료의료를 포함한 또 다른 형태의 의료서비스에 대한 정치적 문제이다. 다시 말해 의료인들 사이의 이해관계가 개입된 사안이며, 이 이해관계가 어떻게 정돈되느냐가 국민에서는 의료서비스가 어떤 방식으로 국민에게 전달되는지 결정되는 중요한 사안이 되기도 할 것이다. 의료 기관들 사이의 역할 분담 내지 의료라는 생태계가 어떻게 재편되어야 하는지는 단지 의료인들 간의 이해갈등 관계라는 정치적 사안에 그치지 않고 국민의 복지와 인간으로서의 품위가 유지되는 생의 마지막 단계를 어떻게 보내게 될 것인지에 영향을 미치는 매우 중요한 정치적 사안이기도 하다.

4. 호스피스 관련 윤리적·철학적 쟁점들

1) 죽음에 대한 태도와 담론을 지배하는 이데올로기

호스피스가 최선의 치료를 다하지 않고 치료를 포기한다는 인식이나 시각에는 죽음에 대한 바람직하지 못한 인식과 태도가 담겨 있다. 앞서 가능한 모든 치료를 다해야 한다는 생각은 잘못된 이데올로기일 수 있다. 그리고 어쩌면 이 이데올로기는 과학에 대한 막연한 기대와 죽음을 수용하지 못하는 인간의 삶에 대한 집착과 연결되어 있을 수 있다.

모든 수단을 동원해서라도 죽음은 피해야 한다는 인식은 과연 올바른 것인가? 인간은 누구나 죽을 수밖에 없으며, 죽음을 피하고자 하는 태도는 죽음을 수용하고 받아들여 왔던 전통적인 가치관과도 대치되는 현상이다. 물론 죽음에 대해서는 개인의 가치관에 따라 다양한 태도가 존재할 수 있다.

필자는 과학의 발전과 이 발전에 기여한 도구적 이성의 잘못된 질주에 대해 경계하고자 한다. 죽음은 언젠가는 반드시 수용해야 하는 것으로 인간은 결코 피할 수 없는 문제이다. 중요한 것은 안 죽는 것이 아니라 어떻게 죽느냐이다.

어떻게 죽느냐의 문제에 있어 서구에서 개발되어 우리 사회에 아무런 진지한 숙고 없이 수용된 자율성의 존중은 한편으로는 상대적으로 우리 사회에서 등한시되었던 가치이기에 환영하는 태도도 존재하지만 다른 한편에서는 우려하는 태도도 존재한다. 이런 태도는 우리의 의료현실에 대한 시각과 평가의 차이에 기인한다.

분명 자기결정권을 앞세워 환자의 본의가 왜곡되고 자율성이라는 미명하에 어쩔 수 없이 죽음을 재촉해야 한다면 그것은 매우 비극적인 일이다. 그리고 이것은 인간 생명의 존중이라는 인간 사회의 가장 기본적인 윤리적 확신 중 하나를 훼손하는 일이다. 하지만 자기결정권의 오남용에 대한 우려에만 집착한 나머지 죽음을 수용하지 못하고 생사와 관련된 치료를 중단하거나 보류하는 것 자체가 환자의 상황에 대한 고려 없이 안락사이고 자살이라고 생각하는 것 역시 위험한 발상이다.

우리 사회에서 논의되는 연명의료결정은 임종기에 시행할 무익한 의료적 처치에 대한 중단또는 유보의 문제이며, 호스피스완화의료 역시 이러한 무익한 의료적 처치를 하지 않는 것을 수용하고 환자의 삶의 질에 초점을 맞춘 것으로 이해된다.

2) 삶의 질에 대한 고려 필요성

끝까지 최선을 다한다는 것은 한 사람의 목숨이라도 구하고자 최선의 노력을 다한다는 가치 있는 모토인 것은 사실이다. 하지만 이 가치 있는 모토가 지금과 같이 삶의 질 향상과는 전혀 관련 없이 죽어감의 과정만이 연장되고 장기화되는 상황에서도 적용 가능한 원칙인지 강한 의문이 든다. 임종기의 환자에게 가능한 모든 의료적 시술을 그 효용이나 환자에 대한 이익과 상관없이 무조건적으로 시행해야 한다는 것이 과연 윤리적으로도 바람직한 것인지 의문이다.[5] 만

---

5) 연명의료결정의 문제에서도 삶의 질에 대한 고려는 피할 수 없다. 댄 브락(Dan Brock)은 연명치료결정에 적절한, 삶의 질 판단은, 의사결정능력이 있는 환자가 결정하든 의사결정능력이 없는 환자의 대리인이 결정하든 상

약 이러한 모토 아래에 생명의 소중함이라는 가치 의식이 가장 절대적인 윤리적 가치라고 항변한다면 필자는 이와 같이 생명이 기계적으로 유지되고 인간으로서의 존엄성이 훼손된다고 여겨지는 상황에서조차 존중되어야 하는 생명의 소중함이라는 것이 무엇인지 이해하기 어렵다. 오히려 생명이 왜 소중하게 여겨져야 하는지에 대한 근본적인 철학적 물음이 제기될 필요가 있다.

생명은 삶을 위해 필요한 것이지 생명 그 자체가 삶과 심하게 유리된 상황에서조차 생명 그 자체가 유지되어야 하고 이런 유지가 생명의 소중함 또는 신성성을 지켜내는 것이라고 이해된다면, 필자의 견해로는 이는 매우 편협한 사고이다. 생명이 소중하고 존중되어야 하는 것은 그것이 삶을 살게 하기 때문이다. 삶의 질이 현격히 저하되고 인간으로서의 기본적인 활동조차 영위할 수 없는 단계에 있는 환자들은 과거라면 어떤 조치도 할 수 없었고 죽음을 맞이할 수밖에 없었을 것이다. 그러나 이제 이런 환자들에게 적용할 수 있는 의료기술이 이용가능하다는 이유만으로 생명 그 자체만이라도 기계적 장치에 의해 유지되어야 한다고 생각하는 것은 자연의 일부인 생명의 유한성을 부정하는 비합리적인 집착에 불과하다. 이런 사고방식은 오히려 생명을 존중하는 태도가 아니다.

삶의 질이 현격히 저하되었음에도 불구하고 죽어감의 과정이 길어지는 이러한 현상에 직면하여 "의료자원의 낭비"를 거론하는 것을 생명의 소중함이나 신성함을 훼손하는 발상이라고 생각한다면, 말기환자를 위한 서비스로서의 호스피스 역시 설 자리를 잃게 만드는 발상이다. 이용가능한 모든 것을 최선을 다해 반드시 이용해야 한다는 발상은 다소 위험한 발상이며 인간의 삶의 개선에 바람직하지도 않다.

그러나 이용가능한 모든 것을 이용하게끔 만드는 데에는 기술개발과 그것의 상용화를 통한 이윤추구라는 경제 논리가 그리고 경제 성장이라는 정치적 기획이 도사리고 있다. 아마도 이런 경향의 저변에는 근대 이성, 즉 계산적 또는

관없이 환자 삶의 상태가 그 환자에게 있어서의 그 삶의 가치에 어떻게 영향을 미치는지 평가해야 한다고 말한 바 있다. Dan Brock, "Quality of Life Measures in Health Care and Medical Ethics," in The Quality of Life, edited by Martha C. Nussbaum and Amartya Sen, Oxford, 1993, 103면 참조. 심지어 비첨과 칠드리스는 "환자가 말기가 아니더라도 연명 치료의 부담이 환자에 대한 혜택을 능가한다면, 그 치료가 여전히 의무인 것은 아니다"라고 언급하기도 하였다. 여기서 의무는 의료인에게 의무가 아니라는 의미이다. Tom L. Beauchamp·James F. Childress, 『생명의료윤리의 원칙들』, 박찬구 외 역, 이화여자대학교 생명의료법연구소, 2014, 300면.

도구적 이성의 선도 아래 자연을 적대시하고 자연을 개척하는 것이 인간의 승리이자 이성의 가치라고 잘못 여긴 탓도 있을 것이다. 죽음이 마치 극복되어야 하는 대상인 것으로 오인하는 것은 계산적 또는 도구적 이성의 환상일 수 있다.

과학기술개발을 통한 새로운 기술의 도입과 이를 통한 이윤추구 그리고 그것과 관련된 경제논리의 작동은 누군가의 기획된 의도는 아닐 수 있다. 어쩌면 우리의 경제 체제는 이런 방향으로 흘러가게끔 우리를 몰아가는 경향이 있을 수 있다. 우리의 경제 체제는 예를 들어, 이동통신기기의 현란한 발전 앞에서 때로는 불필요한 기능까지 구매당하는 상황을 만들고 있다. 그리고 이런 변화는 우리의 윤리적 가치기준마저 변화시킨다. 그래서 거의 모든 성인들이 이동통신기기를 휴대하고 있는 상황에서 이제 우리는 전화나 문자에 즉각적으로 응답해야 예의 바른 사람이고 성실한 사람이라는 사회적 평가를 받게 되는 윤리적 기준이나 관념까지 형성하게 되었다. 때론 맹목적인 과학기술의 변화 앞에서 그것을 발전이라 여기고 수용하는 것이 더 나은 삶을 사는 것이라 강요당하기도 한다. 기업은 홍보를 통해 끊임없이 새로운 기술이 적용된 상품을 팔아야 하고, 새로운 기술은 우리의 삶을 향상시킨다는 이데올로기를 계속 주입해야 한다.

하지만 과학기술의 발전은 생각만큼 우리의 삶을 더 나은 삶으로 변화시킨 것은 아니다. 편리함을 얻는 대신 또 다른 불편함을 발생시켰을 수 있고, 수고로움을 덜어주는 대신 그만한 대가 역시 지불해야 한다. 결국 우리는 새로운 기술의사회적 도입과 개인적 사용에 앞서 그 기술의 장점과 단점 또는 이익과 비용을 비교하며 고려할 필요가 있다. 이런 점에서 무익한 치료에 대한 평가는 매우 중요하다. 그리고 이 무익한 치료는 삶의 질의 관점에서 평가될 수밖에 없다. 삶의 질을 논의하지 않는 생명윤리는 맹목적이다.

3) 의료 정체성의 문제

생명윤리에서 오랫동안 지속되었던 생의 말기 문제는 항상 의료의 역할이 무엇인지에 대해 진지하게 숙고하게 하는 쟁점이다. 이제 우리는 의료의 역할이 무엇인지 다시 한 번 진지하게 숙고해야 할 때이다. 그리고 이 숙고는 단지 의료인들만의 숙고에 그쳐서는 안 된다. 필자는 치료 중심의 의료에서 치료와 돌봄을 병행하는 의료로 이행할 필요가 있다고 주장한다.

우리는 의료의 역할과 관련하여, 호스피스 완화의료에 개입된 통증 관리에 대한 의사들의 견해가 항상 일치하는 것만은 아니라는 점을 다음 글에서 확인할 수 있다.

> 의사들은 의도하지 않은 2차 효과로 환자의 죽음이 앞당겨지는 위험이 있다고 하더라도 환자의 통증과 고통을 경감하는 약물 처방 지침을 따라 마약성 진통제를 사용하는 것을 당연하게 생각해야 한다. 의사가 통증을 주의 깊게 평가하고 잘 조절하며, 돌봄 제공자 및 가족과 충분한 대화를 한다면, 임종 전 돌봄 과정 중 통증 조절을 위해 마약성 진통제를 사용하는 것 때문에 법적 제재를 받을 것이라는 두려움을 가질 필요는 없을 것이다(보건복지부, 국립암센터, 2009; 72).

위 인용문으로부터 다시 생각해 보게 하는 것은 "마약성 진통제를 사용하는 것을 당연하게 생각해야 한다"라는 부분이다. 이런 지적이 가능하다는 것은 당연하게 생각하지 않는 의사들이 더 많을 수도 있다는 점이다. 치료의 영역이 아닌 통증 관리는 의료인의 수행하는 본연의 영역이 아니라는 생각마저 존재하고 있다고 생각하게 한다.

의료의 역할이 치료라고 생각될 때, 의료는 적극적인 시술이나 공격적인 시술에만 집착할 가능성이 높다. 어쩌면 생명의 소중함이라는 미명하에 공격적인 치료를 통한 이윤 추구가 호스피스 서비스보다는 병원 운영에 도움이 되는 결정이지는 않을까 의문을 품게 한다. 의료보험의 공적 재원이 누구의 돈도 아니라는 생각에서 환자에게 무익한 치료조차 생명의 가치를 운운하며 시행한다면 결과적으로는 엄청난 의료 시스템의 왜곡 현상을 직면하게 될 것이다.

이런 점에서 의료인은 의료의 역할에 대한 숙고의 연장선상에서 '무익한 의료행위', '무익한 치료'에 관해 숙고할 필요가 있다.6) 의·생명과학기술의 발전이 비록 많은 질병의 정복과 치료를 목표로 하고 있지만 인간의 모든 질병을 치료할 수는 없을 것이며 죽음을 극복할 수는 없는 일이다. 의료의 기본적인 역할이

---

6) 무익한 의료행위에 대한 많은 정의가 제시되어 왔다고 한다. 그중 대표적인 네 가지 정의는 '환자에게 의도했던 치료 목표를 이루지 못함', '의료 행위의 정당한 목표를 수행하지 못함', '99% 이상 비효과적인 행위' 또는 '공인된 단체에서 표준이라고 받아들여지는 의료행위가 아닌 것' 등이 거론되고 있다고 한다. 보건복지부·국립암센터, 『완화의료 팀원을 위한 호스피스완화의료 개론』, 100면 참조.

치료라는 점이 부인되어서는 안 된다. 하지만 의료의 역할은 치료에만 국한되어서는 안 된다. 결국 무익한 치료가 무엇인지 의료인의 과학적 시각에서 객관적으로 제시될 필요가 있다. 의료인은 앞서 언급한 삶의 질과 관련하여 객관적인 관점에서 삶의 질과 무익한 의료에 접근할 필요가 있다.[7] 왜냐하면 환자들의 관점에서는 삶의 질과 무익한 치료가 주관적으로 평가될 가능성이 높기 때문이다. 삶의 질과 무익한 치료는 주관적인 측면과 객관적인 측면이 함께 고려되어 판단될 필요가 있다.

5. 호스피스 정착을 위한 제도 개선 방향

1) 수가의 현실화

말기환자 일반에 대한 호스피스 서비스가 제공되어야 한다는 과제 외에도 호스피스의 정착을 위해 개선되어야 할 또 다른 과제는 제대로 된 보험 수가의 도입이다. 의료인뿐만 아니라 사회복지사들의 활동에 대해 현실을 반영한 수가 지급이 없는 상황에서 양질의 호스피스 서비스를 기대하기는 어려워 보인다. 아울러 호스피스 서비스 제공을 포기하는 병원들이 발생하지 않도록 소요 비용에 대한 정확한 조사를 기반으로 서비스 비용에 대한 수가 산정이 현실화될 필요가 있다.

아울러 호스피스 제도의 정착이 지연되는 가운데 한국 의료 현실은 최근 또 다른 왜곡된 현상으로서 호화 호스피스 서비스의 도입 시도를 목격할 수 있다. 예를 들어 대형 병원을 중심으로 일인실로 이루어진 호텔 수준의 편안함을 제공한다는 명목하에 부유층을 대상으로 한 고급 호스피스 서비스의 도입이 그것이다. 이러한 시도는 결국 병원의 재정적자를 해소하기 위한 자구책을 넘어서서 호스피스 이용자의 이분화, 나아가 양극화를 초래할 가능성이 있어 우려

---

7) 비첨과 칠드리스는 삶의 질 판단과 관련하여 폴 램지(Paul Ramsey)가 삶의 질에 관한 도덕적이거나 평가적 판단을 거부하고 오직 치료 결정을 위한 의학적 징후에만 의존해야 한다는 주장에 대해 비판하고 있다. Tom L. Beauchamp·James F. Childress, 『생명의료윤리의 원칙들』, 박찬구 외 역, 이화여자대학교 생명의료법연구소, 2014, 300-303면 참조.

된다.

뿐만 아니라 기관 의료의 단점이 보완될 수 있도록 가정 호스피스 제도의 도입이 보다 활성화될 수 있도록 가정 호스피스 제도의 수요에 대한 조사, 이 제도가 도입되는 데 장애가 되는 요인들에 대한 분석 등의 연구가 선행될 필요가 있겠다.

2) 호스피스완화의료의 정착을 위한 법제 정비

한국에서의 호스피스 완화의료가 제대로 정착되기 위해서는 상기한 과제 외에도 몇 가지 인식의 전환과 법률적 정비가 필요하다. 우선, 호스피스 서비스를 받는 것은 치료를 포기하거나 삶을 포기하는 것이라는 잘못된 인식이 여전히 개선될 필요가 있다. 죽음의 과정에 대한 정확한 이해와 현대 의료기술이 제공하는 처치라는 것이 어떤 장점과 단점을 지닌 것인지 충분히 이해하는 교육 프로그램의 도입이 시급하다.

아울러 연명의료 중단이나 거부와 관련된 법제화는 호스피스 서비스의 확충과 병행될 필요가 있다는 인식이 필요하다. 의사와 함께 작성하는 연명의료계획서[8])나 평소에 작성하는 사전의료의향서[9])의 도입이 필요하다. 그리고 이런 제도를 관리할 전문적인 전담기구의 설치도 필요하다. 만약 연명의료계획서나 사전의료의향서의 작성과 운용에 대한 법률적 제도가 정비되지 않는 경우에는 김 할머니 사건에서와 같이 자기결정권의 강조와 최선의 이익이 함께 강조되는 의사결정능력이 있는 경우와 없는 경우를 다르게 접근하지 못하는 문제점이 발생할 수 있다.

그러나 호스피스완화의료의 정착 없이, 연명의료결정에 대한 법제화가 이

---

8) 필자는 "연명의료계획서"라는 용어를 국가생명윤리심의위원회의 "연명의료결정에 관한 권고"에서의 용어를 따라 사용하고 있다. 연명의료계획서는 미국의 POLST(Physician Orders for Life-Sustaining Treatments)와 유사한 것으로 이해할 수 있다. 그러나 미국과 달리 한국은 김 할머니 사건에 대한 대법원 판례나 국가생명윤리심의위원회의 입법 권고에서 연명의료계획서의 대리 작성에 대해서는 언급하고 있지 않다.

9) 사전의료의향서는 근본적으로는 생전유언(Living Will)의 형식을 따른 것으로 다소 차이가 있다면 중단이나 보류 대상이 되는 치료를 서식에 열거하여 표시하도록 할 수 있을 것이다. 참고로 미국의 사전지시(Advance Directives)는 대리인을 지정하는 위임장(Durable Power of Attorney) 작성 방식과 자신의 의사를 기술하는 생전유언(Living Will) 작성 모두를 지칭한다.

루어진다면, 이러한 법제화는 자기결정권이라는 미명하에 많은 왜곡된 현상들을 발생시킬 가능성이 높다. 치료 중단이나 유보에 대한 자기결정권의 행사는 완화의료가 제공될 때 진정한 자율성의 행사가 될 수 있다.

끝으로 치료거부에 대한 적절한 제도적 정비가 필요하다. 호스피스는 일정 부분 환자의 자기결정권에 입각한 무익한 치료에 대한 거부를 포함하며, 이러한 거부나 보류가 의료인과의 충실한 의사소통 과정을 통해 그리고 환자의 충분한 숙고 끝에 자기결정권이 행사될 수 있도록 하는 제도 정비가 필요하다. 미국의 호스피스 제도는 1991년부터 시행된 〈환자 자기결정법〉(Patient Self-determination Act)이란 법률에 의해 법률적으로 분명하게 환자의 자기결정이 존중될 수 있는 제도하에서 시행되고 있다는 점을 주목할 필요가 있다. 그러나 한국은 환자의 자기결정을 존중해야 한다는 명시적인 법률적 뒷받침을 받고 있지는 않은 상황이다. 김 할머니 사건에 대한 대법원 판결에서도 확인할 수 있듯이 법원은 원칙론적인 차원에서 치료거부를 존중하고 있을 뿐이다. 대법원은 생명과 관련된 치료의 경우에는 이러한 중단이나 유보가 매우 제한적으로 신중하게 결정되어야 한다는 입장을 취하고 있음에 유의해야 한다.10) 치료거부와 관련하여 법률적으로 명확한 제도가 수립되어 있지 않은 경우에는 호스피스에서의 무익한 치료에 대한 거부 역시 여전히 법률적으로는 논란의 여지를 담고 있는 행위로 판단될 수 있다. 따라서 환자의 의사에 따른 자기결정권의 행사 범위가 제한될 수 있다. 앞서 언급하였던 요양원의 상이한 관행은 바로 치료거부에 대한 법률적 제도가 수립되어 있지 않기 때문이라 판단된다.

물론 한국에서 치료거부를 포함하여 환자의 자기결정에 대한 법률을 명시적으로 제정하는 작업은 신중하게 진행되어야 한다. 자기결정권의 행사라는 미명 아래 불우한 처지에 놓인 환자들이 유익한 치료조차도 어쩔 수 없이 거부하도록 내몰리는 상황이 발생하지 않도록 해야 하며, 호스피스완화의료가 보다 보편적으로 말기 환자들에게 확대되어야 하는 또 다른 이유가 여기에 있기도 하다. 결국 핵심은 환자의 자기결정권을 존중하되 오남용이 발생하지 않도록 하는 제도와 절차의 확립이 선행되어야 한다는 것이다. 충분한 정보에 의한 상담과 동의가 진행되어야 할 것이며, 환자의 결정이 신중하고도 충분히 숙고한 결정이

---

10) 대법원 2009.5.21, 2009다17417 무의미한 연명치료장치제거 등.

되도록 도움을 주는 전문 기관이나 전담 기관이 설립되거나 지정될 필요도 있을 것이며, 환자의 결정이 신중하고 충분한 숙고에 의한 결정이었는지 확인하는 절차도 있어야 할 것이다. 아울러 말기 환자와 관련된 의료서비스의 확대도 필요할 것이고 관련된 인력의 보강과 시설의 확충도 선행되어야 할 것이다.

6. 맺음말

의·생명과학의 발달로 새로운 윤리적 문제와 의료 환경에 처한 현대인들에게 그리고 특히 우리 한국인들에게 죽음에 대한 논의를 좀 더 개방적이어야 한다. 일각에서의 노력처럼 죽음 교육은 삶을 위한 중요한 교육의 일환이 되어야 한다. 죽음에 대한 담론을 금기시하는 잘못된 문화 역시 여러 통로를 동원한 교육과 담론이 정규 교육과정 안에서든 밖에서든 대중매체를 통해서든 가족 모임을 통해서든 활발하게 전개될 필요가 있다.

아울러 의료인이 지니고 있는 의료의 정체성에 대한 논의 역시 좀 더 학술적인 장에서 그리고 직업 현장의 장에서 활발하게 펼쳐질 필요가 있다. 의·생명과학기술이 안겨준 새로운 삶의 방식에 대한 반성과 성찰은 의료인에게는 바로 그들의 사회적 역할에 대한 성찰이기도 하다. 아울러 시민사회와 학계에서도 의·생명과학기술의 사회적 역할과 그 성과의 이용에 대한 다양한 생명윤리적 쟁점들에 대해 좀 더 숙고하고 논의하며 사회적 합의를 모색해 보는 논의의 장이 사회의 다양한 분야에서 활성화될 필요가 있다.

제 5 장
호스피스의 제도화 무엇이 문제인가

서울대 사회학과 서이종

1. 들어가는 말: 생명정치의 시각과 호스피스

죽음은 인류의 유사 이래 인간들의 가장 근원적인 두려움 중의 하나이다. 하지만 의료기술의 발달에 따라 죽음에 대한 두려움은 이제 새로운 국면을 맞고 있다. 삶뿐만 아니라 죽음조차 의료기술적 정언명령(technological imperative)하에 놓이게 되어, 얼마남지 않는 죽어가는 시간마저 수많은 의료기기에 둘러싸여 과잉치료와 그에 따른 고통 속에 내맡겨질 수 있기 때문이다(Solomon et al., 1993).

의생명기술은 20세기 이후 전기적 자극과 심폐소생술에서부터 항생제, 혈압상승제, 인공호흡기, 인공투석 등에 이르기까지 인위적인 생명연장 장치를 발전시켜 왔다. 이러한 생명연장 장치는 '논리적으로는' 상당기간 생명을 연장할 수 있다. 때문에 죽음은 이제 '자연적'이지 않고 사회적이며 정치적 사항이 되고 있다. 언제 죽음을 맞이하게 할 것인가 하는 것은 어느 정도 당사자가 감내할 수 있으며 또 품위를 유지할 수 있는지 하는 것뿐만 아니라 가족들이 어느 정도 경제적 비용을 부담해서 '효'를 다했는지 어느 정도 이별을 준비했지 등에 따라 결정되며 더 나아가 사회적 시선과 윤리적 규범 그리고 병원의 윤리적 가이드라인, 법적 절차를 고려하여 이루어지는 고도의 복합적인 사회정치적 행위, 즉 생명정치(bio-politics)의 일환이기 때문이다(서이종b, 2014). 더욱더 2009년 '김할머니 사건'처럼 법적 결정에 따라 인공호흡기 등 연장장치를 제거하였음에도 불구하고 담당의사의 예상과 달리 3개월 동안이나 생명을 유지할 수 있었다는 사실은 '인위적' 생명연장과 '자연적' 생명연장의 구별이 그리 분명치 않다는 사실을 역으로 잘 보여준다.

의생명기술의 발달에 따른 이러한 상황 변화 속에서 '품위 있는 죽음' 즉 웰다잉(Well-Dying)은 새로운 면모를 띠며 새로운 과제로 떠오르고 있다. 특히 치열한 생존경쟁을 거치며 압축적인 경제성장을 이룩하였지만 삶의 질뿐만 아니라 죽음의 질(quality of death)마저 하위권을 머물고 있는[1) 우리 사회에서 이러한 웰다잉은 더욱더 시급한 사회적 과제라 하지 않을 수 없다. 왜 우리 사회는 죽음의 질이 떨어질까? 즉 왜 웰다잉이 어려울까 하는 점은 사실 복합적인 원인에 기인한다. 의생명기술의 발달로 노년의 건강과 신체(몸)은 생물－사회적(bio-social) 복합적 현상으로[2)(Walker, 2014: 30) "어디까지 어떻게 개입되어야 하는가" 하는 생명윤리적 논란을 넘어 "어떻게 삶과 죽음을 재규정하고 지지해야 하는가" 하는 생명 거버넌스(governance of life) 시스템에 대한 본질적 재편을 의미하며 새로운 생명사회(BioSociety)의 태동을 내포하고 있다. 즉 생명윤리 논쟁을 기초로 "생명의료기술에 따라 노년이 어떻게 새롭게 재규정되어야 하는가" 하는 생명정치적 혹은 생명사회적 연구로 거듭나고 있다(서이종, 2014a). 노인들이 부딪치는 주요한 문제는 신체적 노화의 불가피한 결과도 아니고 불행한 의사결정도 아니라, 사회제도와 정치경제적 힘의 작용에 의해 구성된 것이다(Baars et al., 2014). 이러한 취지에서 본 논문은 웰다잉을 위한 호스피스(hospice)의 제도화가 제대로 정착하지 못한 이유를 중심으로 미셸 후코 이후 현대적인 생명정치적 시각[3)에서 살

---

1) 2013년 영국의 비영리 암힐링센터인 매기센터(Maggie's Center)는 OECD국가의 죽음의 질을 비교한바, 우리 나라는 3.7로 하위권인 35위를 차지하였다.

2) 노화가 생물학적이고 사회학적인 복합적 프로세스라는 사실은 최근까지 정책적 어젠다에서 간과되어 왔다 (Walker, 2014: 26-27)고 주장하고 생물적, 문화적, 사회적 및 기술적 개념을 포함한 다학제적 노년 개념으로의 확장을 통해서 새로운 노년학을 주장하고 있다(Walker, 2014)

3) 현대적 생명정치(bio-politics)는 전통적인 생명사상이나 삶의 정치 개념과 구별된다. '생명'(bio-)은 살아있는 것(bios)에서 유래한 말로서 생명정치는 현대 생명과학 및 생명공학의 발전에 따라, 즉 생명공학 시대 생명현상의 새로운 모습과 그를 둘러싼 갈등을 일컫는 생명정치에 훨씬 적합하다. 이때 생명은 인간생명뿐만 아니라 동물생명, 그리고 식물 등 광범한 생명현상이며 그 생명의 자기재생산을 위한 생태계를 포함한다. 이러한 뜻에서

펴보고자 한다.

2. 호스피스와 웰다잉의 현실과 주제화

호스피스(hospice)는 완치가 불가능한 상태에서 적극적인 치료행위를 중단하고 고통을 경감하는 등 소극적인 의료행위와 함께 정신적, 심리적 돌봄 등을 통해서 삶의 질을 유지하는 것을 의미한다. 호스피스는 "완치 목적의 치료에 반응하지 않고 수개월 내 사망이 예측되는 환자와 가족들에게 제공되는 의료적 돌봄과 정신적, 사회적, 영적 돌봄의 통합체계"를 말한다. 최근에는 "진단시점부터 증상관리와 환자와 가족들의 삶의 질 향상을 목적으로 신체적, 정신적, 사회적, 영적 문제를 해결하기 위하여 통합적이고 전인적인 접근"이라 할 수 있다. 특히 통증(pain)을 포함한 고통(suffering)이 환자의 삶의 질에 미치는 영향이 크다는 사실을 인식하면서 고통의 완화와 예방을 위한 돌봄, 즉 "완화 돌봄"(palliative care)의 중요성이 커지고 있다. 완화돌봄은 WHO에 따르면 생명을 위협하는 질환에 대한 적절한 평가를 통해서 통증을 포함한 육체적, 사회정신적, 영역인 고통을 완화해서 환자와 가족들의 삶의 질을 향상시키는 접근방법이다. 이러한 완화돌봄은 단순히 임종기의 환자와 가족의 삶의 질을 향상하는 혜택에 의미가 있을 뿐만 아니라 더 나아가 질병이 아닌 인간 중심의 의료 목적을 새롭게 되새기고 치료와 케어의 보다 균형적 접근으로 인도한다는 데 있다(Callahan, 2000). 완치를 지향하는 의료는 사망률을 낮추는 것이 진보이기 때문에 죽음을 적으로 여기며 제거되어야 할 것으로 여긴다. 때문에 의료진은 기본적으로 환자의 생명을 연장하는 것을 최우선으로 한다. 그러한 병원 시스템 속에서는 현대 의학으로 치료가 불가능한 환자뿐 아니라 고령으로 자연사를 앞두고 있는 노인에게도 모든 의학적인 방법을 동원하여 생명 연장을 시도하는 것이 당연시되고 있다. 그러나 임종 과정에서 일어나는 호흡곤란에 인공호흡기를 적용하고 신장기능이 저하되면 혈액투석을 실시하는 것이, 환자에게 '의미 있는 삶'을 주지 못하고 임종 단

니콜라스 로즈(Nikolas Rose)(Rose, 2007)는 생명공학 시대의 생명정치를 '생명 그 자체의 정치'(politics of life itself)라고 규정하여 이전의 생명정치와 구별하였다(서이종, 2014a).

계의 '고통받는 기간'만을 연장했다면 과연 윤리적으로 옳은 일인지 반문해 보지 않을 수 없다(허대석, 2014). 죽음은 삶의 일부로서 자연스러운 것이며 그런 인간을 어떻게 돌봐야 할 것인가 하는 것이 새로운 의료적 목적이어야 하기 때문이다. 따라서 완화돌봄은 이제 임종기의 돌봄으로 한정되지 않고 중환자를 포함한 일반치료 전반으로 확산되어 치료요법과 병행되어야 한다.[4] 인간답게 품위있게 죽음을 맞이하는 웰다잉(Well-Dying)은 단지 임종기에 한정되지 않는다.

호스피스 완화돌봄은 의료－사회적(medical-social)인 통합적 돌봄으로서, 실제 현장에 질병 증상 관리뿐만 아니라 통증 완화 및 관리, 영양 관리, 위생(배뇨/배변 등) 관리 등 의료적 완화돌봄(medical or clinical palliative care)과, 사회적, 심리적, 영적 완화돌봄(social, psychological & spiritual palliative care)으로 구성되어 있다. 호스피스의 완화돌봄은 "통증 완화와 스트레스증상 해소"를 비롯하여 "삶을 긍정하고 죽음을 자연스러운 과정으로 여기고", "죽음을 서두르거나 연기하려고 하지 않으며", "환자 돌봄의 심리적 영적 측면을 통합하여", "임종 순간까지 환자의 삶을 가능한 적극적으로 돕는 지지체계를 제공한다" 등(WHO, 2002)으로 요약될 수 있다.

호스피스는 1967년 영국에서 설립된 이후 미국에서는 이미 2011년 5,5000개가 넘는 시설이 있으며 전체 사망자의 44.6%가 호스피스 서비스를 이용하고 있다. 하지만 우리나라의 경우 2002년 국립암센터에서 관련 규정을 만들어 시범사업을 하였으며 2011년 말기암 환자에게 완화의료(palliative care)를 제공하도록 하는 암관리법 개정안이 의결되어 말기암 환자들에게만 우선적으로 사업을 실시하고 있으며 아직도 혜택을 받은 환자가 턱없이 적은 등 제도화되지 못하고 있다. 우리나라 호스피스 전문시설은 2014년 호스피스 54개소, 868병상으로 늘어났다. 하지만 재정적 뒷받침이 없이 많은 호스피스 시설이 종교 단체나 공공의료 기관에서 운영되고 있는 형편이다.

---

4) 2014년 1월 23일에 열린 제67차 세계보건총회(World Health Assembly)의 선언문, 즉 Strengthening of palliative care as a component of integrated treatment within the continuum of care은 그런 함의를 잘 표현하였다.

<표 1> 말기암환자의 완화케어 시설 현황(2014. 9 기준)

운영 주체별	기관 수	병상 수
공공의료기관 (지방공사 의료원, 시립병원)	12	209
특수의료기관 (보험공단 일산병원, 대구보훈병원)	2	31
당연지정기관 (지역암센터)	12	154
종교재단 설립 의료기관	25	440
민간의료기관 (고대구로병원, 목포중앙병원, 엠마오사랑병원)	3	32

출처: 김대균, 호스피스완화의료체계 정립을 위한 국가정책방향 토론문 2014. 11. 18.

그 결과, 2013년 말기암환자(암사망자) 전체, 즉 75,334명 중 12.7%만 완화의료기관을 이용하고 있다. 2009년 9.1%에서 증가하고 있으나, 아직도 낮은 편이라 할 수 있다.

<표 2> 말기암환자의 완료의료기관 이용률

(단위: 명)

	암발생자 수	암사망자 수	말기암 완화의료 기관 이용자 수	이용률
2009년	195,204	69,780	6,396	9.1%
2011년	218,017	71,579	8,494	11.9%
2013년		75,334	9,573	12.7%

그럼에도 불구하고 호스피스에 대한 요구는 시스템 내적으로 보편적인 건강보험 체계하에서 경제적 유인으로부터 비롯되고 있다. 65세 이상 노인이 지출한 의료비가 2010년 의료비 전체의 30.9%에서 2020년 45.6%를 차지하고 고령화의 추세에 따라 날로 더욱 심화될 예정이다. 〈표 3〉의 2011년 대분류의 질환별 의료비 규모를 추정한 결과, 관절염 등 근골격계 질환, 심혈관계 질환 그리고 암 등 악성신생물, 치매 등 신경정신계 질환의 의료비 지출이 40% 이상 차지하며 이들은 대체로 노인에서 더욱 발병 비율이 높다는 사실을 고려할 때, 보편적인 건강보험 체계 자체를 위협하는 내적 요인이 되고 있다.

<표 3> 2011년 대분류별 개인의료비 규모 추정

(단위: 억원, %, 상위 8개)

	합 계	건강보험	의료급여	일반환자	자동차보험	산재보험
전 체	645,828 (100%)	562,082 (87.0%)	56,355 (8.7%)	10,733 (1.7%)	9,043 (1.4%)	7,616 (1.2%)
근골격계 질환	82,409 (12.8)	74,643	5,595	819	446	907
심혈관계 질환	77,228 (12.0)	70,484	5,897	340	109	397
악성신생물	52,600 (8.1)	48,618	3,591	350	11	30
신경정신계 질환	51,503 (8.0)	37,532	12,804	422	212	533
호흡기 감염	43,230 (6.7)	41,267	1,702	146	37	79
소화기계 질환	37,036 (5.7)	34,165	2,288	370	98	115
비뇨생식기계	36,988 (5.7)	32,156	4,236	346	5	245
구강 질환	36,683 (5.7)	32,406	764	3,493	12	8

출처: 서남규 외, 2013, 질병별 및 사회경제요인별 의료비 규모 추정 연구, 건강보험정책연구원, p. 91에서 재구성.

<그림 1> 사망 전 의료비의 남녀, 외래/입원 등 유형별 추이

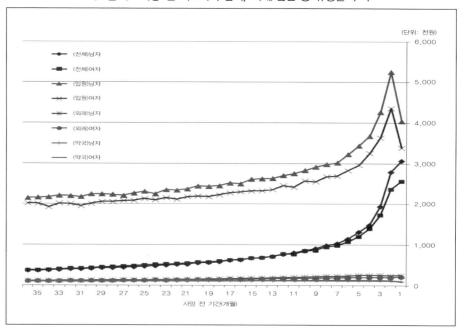

특히 통계적 분석에 따르면 의료비 전체에서 사망 전 시점(time to death)에서 집중적으로 사용된다.[5] 미국에서도 사망 전 90일 동안 지출되는 의료비가 생애 전체 의료비의 60%, 30일 동안 지출되는 의료비는 36%를 차지하며(Bruntin et al., 2004), 또 다른 연구에서도 사망 전 1년 동안 지출되는 의료비가 Medicare의 경우 30%를 점하고 있다(Shugarman et al., 2009).

우리나라의 경우도 2011년 사망자 의료비 통계에 따르면 연령별 차이가 크지만, 〈그림 1〉처럼(김선미 외, 2011: 147) 사망 전 1년부터 증가하기 시작하여 6개월부터 의료비 지출이 가파르게 증가하는 것으로 나타났다.

특히 사망 전 의료비 지출은 암환자의 경우가 가장 높다. 사망 전 3개월의 의료비 지출을 보면 4대 질병군별로 볼 때 암 등 악성신생물이 9,122천 원으로 가장 높고, 뇌혈관질환이 6,343천 원, 기타가 4,904천 원, 심혈관질환이 3,718천 원으로 나타났다. 이러한 결과는 우선적으로 말기암 환자를 대상으로 호스피스 완료케어를 실시하게 된 경제적 배경이 되고 있다.

3. 호스피스의 미발전(1): 생명문화의 특성

호스피스의 미발전은 생명정치적 관점에서 여러 가지 요인에 기인하지만 무엇보다도 생명문화와 가족주의적 효 문화의 특성에서 기인한다. 생명 집착 문화는 죽음에 대한 두려움에서 기인한다. 노인들은 죽음을 자주 혹은 적어도 종종 생각한다고 응답하고 있다.[6] 특히 '빈 둥지'나 질병으로 혼자 있는 시간이 늘어갈수록 그런 생각에 잠기는 듯하다. 그러나 죽음 생각은 '죽음 맞이'에서 기인한 것이 아니라 오히려 삶에 대한 의지에서 비롯된 것이다. "내가 빨리 죽어야지 내가 이렇게 사느니 빨리 죽어야지 막 그러셔요. 그거는 나한테 우리 자식들 빨리 오게 하고 나한테 좀 더 잘 해라 이 소리예요."(간호사 김XX 인터뷰) 의사는 그

---

5) 의료비 사용은 사망 전(end-of-life)에 집중적으로 이루어진다는 Fuchs(1984)의 가설로 제시되었다. 미국에서도 사망 전 60일 동안 전체 생애 의료비의 50%를, 30일 동안 40%를 사용한다고 밝혔다(Lubitz et al., 1993).
6) 서이종/박경숙 등(2014)은 1914년 1-3월 노인 204명, 가족 107명, 요양시설관계자 102명, 의사 121명, 사회운동단체관계자 100명 등 642명을 대상으로 노화, 만성질환, 죽음에 대한 설문조사한 결과이다. 조사결과, 거의 생각하지 않는다는 비율은 19.61%, 전혀 생각하지 않는다는 비율은 8.82% 정도에 불과하다.

런 맘을 다음과 같이 직접 표현하였다. "대부분 할머니들은 평소에 죽을래 죽을래 해도 조금만 아파도 헉 나 살려주세요 이러거든요."(의사A 인터뷰) 이러한 죽음에 대한 생각은 죽음 맞이와 삶의 정리에 앞서 죽음의 두려움을 극복하는 과정과 맞닿아 있다.

죽음에 대한 생각과 태도는 사회적으로 큰 변화를 겪었다. 전통사회에서 죽음은 윤회관이나 순환관에 기반하였다. 불교적으로 다시 태어날 수 있다는 생명의 윤회관은 기독교적 천당관이나 불교의 극락관보다 호스피스 현장에서 죽음을 받아들이는 데 훨씬 더 설득력 있어 보인다.[7] 우리나라에서는 죽어서 다시 태어나는 환생설화가 많으며 사람으로 환생뿐만 아니라 동물 혹은 식물로 태나기도 한다. 인간으로 환생하는 것을 가장 바람직스럽게 생각했지만, 불교와 달리 동물로 태어나는 축생이 반드시 저주나 죄악의 결과로 받아들이지 않았다는 사실이 특이하다. 인간과 동물, 식물이 모두 하나의 생명의 뿌리를 갖고 있으며 생명계는 순환한다는 우리의 원형적 사고에 기반한 듯하다(이은봉, 2000: 82).

하지만 현대 우리 사회에서 노인은 다른 집단보다 더 "죽음은 끝이다"라고 생각한다.[8] 종교적으로 다른 집단은 또 다른 삶과의 맞닿아 있다고 생각하기도 하지만 노인의 그런 죽음관은 상대적으로 높지 않다. 이러한 생각은 종교적 믿음 여부에도 차이가 크지 않다. 죽음은 끝이라는 죽음관은 확실히 죽음에 대한 두려움의 토대가 되고 있는 듯하다. 죽음이 두려운 것은 육체적인 고통과 아픔과 더불어 친밀한 사람들과의 이별의 아픔을 겪어야 하기 때문이다.[9]

물론 노인들 대다수는 다른 집단과 차별되게 죽음은 끝이라는 두려운 맘과 동시에 죽음은 자연스런 삶의 과정이라는 긍정적 정서를 가지고 받아들이고 있다. "공포가 없다는 거는 그건 거짓말이고요. 어떤 때는 그렇게 생각하면 진짜 공포스럽죠. 이거 죽고 나서 내가 불에 탄다 이러면 공포스러운데, 이 세상에 와서 산보 잘 하고 소풍 잘 즐기고 간다. 이렇게 생각하면 좀 낫죠."(노인 백XX 인터뷰) 다른 집단에 비해 종교적인 사후에 대한 확신이라기보다는 자연에 대한 순응을

---

7) 2014년 9월 5일 노년의 생명정치 포럼에서 정토마을 자재병원 원장인 능행 스님의 발표문.

8) 서이종/박경숙 등(2014)의 조사결과, 노인들은 59.31%가 죽음은 끝이라고 응답하고 있으나, 가족은 44.86%, 요양시설 관계자들은 38.2%에 불과하며 의료진조차 52.07%이다. 최영순 외(2014)의 호스피스완화의료 대국민 인식도 조사에서도 노인의 59.5%가 죽음이 두렵다고 생각하고 있다.

9) 서이종/박경숙 등(2014)의 조사결과, 죽음에 대한 부정적 정서는 삶에 대한 미련이나 혼자 죽는 것에 대한 두려움에서 기인하는 것이 아니라, 고통과 아픔 그리고 사람들과의 이별 때문이라고 응답하였다.

포함한 훨씬 복합적인 이유에서이다.10) 이렇게 죽음에 대한 수용이 자신의 한정된 삶에 대한 가치를 재인식하게 되어 현재의 삶을 더 풍부하고 감사하는 맘을 갖게 한다. 따라서 죽음관은 삶에 대한 태도와 맞닿아 있고 궁극적으로는 인간 존엄성의 기초가 된다(Gelerter, 2008).

　　의사로부터 회복불가능하다는 전문적 판단에 직면했을 때, 죽음에 대면하게 된다. 의사의 판단에 따라 회생 가능성이 없는 상황에서 노인들은 적극적인 연명치료를 중단하겠다는 생각이 압도적이다. 노인들의 87.25%가 적극적인 연명치료 중단에 동의하고 있다. 다른 집단과 비교하여 집중연명치료가 효과가 없다는 수용적 태도에서 출발하기도 하지만, 노인들은 신체적 정신적 고통보다는 경제적 부담과 기타 여러 가지 관계적 부담 등을 고려한 복합적인 상황에서 그런 중단을 선택하는 듯하다.11) 하층 노인일수록 경제적 부담을 많이 고려하고 있으며 중간층 이하 노인에게서 "기타"에 대한 응답이 높은 것은 경제적, 사회적 부담을 고려하고 있다. 이러한 복잡한 상황은 회복가능성이 없는 가족의 경우 집중연명치료에 대한 입장을 물었을 때 타집단에 비해 노인들이 동의비율이 낮았다. 의료현장에서 의사들의 97.7%가 환자의 승낙에도 불구하고 보호자 요청 없이는 연명치료 중단을 시행하지 않았으며(김소윤 외, 2009), 국가생명윤리위원회의 권고안은 본인의 의사뿐만 아니라 가족의 동의를 필수조건으로 하고 있다. 즉 '연명의료의 환자 결정권 제도화 권고안'에 따르면 회생 가능성이 없고 원인치료에 반응하지 않는 임종(臨終) 단계에 접어든 환자에 대해서 본인의 의사와 가족 그리고 의사 2인 이상의 판단을 거쳐 연명치료 행위를 중단할 수 있다.12) 이때 중단되는 치료는 심폐소생술, 인공호흡기, 혈액투석, 항암제 등으로 환자는 연명의료를 중단하는 대신 호스피스−완화케어를 선택할 수 있다. 즉 환자

---

10) 서이종/박경숙 등(2014)의 조사결과, 죽음은 자연스런 삶의 과정이라고 응답한 노인은 67.47%에 이르며 가족 또한 69.01%에 이른다. 의료진을 제외하면 다른 집단은 50% 정도에 불과하고 종교적 사후에 대한 확신이 중요한 원인이다. 그러나 노인들은 죽음은 자연스런 삶의 과정일 뿐만 아니라 종교적 사후 확신, 죽을 준비 충분, 죽음을 통한 쉼 등 복합적인 원인에서 죽음을 자연스럽게 받아들인다고 조사되었다.

11) 서이종/박경숙 등(2014)의 조사결과, 노인들이 연명치료 중단에 찬성하는 것은 의사의 회복불가능성에 대한 전문적 판단을 존중하는 효과가 없기 때문에(33.52%) 뿐만 아니라 타집단보다 낮지만 신체적 정신적 고통(29.61%), 타집단보다 더 높게 경제적 부담(15.64%) 그리고 훨씬 더 '기타' 때문이라고 응답하고 있다.

12) 한국 호스피스·완화의료학회는 "임종기 환자의 치료에 대한 모든 논의에서 어떤 형태이든 안락사의 가능성은 완전히 배제되어야 한다"고 전제하고 임종기 환자의 존엄사를 제도화하는 호스피스·완화의료법 제정을 촉구하였다.

의 통증은 계속 조절해야 하고 영양과 물, 산소도 계속 공급받을 수 있다. 때문에 실제 의료현장에서는 노인들의 소극적인 중단 동의 속에서 연명치료의 중단 여부는 보호자나 가족 등의 영향하에 놓이게 될 가능성이 높음을 알 수 있다.

> "제일 큰 게 회생 가능성이 없다는 점과 비용 문제지요. … 가족 입장에서는 굉장히 괴로울 것 같기는 해요. 만약에 저희 부모님이 그런 입장이라면 지속할 것 같아요. 그게 뭐 꼭 생명이 존엄하고 이래서는 아니구요. 그냥 당연한 거 같아요. 근데 그분들이 전에 의사를 밝히셨다면 과감하게 중단해 볼 수도 있겠는데, 사실 제 입장에서는 예를 들어서 저희 가족이 만약에 인공호흡기를 떼고 죽음을 맞이하겠다 하면 제가 굉장히 슬플 것 같아요. 헤어져야 된다는 게 … 그것 때문에 계속 하지 않을까? 저라면 그냥 중단할 것 같은데요. 왜냐하면 가족들에게 짐되기 싫으니까"(이X준, 가족 인터뷰)

서이종/박경숙 등(2014)의 조사결과, 노인 응답자 중 68.63%가 본인의 말기 암이나 회복불가능한 상황에서 호스피스 서비스를 이용하겠다고 응답하였다. 가족이 78.5%이며 타집단은 90% 이상으로 더 높다는 점에서 아직도 높다고 하기 어려우며 전체 국민 조사에서 임종시 호스피스 완화치료를 이용하겠다는 비율이 2004년 57.4%에서 2008년 84.6%로 크게 증가하였고[13] 2013년 갤럽조사의 경우도 87%에 이른다[14]는 사실에 비추어 아직도 그리 적극적인 태도를 보이지 않고 있다. 의료진이나 요양기관 종사자도 가족의 호스피스 선택에 대해 훨씬 소극적인 태도를 보이고 있듯이, 아직까지는 그리 선호도가 낮다고 할 수 있다. 삶의 의지를 지향하는 근대사회에서 죽음에 대한 부정 의식은 아무리 그 과정에서 총체적인 돌봄을 받고 평안한 죽음을 맞이하는 데 기여하더라도 죽음에 대한 준비 부족과 더불어 포기되었다는 생각과 버려졌다는 생각에서 호스피스 자체에 대해 부정적인 의식으로 귀결되는 듯하다.[15]

---

13) 2008년 국립암센터에서 실시한 품위 있는 죽음에 대한 대국민의식조사 결과.
14) 2013년 8월 한국갤럽이 전국 국민 1,208명을 대상으로 전화 조사한 결과이다. 이 조사에서도 가족 동의하에 연명의료 중단을 선택하겠다는 응답은 78%로서, 자신의 선택에 비해 그 비율은 떨어진다.
15) 서이종/박경숙 등(2014)의 조사결과, 호스피스 선택에 대한 반대 이유 중에 "기타"에 응답한 비율이 35.94%로 가장 높다는 사실은 죽음에 대한 준비 부족, 호스피스에 대한 선입견 등 여러 가지 복합적인 원인에 기인한 듯하다.

때문에 호스피스 현장에서 노인 자신에게 호스피스의 의미를 거의 알리지 않고 있다. "호스피스는 이제 죽으러 오는 데 아닙니까? 죽음의 대합실인데, 그걸 전혀 몰라요. 그런데 가족 분은 알고 오면서도 가족 분도 똑같이 생각하고 있어요."(호스피스 봉사단체 활동가 인터뷰) 더욱더 노인 스스로 연명치료 중단과 호스피스-완화케어를 선택하더라도, 호스피스완화의료는 생명의 포기라는 부정적 인식을 불식시키지 않고는 가족은 가족주의적 효 문화에서 마지막까지 치료에 최선을 다하지 않을 수 없게 된다. 환자와 가족 모두 일반병동의 입원을 고집하고 호스피스병동에 가는 것을 꺼리기 때문에, 호스피스완화케어 전문기관의 병상 가동률이 80% 미만이다. 주치의들도 호스피스로 환자를 잘 의뢰하지 않으며 의뢰하더라도 임종에 가까워서야 의뢰하니 막상 제대로 된 돌봄의 기회조차 없는 경우가 태반이다. 완화케어 전문기관에 입원 기간은 2011년 22.8일, 2013년 23일로 평균 3주 정도에 불과하며 이용자 중 30%는 심지어 1주일 미만이었다. 병원 등 의료기관에서 사망하는 비율이 점점 증가하여 2013년에는 전체 사망자의 63.6%가 의료기관에서 사망하였으며 암환자의 75.3%가 의료기관에서 치료 도중에 사망한다. 사망자의 2/3가 병원과 중환자실에서 사망하고 있다는 사실은 당사자뿐만 아니라 가족이 죽음에 대한 성찰과 준비 없이 품위없는 죽음을 맞고 있다는 사실을 잘 말해준다.

호스피스 활성화에 가장 큰 장애물은 우리 사회에서 "바람직한 웰다잉"이 무엇인지 하는 사회적 합의가 없다는 점이다. 영국에서는 2008년 "자기가 원하는 곳에서" "가족과 친구들과 함께" "존엄을 유지한 채" "고통 없이" 죽는 것이 바람직한 웰다잉(Good Death)의 사회적 모델을 만들었다. 하지만 바람직한 웰다잉은 한 사회의 사회적 여건과 문화에 상응하여 그 내용이 상이할 수 있다. 따라서 오늘날 우리나라 사회여건과 문화에 맞는 "바람직한 웰다잉"에 대한 개념과 상을 사회적 합의를 통해서 만들어 내는 것이 가장 중요한 사회적 과제이다(윤영호, 2014). 그러한 바람직한 웰다잉 상 없이는 바람직한 웰다잉을 위한 표준완화케어서비스지침의 개발도 그에 걸맞는 완화케어시설 모델의 개발도 불가능하며 그에 따라 호스피스의 내실화된 추진 자체가 불가능하기 때문이다.

4. 호스피스의 미발전(2): 법적 환경과 의료체계

　　호스피스의 미발전은 둘째, 법적 환경과 의료체계에서 기인한다. 1) 호스피스의 관련 법적, 제도적 장치가 마련되어 있지 않다. 2010년 5월 암관리법의 전부개정을 통해서 호스피스의 법적 근거를 마련한 이래, 암관리법에서는 중심은 병동에 입원한 "말기암환자"의 "완화의료"(medical or clinical palliative care)에 대한 것이다. 말기암환자를 넘어 호스피스의 법적 제도적 체계가 없다. 즉 입원하거나 가정에 있는 암환자를 포함한 전체 말기환자를 대상으로 완화의료를 포함한 통합적인 호스피스 서비스를 가능케 하는 "호스피스완화케어법"이 없다.

　　현재 말기암 환자를 넘어 호스피스 대상 말기환자를 확대하고자 하는 노력이 이루어지고 있다. 미국에서도 호스피스는 처음에는 암환자를 대상으로 하였으나, 확대되어 2009년 암환자가 40.1%, 쇠약(debility unspecific) 13.1%, 심장질환 11.5%, 치매 11.2%, 폐질환 8.2% 등의 순이다. WHO에서 권고하는 대상 질환에 따르면 성인의 경우16) 암 이외에 후천성 면역결핍증(HIV/AIDS), 알츠하이머 치매, 심혈관 질환(급사 제외), 강경변/당뇨, 신부전/만성호흡부전, 다발성 신경증, 파킨슨병, 류마티스 관절병, 약제저항 결핵이다. 하지만 말기환자의 대상질환이 확대되는 경우, 각각의 사망패턴에 걸맞는 호스피스 서비스의 방식과 절차를 포함한 표준적 호스피스 완화케어 지침이 필요하다. 말기암의 경우 사망 패턴이 활동적이다가 급격하게 악화되어 사망하는 패턴을 지니고 있어 비교적 호스피스 서비스를 제공하기 쉽지만, 만성폐질환이나 만성신부전, 뇌졸중, 중증치매, AIDS 등은 각각 상이한 사망패턴을 지니고 있기 때문이다(Murtaph, 2004). 좋아졌다 나빠졌다를 반복하면서 지속적으로 기능이 저하되는 만성폐질환이나 만성신부전의 경우 환자 자신뿐만 아니라 가족들이 언제 어떻게 응대하여야 하는지 쉽지 않으며 중증치매의 경우처럼 지속적인 인지기능의 저하로 인하여 임종시점에는 거의 인지기능을 상실하여 상당부분 호스피스 서비스 자체가 어려운 경우도 있다. 따라서 말기암환자를 넘어 전체 말기환자로 확대하는 경우 품위있는 임종을 위한 호스피스 서비스 내용은 동일하지만, 상이한 사망패턴으로 인한 상

---

16) 아동의 경우 암, 심혈관질환, 강경변증, 선천성 기형, 혈구면역질환, 후천성 면역결핍증, 뇌염, 신장질환이다.

이한 서비스의 방식과 절차를 포함한 표준지침이 필요하다.

또한 재택임종을 위한 가정호스피스활동이 거의 제도화되어 있지 않다. 생애 말기에 집에서 보내고 싶다는 의견이 지배적이다. 노인 자신은 50.4%, 가족은 48.6%가 가정이라고 응답하여 가정호스피스의 중요성이 있다.[17](김시영 외, 2012) "남은 시간을 가족과 함께 보내고 싶어서"(노인의 47.7%, 가족의 52.1%) 그리고 "삶을 정리하고 마음의 준비를 하기에 편할 것 같아서"(노인의 36.2%, 가족의 31.7%)(김시영 외, 2012: 23). 가정완화돌봄은 말기암환자들이 마지막 시간을 편안하고 친숙한 환경에서 보낼 수 있으며, 가족들과 함께 지낼 수 있을 뿐만 아니라, 사생활이 보호되며, 환자의 자율성이 존중되는 등의 다양한 장점을 가지고 있다. 또한 가정을 지역사회와 협력하여 이웃이나 인접 종교단체의 다양한 지원 자원을 활용할 수 있는 장점도 있다.

이렇듯 노인 자신은 임종을 가정에서 맞고 싶어 하지만, 가족들은 응급상황에 대한 두려움과 지원 없이 혼자 간병해야 한다는 부담감으로 인하여 병원이나 시설에 있기를 원한다(최영순, 2014). 특히 의학적으로 퇴원이 가능한 말기환자들이 병원에서 가정으로 퇴원하기 어려운 이유로는 가족들이 중환자 돌봄을 돌보는 데 있어 느끼는 심리적 부단과 두려움이 압도적이다. 즉 의료적으로 응급상황에 신속하게 대처할 수 없어 가정보다는 병원에서 케어의 질이 더 높다고 생각하기 때문인 듯하다.[18]

가정 이외에는 호스피스시설은 홍보조차 충분하지 않는 상태에서도[19] 노인의 17.5%, 가족의 26.7%로 2위를 기록하였다. 이어 병원은 노인의 10.4%, 가족의 12.0%로 3위를 기록하였다(김시영 외, 2012: 23). 우리나라 호스피스 전문시설은 2013년 호스피스 54개소, 868병상이다. 따라서 가정집 같은 분위기의 품격 있는 호스피스 전문시설이 필요하다. 특히 우리나라 사회문화에 맞는 표준 서비스 내용과 시설 등을 포함한 "한국형 호스피스 모델"을 발전시키는 것이 중

---

17) 김시영 외(2012)은 노인 395명, 가족 292명을 조사한 조사자료에 기반하고 있다.

18) 중환자 돌봄에 대한 가족의 심리적 부담과 두려움이 31명(79.5%)으로 가장 많았고, 가정보다 병원에서의 돌봄의 질이 더 높다고 생각하는 이유는 23명(59.0%), 의료적으로 응급 상황에 신속히 대처할 수 없는 것이 16명(41.0%)이었음(김시영 외, 2012: 34).

19) 2013년 1,500명을 샘플조사한 결과 매우 잘 알고 있다 4.4%, 어느 정도 알고 있다 35.1%로 39.5% 정도가 호스피스를 인지하고 있었다(최영순, 2014). 일본에서도 일본완화의료학회에서 일반시민에 대한 완화케어에 관한 인식도 조사(2011년)에서 용어도 알고 내용도 알고 있다는 응답자는 19.9%에 불과하였다.

요하며 이 때 카톨릭의 "갈바리아 호스피스센터"와 "모현호스피스센터" 그리고 불교의 "자재요양병원"은 중요한 발전가능한 호스피스 모델이라 생각된다. 또 지역적인 불평등도 해소되어야 한다. 현재 충청남도에서 호스피스 완화의료 전문의료기관으로 지정된 곳은 홍성의료원(10병상) 1곳뿐이다.

호스피스 제도의 미발달은 2) 병원 등 의료체계에서 비롯한다. 의료진이 환자의 알 권리에 충실하여 말기임을 알리는 의무를 규정하고 있지 않다. 사실 그동안 환자의 복리를 위하여 환자에게는 알리지 않고 가족에게만 알리는 경향이 일반적이었다. 하지만 의생명기술의·발달로 죽음은 의료전문가인 의사에 의해 새롭게 재규정되었다. 죽음 자체에 대해 이미 심폐정지에서 뇌사로 이동하였을 뿐만 아니라 의사의 환자 질병상태를 진단하고 더 이상 회복불가능하다는 판단을 사회적으로 요구하고 있기 때문이다. 실제 회복불가능하다는 의사의 진단과 결정은 순수한 의학적 결정 이상을 포함할 수 있다. 그 배경에서는 병원의 수입이나 병원 경영 차원의 이해관계에서 벗어나기 어려우며, 또 윤리적으로 한정된 자원의 공리주의적 계산법에 의해 영향을 받을 가능성이 높다. 그럼에도 불구하고 의료전문가의 회복불가능하다는 진단은 그 시점을 중심으로 치료의 의미가 달라짐으로써 노인들의 삶 자체에 결정적 영향을 미친다.

서이종/박경숙 등(2014)의 조사결과, 의료진 응답자의 42.15%가 실제 연명치료 중단의 경험이 있다고 응답할 정도로 실제 의료현장에서 연명치료 중단은 가장 윤리적 고민이 요구되는 사항인 듯하다. 고민되는 사항으로는 가족 의견의 불일치가 37.25%로 가장 빈번하고 생명단축의 감정이 27.45%, 가족 및 환자의 이해 부족이 19.61%, 그리고 법적 책임이 15.69%로 다양하다. 우리의 연명치료 결정과정은 노인 자신의 자기결정권이라기보다는 가족의 영향하에 놓인 상황에서 가족 의견이 일치하지 않아 법적으로 문제가 될 수 있다는 사실은 생명단축의 감정과 더불어 의사들의 방어진료의 근거가 되고 있다.

또한 현행 건강보험 제도하에서 진단과 치료 중심 행위별 수가제와 "성과급"에 따른 "선택진료비" 등도 문제가 되고 있다. 말기암 환자를 중심으로 호스피스 병동을 인가하여 운영되고 있기 때문에 완화돌봄 체계는 병원 입원 중심으로 운영되고 있다. 다양한 재가호스피스 체계를 갖추지 못하였기 때문에 2013년 암환자 전체, 즉 75,334명 중 12.7%만 완화의료를 이용하고 있을 정도로 전달체계가 구축되어 있지 않다. 중환자실에서 완화케어팀(Palliative Care Team)의 자문을 통해서 체계적으로 호스피스 서비스로의 전환이 필요하다. 현재 중환자실과 호스피스 통합모형보다 완화케어팀의 자문을 통해서 호스피스로 전원하는 것이 기존의 중환자실 의료진에게 불필요하게 완화케어를 교육하지 않고 다학제적 전문가들의 자문을 활용하여 중환자실과 이후 케어의 연속성을 보장하고 동시에 적절한 시점에 호스피스로의 전원을 꾀할 수 있는 장점이 있다(Nelsen, el al., 2010).

〈표 4〉 중환자실과 호스피스실의 통합과 분리의 장단점 비교

	중환자실과 호스피스 통합모델	중환자실에서 호스피스로의 전원 모델
장점	• 중환자실의 모든 환자와 가족에게 완료의료 이용 • 집중치료와 단절적으로 완화의료 서비스가 이루어지지 않음 • 완화의료가 집중치료의 핵심요소임을 명확히 인식함 • 중환자실의 체계적인 치료과정이 완화의료의 신뢰성있는 수행을 지지함	• 다학제적인 전문가 팀을 통해서 통합성을 구축할 수 있음 • 기존에 존재하는 호스피스 전문가를 활용하여 추가적인 훈련이 불필요함 • 혜택의 경험적 증거가 있음 • 중환자실 입원전, 입원시 입원 후의 케어의 연속성 확보 • 적절할 때 중환자실에서 임종 톨좀으로 전환하는 것을 촉진할 수 있음
단점	• 중환자실 의료진에게 완화의료 지식 및 기술에 관한 교육이 요구됨 • 핵심 의료진과 중환자실의 지지적 문화에 의존하게 됨 • 중환자실에서 결여된 의료진이나 전문가들의 헌신이 요구됨 • 중환자실에서 더 이상 혜택을 입을 수 없는 환자에게 중환자실 퇴원 후 완화의료에 대한 선택이 요구됨	• 적절한 의료진과 다른 자원을 가진 완화의료가 필요함 • 중환자실에서 완료의료진은 외부자로서 간주될 수 있음 • 호스피스 서비스 제공자들이 의생명적인 그리고 간호적인 핵심돌봄에 익숙하지 않을 수 있음 • 완화의료진과 중환자실의 의료진의 행위가 서로 겹치거나 갈등할 수 있음. • 호스피스 서비스 제공자들이 환자와 가족들과 단기간에 효과적인 관계를 만들어야 함 • 여러 돌봄이 서로 파편화되어 혼용될 수 있음 • 중환자실에서 완화의료 지식과 기술을 향상하는 데 어떠한 자극도 받지 않을 수 있음

출처: Nelson, et al., 2010.

5. 호스피스의 미발전(3): 공공재정의 미비

셋째, 재정적 뒷받침의 결여에서 비롯된다. 암관리법에 의한 말기암환자의 호스피스 법제화는 건강보험에서 암진단과 치료 관련 비용을 중심으로 보장되어

있으며 그 기초 또한 표준적인 "행위별 수가제"에 기초하고 있다. 때문에 완화의료를 제외하고 사회적, 영적 돌봄의 호스피스의 수가 부재하며 더욱더 가정호스피스 완화케어는 수가에서 배제되어 있다. 2009년 조사에 따르면, 가정호스피스 완화돌봄이 활성화되지 않는 이유는 건강보험의 불인정이 52.0%, 재정적인 문제 22.0% 등 압도적으로 재정적 문제이며 이외에 전문인력의 부족 14.0%, 암환자 10% 본인부담 6.0%, 서비스의 기준 부재 4.0% 순이다(이건세, 2009).

이에 따라 2009~2011년 8개 기관이 참여한 완화의료 건보(건강보험) 수가 시범사업에 이어 2011~2014년 병동형 완화의료 수가의 개발을 위한 시범사업을 실시하고 있다. 현재 2차 시범사업을 통해서 완화의료를 받은 경우 적극적인 치료를 받는 말기암 환자와 비교하여 상급병원에 10일 입원의 경우 약 375만 원의 비용이 절감된다는 사실을 밝혔다(최영순, 2014). 검사료와 수술에서 비용 절감이 가장 컸으며 다음으로는 항암치료, 투석, 인공호흡, 비경구 영양법 등 인위적인 생명연장 장치의 사용 부분에서도 절감이 컸다. 지역병원인 일산병원의 시범사업 경우에서[20] 7일 입원시 105만 원, 15일 입원시 175만 원의 비용이 절감되었으며 완화의료에는 비특진의사로 운영되기 때문에 선택진료비의 비용 절감이 가장 컸으며 비보험 부분에서도 절감이 컸다. 이렇듯 완화의료를 이용하면 추가 비용이 들지 않기 때문에 경제적 부담이 줄어들지만, 그럼에도 불구하고 말기환자 돌봄에 적합한 1~2인실 등 상급병실을 이용하기 때문에 병실료가 비싸고 간병인 비용이 큰 경제적 부담이다. 건강보험 급여가 4인 병실까지 확대되었지만 아직도 1~2인실의 호스피스병실을 커버하고 있지 않기 때문이다. 또한 간병인 문제도 큰 문제이다. 현재 호스피스 병실은 보호자나 가족의 상주와 간병을 요구하고 있다. 사실 호스피스 취지에 맞춰 보호자나 가족과의 보살핌을 받고 또 취약한 상황으로 인하여 간병이 필요한 상황이다.

이러한 재정적 검토 하에서 말기암을 넘어 말기환자 전체를 대상으로 호스피스 완화케어를 확대하는 경우 필요한 중요한 재정적 검토를 동시에 수행하고 있다. 비암성 말기환자 사망자의 의료비를 보면(《표 5》), 만성 폐질환, 만성 신부전증, 뇌졸중의 의료비 부담이 높아, 말기환자 전체로의 확대의 필요성을 제기하고 있다.

---

20) 2009년 12월부터 2013년 12월까지의 자료.

<표 5> 비암성 말기환자 사망자의 상급종합병원 의료비(2009. 12~2013. 12)

	질병 명	환자 수	총 진료비 (천원)	1인당 진료비 (원)	표준편차
1	만성 폐질환 등	16,303명	93,206,909	5,717,163	7,320,559
2	만성 신부전	7,015명	53,660,322	7,649,369	9,389,460
3	뇌졸증	7,282명	46,376,198	6,231,282	6,995,419
4	울혈성 신부전	861명	5,547,888	6,443,540	7,375,060
5	치 매	975명	4,406,642	4,519,632	5,261,453
6	파킨슨병	714명	3,663,841	5,131,429	6,244,014
7	만성 간경화	347명	2,201,204	6,343,529	10,464,184
8	HIV/AIDS	175명	1,499,624	8,569,280	8,786,261
9	근위측성측삭경화증	198명	902,350	4,557,326	5,111,743
10	쇠 약	6명	20,439	3,406,531	3,530,382

출처: 최영순, 말기암환자 임종 현실과 문제점, 2014. 12. 8.

또한 의료적 돌봄뿐만 아니라 심리적, 사회적, 영적 돌봄에 대한 경제적 비용이 검토되고 지원되어야 한다.[21] 병동형 호스피스완화케어의 수가 결정을 위한 전문가 조사(최영순, 2014)에 따르면, 심리적, 재정적 상담에 대한 지원 요구가 높으며, 2014년 전문가 조사에서도 심리적, 영적 상담과 미술요법, 원예요법 등 대체요법의 재정적 지원을 요구하고 있다. 또 다른 조사에서도 통증 관리뿐만 아니라 상담, 심리적 지지, 사별가족 관리 등에 대한 보상방안을 마련하는 것을 요구하고 있다(김대균, 2014). 호스피스는 실제 의료적 완화케어 못지않게 심리적, 사회적, 영적 완화케어도 중요한바, 건강보험에서의 의료적 완화케어에 대한 보장 못지않게 노년장기요양보험에서 사회적, 사회심리적, 영적 완화케어 보장에 대한 논의가 있어야 한다. 하지만 아직까지 이에 대한 적극적인 노력은 없다. 하지만 임종케어는 기능이 장기적으로 쇠퇴하여 사망에 이르는 장기요양 수급자들에게 매우 중요한 서비스이다(한은정 외, 2014). 따라서 호스피스 완화케어는 의료적 완화케어에 대한 건강보험과 사회심리적, 영적 완화케어에 대한 노년장기

---

21) 호스피스 병동에서 간호서비스 요구도에서는 신체적, 심리사회적, 영적 순이었지만(김정아 외, 2014), J 독립호스피스에서 심리사회적, 영적 돌봄이 신체적 돌봄 못지않다고 답하였다.

요양보험의 협력적 조정을 통해서 재정지원이 이루어져야 한다. 장기요양보험과 건강보험의 상호영향 관계를 고려할 때(이호용 외, 2013), 국민건강보험공단에서 건강보험과 노년장기요양보험의 재정을 통합 관리하고 지역 노인통합케어센터를 통해서 통합케어 서비스를 제공하는 것(박종현 외, 2010)은 특히 호스피스의 재정 지원에서 중요한 함의를 지닌다.

제 6 장

임종기 노인의 고통에 대한
사회학적 고찰

서울대 사회학과 박경숙

1. 머리말

임종기가 언제인가? 현장에서는 의학적으로 호스피스를 이용할 수 있다고 진단된 시점이라고 하고, 사전의료의향서를 작성할 수 있는 시점으로 확장될 수 있다고 하지만, 의료 수준이 발전될수록 임종기 시점을 판단하는 것은 분명하지 않다(구인회, 2004). 현재 대부분의 노인이 중환자실에서 죽음을 맞는다. 중증의 말기암으로 세상을 떠나는 분도 있지만, 만성적인 신체, 인지상태의 취약 상태에서 어느 순간 병이 악화되어 병원으로 옮겨져 치료를 받다가 운명하는 경우도 많다. 의료비용의 상당부분이 노년의 질병과 관련되어 지출되고, 또 노인 의료비 중 상당부분이 임종기 의료와 관련되어 지출되고 있다.[1]

---

[1] 2013년 건강보험통계에 따르면 전체 건강보험진료비중 65세 이상 노인진료비의 비중이 35.5%로 계산된다(건강보험공단, 통계DB). 건강보험공단 통계자료에 따르면 2001년 건강보험 총 진료비에서 65세 이상 노인진료비의 비중은 17.7%로 추정되었는데 이는 최근 10년간에도 노인 진료비가 크게 증가한 것을 확인할 수 있다. 노인진료비가 크게 늘어나는 것은 노인인구가 빠르게 늘어나는 요인 이외에도 노인의 진료와 수진율이 다른 연령층에 비해 높기 때문이다(박경숙, 2003: 222). 이선미 외는 건강보험 진료비 분석을 통해 전체 진료비 중에서 사망한 시민들의 진료비가 매우 높은 것을 밝히고 있다(이선미, 이희영, 김재원, 강성욱, 2011: 3, 141). 사망 위험이 고령에 집중되는 점을 고려할 때, 노인진료비가 다른 연령층에 비해 높은 데에는 임종기 진료비의

'살려고 병원에 왔는데 죽을 것 같고 죽으러 호스피스에 왔는데 살 것 같다.' 이 말은 한국에서 처음 호스피스 활동을 시작한 갈바리 수녀회 출신인 카리타스 수녀님으로부터 들었던 말이다. 현재 한국 사회에서 대부분의 노인이 죽음을 맞는 장소는 병원이고 병원에서는 오직 환자를 살리기 위한 처치방식으로 돌아가고 있기 때문에 임종기는 죽음을 준비하는 과정이 아니라 생명연장의 실패의 결과로 맞이하게 된다. 불필요한 연명의료를 규제하고 편안한 죽음을 돌볼 수 있는 합의된 가이드와 교육을 실행하는 병원을 찾아보기 힘들고, 완화의료/호스피스에 대한 제도적 정비가 아직 체계화되지 못한 상황에서 죽어가는 과정은 심각한 고통 상황이 되고 있다(윤영호, 2013).

　　임종기 노인 환자가 겪는 고통은 복합적이다. 그 고통은 악화된 병의 증세와 관련되거나 공격적인 치료와 연관된 신체적 고통을 포함하고, 자기 의사와 의지가 허락되지 않는 통제할 수 없는 상황으로부터 일어나는 무력감, 사회관계로부터의 고립과 상실감, 역할 변화에 따른 심리적, 정신적 고통, 가족과 사회에 대한 부담의식, 지연된 의료치료와 돌봄에 수반된 막대한 비용에 대한 경제적 부담 등 실로 복합적이다(능행, 2010). 이처럼 누구나 임종기에 복합적인 고통을 겪을 수 있음에도 불구하고, 왜 이런 고통이 발생하였는지 그 사회적 맥락에 대한 고민은 크지 않았다.

　　이 연구는 임종기 노인 환자가 겪는 고통을 사회학적 관점에서 조명하고자 한다. 고통에 대한 심리학적 연구는 상당히 많지만, 고통의 사회적 맥락에 대해서는 크게 주목되지 않고 있다. 이 논문에서는 몸과 마음, 그리고 자아와 세계의 관계에 대하여 다양하게 전개된 논의들을 검토하면서 임종기 고통을 설명할 수 있는 사회학적 관점의 기본 틀을 정리하고자 한다. 여기에서 중요하게 강조하는 것은 임종기 노인이 호소하는 신체적 고통 안에는 이미 사회적인 영향과 생리적인 반응이 서로 맞물려 있다는 점이다. 임종기의 고통은 생리기관의 이상이거나, 개인이 어떤 상황을 적절히 통제하지 못한 비합리적이고 충동적인 감정 표출이거나 성격장애가 아니라, 생명이 멸하는 과정의 신체적 통증과 상징적 상호작용, 제도, 권력, 이데올로기적 환경 안에서 구조화된 삶의 부조리가 신체과정과 의식으로 표현된 것이다. 또한 임종기 개인의 삶이 놓여 있는 사회적 맥락에

비중이 큰 영향도 크다고 여겨진다.

따라서 그리고 고통에 대처하는 상황에 따라서 고통의 양상, 정도, 결과가 다르고 그 과정에서 자아가 전환될 수 있고 고통이 치유될 수 있다는데 주목한다. 이와 같은 관점에서 임종기 노인이 경험하는 고통의 의미, 대처방식, 그리고 죽음의 의미가 어떤 유형적 특징을 갖는지를 밝히고 있다.

2. 고통의 사회, 심리적 차원

노년기 삶의 전반적 특성을 이해하는데 몸은 매우 중요한 주제가 된다. 우리의 상식은 나이가 들면 인성이 변한다고 여기기도 하고, 반대로 사람의 성격은 나이에 관계없이 고정된다고 생각하기도 한다. 과연 나이가 들어가면서 자기 정체성이 어떻게 지속되거나 변하는지는 노년의 의미를 밝히는 데 중요한 주제가 된다. 한편으로 노년의 신체적 정신적 특성에 대한 연구가 다양한 학문 분야에서 활발하게 이루어지고 있지만, 신체적 변화와 자아, 사회 사이의 관계에 대한 정밀한 개념화나 설명이 이루어지지 못하였던 것 같다. 노년과 관련된 연구는 크게 의료계와 사회과학 분야로 나누어져 있다. 의료적 연구들은 노화된 몸의 특성과 건강한 신체유지에 도움이 되는 의료적 환경과 기술에 초점이 맞추어졌다면, 다양한 분야의 사회과학적 연구들은 노년의 안녕에 영향을 미치는 보다 복합적인 사회 환경과 돌봄에 주목한다. 그렇지만 한국의 노년 연구에서는 두 접근이 유기적으로 통합되어 있지는 않다고 생각한다. 나이가 들면서 겪게 되는 신체적 변화와 개인의 주관적 안녕과 사회적 조건 사이의 관계를 이해하기 위해서는 의료, 심리, 사회, 철학, 종교학의 관점을 연결하는 종합적인 접근이 필요하다.

현상적으로 죽어가는 과정은 많은 고통을 수반한다. 그렇다면 왜 임종기 노인은 많은 고통을 호소하는 것인지, 더 중요하게 어떤 사회적 상황에서의 임종이기 때문에 고통을 호소하는 것인지에 대해 질문하게 된다. 개인의 신체, 심리적 웰빙이 사회적인 환경과 분리되지 않는다는 인식은 사회학의 오래된 상식이다.

고통은 삶의 조건의 해체적 특성과 연결될 수 있다. 빈곤, 자산의 상실, 가족의 상실, 각종 사고 등 삶의 자부심과 생존을 위협하는 충격스런 사건에 접하는 위험은 늘 존재한다. 이런 사건들은 분명히 큰 고통을 야기한다. 그러나 같은 고통스런 사건이라도 대처과정과 결과는 개인이 놓여 있는 보다 포괄적인 사회 구조적 환경에 따라 다를 수 있다. 피어린이 고통을 유발하는 단기적 사건과 만성적 긴장 요인을 구분하였듯이(Pearlin, 1989), 단기적 스트레스 사건은 살면서 바람직하지 않거나, 계획되지 않았거나, 사회적으로 바람직하지 않다거나, 스스로 통제할 수 없는 위험스런 사건들로 이해할 수 있다. 그러나 만성적인 고통은 일회적인 충격보다는 개인의 의지와는 상관없이 개인을 일련의 스트레스 상황에서 행동하게 하는 상황들에서 지속된다. 하나의 불행이 다른 불행으로 이어져 복합적이고 만성화된 삶의 긴장으로 작용하는 것은 삶의 조건이 복잡한 지위구조와 교환체계에 의해 구속되기 때문이다.

임종기 고통은 개인이 오랫동안 익숙하게 행하였거나 중요하게 여기는 사회적 역할이 더 이상 지속되지 못한 결과와도 연관될 수 있다. 오랜 기간 익숙했던 역할과 사회적 인정이 더 이상 유지되지 못할 때 심각한 정체성의 위기와 함께 고통을 경험하게 될 수 있다(Dowd, 1975; Longino and Cart, 1982). 고독감은 관계나 역할로부터 배제되었을 때 혹은 스스로 관계에 적응하지 못하여 관계를 거부하는 존재의 위기를 의미할 수 있다(Seeman, 1989). 사회적으로 기대되는 역할이나 성취를 중심으로 살다가 더 이상 역할을 수행할 수 없는 상황에서 삶의 회의로 괴로워 할 수 있다. 그동안 바람직하다고 믿었던 가치나 의미가 무너질 때, 당연하게 여겼던 가치와 규범이 무의미하다고 여겨질 때, 부정적인 감정과 고통에 휘말릴 수 있다. 세계와 자아의 의미는 더 이상 명확성을 잃고 정의하기 어려워지고 삶의 무의미함에 방황한다. 삶과 존재의 의미를 잃어버리고 자기를 기만하면서 살았던 존재에 대한 회의감이 크게 밀려올 수 있다. 역할 상실과 삶의 의미에 대한 방황은 특히 죽음을 앞둔 상황에서 극적으로 표출될 수 있다.

현대 사회에서 마음의 병이 깊고 우울증을 호소하는 사람들이 많은 것은 또한 현대 사회를 살아가는 생존전략 안에 고통의 원인이 자리하기 때문일 수 있다(Elias, 1998[1982]; NHK 무연사회 프로젝트팀 2012). 과거 어느 시대보다 현대에서는 죽음이 사회로부터 기피되고 배제되어야 하는 대상으로 여겨진다. 현대사회는 경쟁 속에서 자아를 계속 확장해야 하는 압력이 크다. 경쟁에서 이기기 위해서 건강과 지능, 체력과 능력의 회복과 유지가 중요하게 여겨진다. 그런데 나의식과 나의 것이 확장해가면서 세계는 점점 타자화되고 나와 세계의 관계는 약화된다. 젊음과 생산성이 강조되고 자기가 과시되는 사회에서 임종과 죽음의 공포는 증폭될 수 있다.

역설적이게도 고통을 피하는 전략이 발전됨으로써 고통이 확대하기도 한다. 현대 사회에서 각종 질병이 늘어난 것은 과거에 없었던 새로운 병들이 늘어난 이유도 있겠지만, 과거에는 정상적이라고 여겨지고 감내해야 한다고 여겨졌던 상태가 지금은 두렵고 피해야 하고 피할 수 있는 병으로 전환되었기 때문일 수 있다. 고통을 최소화하는 효과적인 전략 중의 하나가 질환으로 접근하는 것이다. 그러나 질환으로 접근될수록 불안이 늘어나고 그만큼 고통을 내적으로 통제하는 몸과 마음의 작용은 약해질 수 있다.

고통은 심리학의 중심 주제이기도 하다. 프로이드와 융이 대표하는 초기 정신분석학은 현대 사회에서 사람들이 호소하는 심각한 고통은 외적인 환경이 아니라 마음에서 기인하고 있다고 강조하였다(융 외, 1986). 마음이 무너지면 주체와 세계가 무너진다. 개인은 지식을 배우고, 외부세계에 호기심을 갖고, 관계를 경험하고, 적지 않은 좌절과 방황을 겪어나가면서 자신의 세계를 만들어 간다. 정신분석학에서는 일상의 행동과 의식을 조정하는 심층의 강한 에너지에 초점을 둔다. 정상적인 인격에서도 여러 상충된 행동과 감정을 표출할 수 있는 심층의 인성들이 존재할 수 있다. 그러나 심층의 분열이 너무 커서 통합된 인격을 갖지 못하는 것은 심각한 병이고 고통 상황이라고 주장한다.

마치 사회 전체가 고통에 휩쓸린 것 같은 오늘날 한국인의 정서에 초기정신분석학의 메시지는 깊이 공감되는 것 같다. 우리 모두를 위협하는 위험은 경제 불안, 자연재해, 물리적 위험 환경뿐만 아니라 개인과 집단의 마음에서 오고 있다는 데 수긍하게 된다. 환각, 파라노이아, 피해망상 등의 고통은 인성적 요인, 생활사, 욕망 등이 결합되어 마음이 파괴될 때 일어난다. 정신분석학은 편집, 히스테리, 다중인격, 환각 등 분열현상을 보이는 사람은 심층의식에 상처의 비밀을 가지고 있다고 강조한다. 마음이 무너진 이유를 찾기 위해서는 인생에서 겪었던, 그리고 무의식에 은밀하게 감춰진 좌절과 고통의 실체를 밝히는 것이 중요하다고 강조한다. 프로이드는 그 상처의 비밀을 성적 억압으로 설명하지만,

융은 삶에서 겪었던 다양한 억압이 인격통합에 부정적으로 영향을 미칠 수 있다고 강조하였다. 또한 융은 환자와 마찬가지로 의사도 마음의 분열을 갖고 있다는 것을 터놓는 게 중요하다고 지적하였다. 마음의 병을 겪고 있는 환자를 고치기 위해서는 환자를 이해해야 할 뿐만 아니라 자기 자신도 이해해야 한다. 치료자는 그가 환자에게 반응하고 있는 방법을 항상 경계하고 있어야 하며 의사가 갑옷처럼 위엄을 몸에 두르고 있을 때 아무런 치료 효과도 얻지 못하게 된다고 강조한다(융 외, 1986: 50-55).

고통의 원인으로서 자아와 사회 사이의 관계에 주목하는 설명들은 사회학과 심리학 내에서도 점점 분화되고 있고 다양한 의료, 상담, 치료적 접근으로 확장되고 있다. 그러나 분과적 인식의 경계와 제한점은 여전히 존재한다. 심리문제에 대한 사회학적 접근은 개인 내부의 복합적인 심리과정과 몸과 마음의 관계를 심층적으로 이해하는 데 한계가 있고, 심리, 의료적 접근은 우울증이나 고통의 증세를 진단하는 척도 개발이나 고통에 대한 개별화되고 생리적 설명에 제한되는 경향이 있다(이상문, 2005). 개인의 마음에만 초점을 둘 때 자아의 분열, 긴장의 비밀은 충분하게 대답되지 않는 것이다. 반대로 고통의 근원으로서 자아의 심층에 작용하는 억압이나 사회, 이데올로기적 영향에 대한 논의는 자유의지의 자아와 사회화된 자아의 대립적 구도 사이에서 내면의 갈등을 설명하려 하였던 것 같다. 자아는 외적인 세계인 관계, 타자, 환경에 적응하려고 하지만 또한 외부 세계와 갈등한다. 자아와 세계는 긴밀히 연결되어 있으면서도 통합되기 어렵고, 자아와 세계는 모두 선험적으로 대립하여 존재하는 것처럼 여겨진다(김홍중, 2013). 이렇게 개인의 심리적 안녕과 사회 사이에는 깊은 관계가 있다는 논의가 많지만, 개인과 사회의 이항적 대립이 충분히 해소되었는가에 대해서는 근본적인 질문이 제기될 수 있다. 개인 환원적이거나 과잉사회화된 접근 사이에서 한편으로 지나치게 미시적이거나, 다른 한편으로 지나치게 추상적이고 구조적인 설명으로 귀결됨으로써 복잡해진 사회 환경과 그 안에서 살아가는 사람들의 내면과 몸이 어떻게 연관되는지를 생생하게 설명하지 못하는 것은 아닌가 질문하게 된다.

개인의 심리적, 신체적 고통이 자아라는 개체와 그리고 사회와 어떤 관계가 있는가를 이해하기 위해서는 몸과 마음, 자아와 사회의 이항적인 구분을 넘어서

서로의 상호작용적인 관계를 개념화하는 것이 중요하다. 그래서 아는 깊이가 일천하고 분명하지 않은 부분들이 많지만 몸, 마음, 자아, 세계의 상호관계의 관점에서 임종기 고통의 의미를 설명하고자 한다. 자아와 세계를 실재하는 그리고 근원적 중심으로 파악하는 관점을 바꾸기 때문에 그것은 다소 전도적이다.

3. 몸, 마음, 자아, 세계는 일여

우선 몸, 마음, 자아, 세계의 관계를 생각해 볼 수 있는 흥미로운 사례로부터 논의를 전개하고자 한다. 첫 번째 사례는 2014년 12월 13일 BBC 채널에서 방송된 〈고통에 대한 보고서〉 내용에 기초한다. 집의 지하실에서 일하다가 팔이 송풍기에 들어가 버린 남성, 그는 주변의 도움을 청하였지만 도움을 받지 못한 채 24시간 이상을 절박한 상황에 있다가 살기 위해서 스스로 팔을 절단해야 한다고 결정하게 된다. 그런데 스스로 팔을 자르는 동안 어떤 통증도 느끼지 못하였다고 한다. 또 다른 환자는 오토바이로 큰 화상을 입었는데 사고 난 상처도 아팠지만, 더 힘들었던 것은 치료하는 과정 자체였다고 한다. 상처부위에 가제를 떼고 붙이는 과정이 너무 고통스러웠다고 한다. 그래서 담당의사는 치료를 하는 동안 환자가 좋아하는 게임에 주의를 집중하게 하였는데, 놀랍게도 통증을 느끼지 않았다고 한다. 또 다른 환자는 열심히 살았던 젊은 여성인데 어느 날 아침 갑자기 뇌졸중으로 쓰러졌다. 뇌졸중 이후 심각한 후유증으로 만성적인 고통이 따랐다고 한다. 팔에 기분 나쁜 통증이 늘 붙어 다녔다고 한다. 그녀는 뇌졸중 전의 자신의 삶과 비교하면서, 상당한 심리적 고통을 호소하고 있었다. 이 환자의 뇌의 여러 기능을 검사한 결과 운동피질이 활성화되지 않고 있었다고 의사는 진단하였다. 그리고 문제가 되는 뇌 부위에 전기 자극을 주었는데 고통이 일시적으로 사라지는 것을 느꼈다고 한다. 치료과정에서 환자는 그동안의 정신적 고통을 표출하듯이 서럽게 흐느끼면서도 감정을 통제하지 못하는 자신이 적절하지 않다고 생각해서인지 거듭 의사에게 미안하다 말하였다.

신체적 고통과 정신적 고통 사이의 관계를 살필 수 있는 또 다른 사례도 예로 들고자 한다. 필자가 인터뷰하였던 노인 중에는(BJH, MYJ, KYJ, KSJ) 신체적 고통과 정신적 고통을 만성적으로 겪었던 분이 포함되었다.[2] 전직 교사출신인 BJH씨는 뇌병변으로 쓰러진 뒤 1~2년 동안 재활치료를 받아 가까스로 혼자 먹고 움직일 수 있게 되었지만, 환각 증세가 너무 심하고 몸이 점점 굳어가고 있었다. 꿈이 너무나 현실 같아서 생활하기 어려울 정도라고 한다. 일상생활 중에도 나쁜 기억들이 불쑥 불쑥 튀어 나온다고 한다. 몸이 점점 굳어져서 하루에 20~30분 걷는 것도 힘들다. 병세가 악화되는 것을 보면서 죽음을 준비하라는 신호라고 생각하고 있다. 하루하루 겪는 고통이 크기 때문인지 잠자리에 들 때마다 이대로 가게 해달라고 기도한다고 한다.

전직 약사 출신인 MYJ씨는 일찍 남편을 잃었을 뿐만 아니라 자랑스럽게 여기는 두 아들을 사고로 잃었다. 그의 이야기에서 인내하기 힘든 고통을 겪으면서 고통에 대한 감성과 자아가 전환될 수 있다고 생각하게 되었다. 그가 고통을 체감하는 정도는 보통 사람보다 작았다. 20살에 사고로 척추를 다쳤지만 수술하면 불구가 될 확률이 높다고 판단하여 수술하지 않고 버티다가 60살에 너무 아파 수술하였다. 5년 전 뇌졸중 증상이 일어났을 때에도 일상생활을 유지하려고 하다가 복지관에서 가족에게 연락하여 병원에 실려 갔었다고 한다. 얼마나 아파야 아픈 것인지 모른다고 한다. 남들도 그 정도는 아프겠지 하면서 산다고 한다.

MYJ씨와는 반대로 KYJ씨는 구술당시에도 자신이 겪은 고통을 격하게 표현하였다. 그는 어릴 때 부모로부터 사랑을 받았다고 말하였다. 그러나 19살에 결혼할 때부터 시어머니의 구박이 컸다고 한다. 결혼해서 시댁과 친정 동생들을 돌보고 자신이 생계를 책임지다시피 하며 살았는데 가족으로부터 제대로 인정을 받지 못하고, 결국 자신도 힘이 없어졌을 때 아무도 자신을 돌봐주지 않는다는 생각에 억울하여 심각한 우울증에 시달렸다. 우울증이 심한 상태에서 신경안정제를 6년간 복용하였다고 한다. 처음 증세는 39살 즈음이었는데 등이 아프고 가슴이 벌렁거렸다고 한다. 그리고 10년이 지나고는 그 증세가 더 지속되고 또 5년 뒤 부터는 계속 잠이 안와 수면제를 상습적으로 복용하게 되었다고 한다.

위의 사례들에서 주목되는 것은 고통에는 신체, 정신적 과정이 복잡하게 얽

---

2) 이 심층조사는 노화, 만성질환, 임종에 대하여 노인, 가족, 의료인, 요양기관담당자, 종교/사회단체활동가를 대상으로 2014년 2~3월에 걸쳐 실시되었다(〈표 1〉참조).

혀 있다는 것이다.[3] 그리고 고통의 강도는 신체의 부상이나 외적 상처 정도와 반드시 동일하지 않다는 점이다. 이에 대해 현대의 뇌과학은 뇌의 복잡한 기능에서 답을 찾으려고 한다. 고통이 외적 상처에 대한 직접적인 반응이 아니고 뇌의 복잡한 기능의 표현이라는 주장은 1950년대부터 주목되었다고 한다(나미히라에미코, 1990). 신체에 상처가 나면 여러 신경으로 뇌에 전달되어 통증을 보내게 되는데, 뇌는 여러 신호를 모아 통증을 느낄 수 있는 통로를 열거나 닫을 수 있다고 한다. 심각한 외상으로부터 오는 고통 자체는 생명을 위태롭게 할 수 있다. 팔을 절단하는 상황은 생명을 위협할 수 있는 고통을 유발할 수 있다. 그런데 살아야 한다는 (뇌의) 판단이 고통을 느끼게 하는 통로를 막는 신호를 보내거나, 화학물질을 일으켜서 고통을 느끼지 못하게 하였다고 설명할 수 있다. 진통제의 개발은 고통을 완충하는 신경화학작용이나, 대뇌에서 고통통로를 막도록 하는 작용이나, 정서와 기분이 인지 판단에 미치는 영향을 고려해서 만들어졌다(나미히라에미코, 1990: 85-86). 현대의 뇌연구에 따르면 고통에는 주의를 하고, 판단하고, 기억하고, 정서를 조절하는 뇌의 복합적인 기능이 관여하고 있다. 또한 뇌의 복합적인 기능에서 나라는 인성과 내가 인지하는 세계가 구성되고, 뇌기능의 통제에 따라서 매우 다른 인성과 세계가 형성될 수 있다고 미래의 변화를 예고한다. 뇌과학이 제시하는 흥미로운 관점은 무엇보다 자아를 비물질적인 실체로 보는 관점을 전도하여 뇌의 신호와 정보를 전달하고 기억하고 판단하는 작용에서 인성과 나아가 세계가 형성될 수 있다고 파악하는 것이다. 이는 합리적인 의식이 인간 존재의 핵심이고 이성은 육체, 감정과 분리되어 존재한다는 인간관과 세계관을 도전한다(다마지오, 1994[1999]). 의식과 자아는 뇌라는 매우 정교한 화학, 생리, 신체적 기능으로 설명할 수 있다. 외적 자극에 반응하고 외부세계를 지각하기 위해서는 과거에 수집된 정보, 이미지, 기억이 매우 중요하다. 그리고 과거의 정보를 저장하고 기억하는 과정은 복잡한 의식적이고 신체적인 기능이다. 외부환경을 지각하는 과정에 이미 앞서 내면에서 주의하고 과거의 정보를 기억하고 감정, 정서적으로 판단하는 복잡한 기능이 거의 자동적으로 작용하면서 인성과 세계가 구성된다는 것이다.

---

3) 물론 관점에 따라서는 정신 과정 또한 신체적 기능의 한 부분으로 이해하기도 하지만, 통상적인 의미에서 의식적인 차원을 정신과정으로 구분한다.

〈그림 1〉 몸-마음-자아-세계의 관계

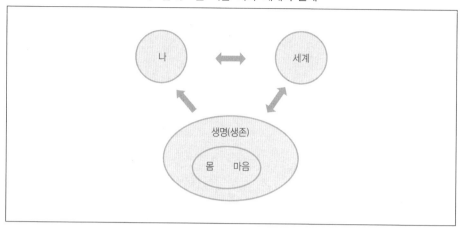

　　뇌과학이 자아와 세계의 존재를 뇌의 기능으로 전도하고 있는 방식은 몸, 마음, 자아, 세계의 다이나미즘을 통찰하는 불교적인 시선과 겹치는 부분이 크다. 달리 표현하면 자아와 외부 세계와 몸과 마음이 서로 인과로 연결되고 그 관계가 자기적으로 생성될 수 있다는 불교사상의 직관적인 통찰이 뇌과학에 의해 증명되는 부분이 있다고 여겨진다.

　　불교사상에서는 나라는 인성의 통합성과 내가 세계와 연결되어 있는 것을 생명 작용 자체로 본다. 살아있기 위해서는 어떤 존재도 세계와 연결되어야 한다. 어떤 생명도 외부 세계와 연결되면서 생존의 자원을 획득한다. 그리고 살아 있는 것은 자연스럽게 이루어지는 것이 아니라, 생명을 유지하려는 노력과 집착으로 지속된다. 태아도 엄마의 몸 환경에 적응하고 위험요인에 싸우면서 부단히 살려고 노력 한다. 외적 자극을 이해하는 정보가 부족한 상황에서 아이는 아주 기초적인 자극-반응의 행동으로부터, 믿을 수 있는 어른의 행위를 모방하면서, 언어를 배우면서, 자신의 생존력을 키워나간다. 그리고 세계와 타자와 상호작용 하면서 구성된 통합된 인성이 자아가 되는 것이다.

　　불교사상에서 바라보는 자아는 원래 존재하는 것이 아니라 몸과 마음의 작용으로 구성된 것이다. 몸과 마음의 작용을 오온(五蘊)이라고 하는데, 오온이란 물리적 대상과 연결되는 신체과정(色), 지각하고(受) 느끼고 이미지를 형성하고(想)

의지적인 생각을 하고(行) 구분하고 판별하는 의식(識)과정이 뭉쳐진 움직이는 덩어리 같은 것이다(한자경, 2006). 이렇게 외부 세계와 연결될 때 오감과 의식과정의 표층의식과 심층의식이 동시에 움직인다. 몸과 마음의 작용은 지향성을 가진다. 보고 싶은 것을 보도록 정보를 만들고, 이 정보는 현재의 인식과 행동에 영향을 준다. 그리고 현재의 행위는 다시 심층에 각인된다. 몸과 마음의 작용은 어느 순간 자기 발생적이 된다. 스스로 구성요소를 산출하고, 그 구성요소가 다시 시스템을 구성한다. 자신의 생명을 유지하기 위해 선별적으로 주의하고, 반응하고, 그 행동을 다시 기억하고, 세계에 반응하는 것이다. 자아는 이 자기생성적 생존 전략을 지휘하는 몸과 마음의 작용이다(오이겐, 2013: 108). 외부세계와 상호작용하면서 생명이 유지되고 그 생명의 주체로서 살아있는 몸과 마음의 통합체라는 나라는 인성이 구성되는 모습은 사회적 규범을 내면화화고 외재화하는 과정에서 자아가 형성되는 모습보다 훨씬 더 역동적이고 화학적이다. 피터버거와 루크만은 사회적 가치를 내면화하고, 내적으로 구성된 가치를 외재화하면서, 자아와 사회가 연결된다고 설명하였다(Berger and Luckmann, 1971). 그런데 자아와 세계가 연결되는 과정은 이미 앞서 존재하는 조건들의 영향뿐만 아니라 주체적인 대응에서 새로운 조건이 창조되는 매우 화학적인 과정일 수 있다. 몸과 마음은 항상 움직이고 변한다. 외부세계의 정보를 수집하는 과정은 상당한 집중력을 요구한다. 그리고 나는 무수히 많은 환경의 정보를 무분별하게 혹은 수동적으로 흡수하는 것이 아니라 이미 형성된 지향에 따라 선택적으로 반응한다. 살아간다는 것은 많은 혼돈 속에서 정보를 선택하고 해석하고, 판단하고, 평가하고, 느끼는 나름의 해석과 감정의 틀을 만들어 가는 것이다. 이렇게 오랜 시간을 통해 세계와 상호작용하면서 형성된 해석과 감정의 틀을 통해서 통합된 자아를 인식하게 되고 세상을 인식한다.

불교에서 해석하는 오감과 표층의식, 심층의식의 관계는 현상학에서 강조하듯이 인식과정에 작용하는 선주관성과 지향성의 개념과도 겹치는 부분이 있다. 우리가 자명하다고 받아들이는 경험적 세계는 지각된 현상이다. 대상은 지각된 현상으로 존재하고 현상 속에서 자신의 의미를 알리고 있다(후설, 1988: 126). 그래서 현상학에서는 대상과 인식의 관계를 밝히기 위해서는 인식의 모든 기본 형태와 인식의 내부에서 존재하는 대상의 모든 기본 형태들을 직관적 방법으로 하나씩 추적해야 한다고 강조한다(후설, 1988: 130). 인식과정에 선험적으로 작용하는 주관성은 나에 앞서 존재한 상호주관적인 세계와 연결되면서 익히고 다듬은 전형화된 지식으로 파악되기도 한다(강수택, 1998: 141-160). 이렇게 우리가 경험적 세계를 지각하는 과정은 외부의 자극에 반응하는 수동적인 과정이 아니라, 생활세계에 대응하면서 자기본위로 익히고 습관화한 심층의식에 의해 인식하는 과정일 수 있다.

　세계를 지각하고 통합된 나 의식을 가지고, 의미를 해석하는 방식은 무의식적으로 방향성을 지닌다. 그 방향성은 세계와 연결되고 자기인식을 통합하게 하고, 상호주관적으로 공유되고, 자신의 삶과 보다 큰 사회 맥락을 해석하고 의미 짓는 해석틀로 전환된다(Geertz, 1973). 나의 인식과 행동의 방향성은 또한 보편적인 지배문화가치뿐 아니라 계급이나 젠더와 같은 다중적 타자 관계에도 영향을 받아 다양한 맥락에서 구성된다. 그렇지만 세계와 나를 해석하는 방향성이 단순히 기계적인 방식으로 사회 역할들을 수동적으로 내면화한 결과나 지배적 권력의 영향으로 환원되지 않는다. 나와 연결된 세계는 생존과 실천적인 관심에 의해 지배되는 세계이다. 나는 세계 안에서 행위할 뿐만 아니라 세계에 대해서도 행위한다. 생생하게 세계를 경험하고 욕망하면서 상징과 의미들을 지속적으로 재해석하면서 통합된 자아를 유지하려고 한다.

　통합된 인성을 지속하는데 또한 기억과 해석의 역할에 주목한다. 자아의 지속성은 무의식의 구조나 역할관계에서 자동적으로 방향지워진 성향이 아니라 세계에서 행위하고, 경험의 의미를 기억하고 그 의미를 해석하면서 통합된 자기 정체성을 유지하는 것이다(Kaufman, 1986). 노년에는 건강상실, 사회적 역할의 감소, 가까운 사람과의 이별 등 많은 역할변화가 이루어진다. 더욱이 생산성을 강조하는 현대 사회에서 기능 쇠퇴로 인식되는 노년에 대한 불안이 큰 것은 자연스러울 수 있다. 이렇게 신체적으로 사회적으로 커다란 위축을 경험하는 노년기의 중요한 도전이 통합된 자기 정체성을 유지하는 것이다. 에릭슨이 강조하듯이, 살아오면서 겪었던 다양한 경험과 변화를 종합적으로 평가하고 삶의 의미를 찾는 것이 노년의 매우 중요한 도전일 수 있다(Erikson, 1978). 박경숙(2004)은 한국 노인이 자신의 생애사를 해석하고, 현재의 삶의 조건을 해석하고, 자신을 평가하는 방식을 관찰할 때 노년의 자아 인식은 이전 생애와 분리되거나 단절되어 인식되지 않고 있다고 주장하였다. 노인은 살아오면서 경험하였던 것을 의식적으로 선택하고 재해석하면서 지속된 자아 의미를 추구하고 있었다. 나를 존재하게 하는 것, 나와 세계의 연결을 가능하게 하는데 기억은 중요한 역할을 한다. 그런데 기억되는 경험의 의미는 젠더, 계층, 거시 권력구조와 연관되어 해석된다. 정치적 격변기, 빈곤, 가부장적 권위 속에서 살아온 한국의 현 남성 노인은 분단과 전쟁의 기억과 정치적 주체에 대한 자부심으로 통합된 자기 상을 유지하려고 한다면, 여성 노인은 가족과 자녀를 부양하기 위해 감내하였던 고생에 대한 자부심으로 통합된 자기 상을 유지하려는 모습을 확인할 수 있다. 그런데 이미 시대가 많이 변하였는데도 생생한 지금의 경험이 아닌 오래된 경험을 기억하면서 통합된 자기 정체성을 유지하려는 노인에서 자아의 의미의 원천이 풍요롭게 보이지 않았다. 나는 항상 변하고 있는 몸과 마음의 작용이라는 것을 마치 부정하듯이 노년의 지속된 자아 모습은 폐쇄적이고 변화를 부정하고, 점점 외적 환경으로부터 후퇴하여 자신의 세계에 갇히는 모습과도 중첩되어 보였다.

불교사상의 가장 도전적인 명제는 자아와 세계가 허구적으로 구성된다는 것이다. 외부세계와 무수한 인과로 연결되어 반복되고 습관화된 심층의식, 그리고 그 속에서 굳어진 자아에 대한 집착을 불교에서는 인간의 근본번뇌라고 한다. 결국 자아라는 실체가 있다고 믿어버리고, 자기 본위로 믿어버리고, 자기에 애착하고, 그런 자아가 실재하지 않는다는 사실을 깨닫지 못하는 것(아상, 무명), 이렇게 자기본위로 믿은 것이 자기라는 것이다. 이렇게 형성된 자아는 항상적인 것이 아니라, 인과의 과정에 따라 뭉쳐서 형상화된 것이고 인과관계가 흩어지기에 무상하며 공하다. 자아는 항상적인 실체가 아니라, 지속된 집착의 산물이고 상황적으로 구성되는 형상이다. 그리고 세계도 앞선 세대와 지금 세대에 걸쳐 무한의 인연으로 구성되고 그 인과에 따라 사라지게 되는 상호주관적 세계이다.

4. 고통의 연금술

고통은 이처럼 몸, 마음, 자아, 세계가 상호작용하는 생명작용과 밀접히 연관된다. 한편으로 생명작용은 본능적으로 고통을 통제하려고 한다. 어떤 살아있는 존재도 고통을 피할 수 있다면 고통을 피하려고 한다. 그리고 살기에 편하고 익숙한 것을 추구한다. 그리하여 고통을 최소화하는 전략으로 몸과 마음이 작용하면서 전형화된 인성과 세계가 구성될 수 있다. 이렇게 나라는 인성은 생존의 전략에서, 고통을 최소화하는 방식으로 몸과 마음을 작용하여 세계를 주관적으로 구성할 수 있다. 그러나 다른 한편, 고통은 인성발달과 자아통합에 필수적인 조건이기도 하다. 어떤 생명체도 환경에 대응하여 고통을 조절하는 능력을 키우지 못하면 성장이 지체된다고 한다.[4] 외적 환경에 대응하는 과정은 욕구를 충족하는 과정일 뿐만 아니라 자기 존재를 위협하고 힘들게 하는 고통을 극복해가는 과정이기도 하다. 생명체는 고통에 대응해가면서 외적 환경을 보다 잘 조정할 수 있는 힘이 생긴다. 고통을 극복해 가면서 생존력을 강화해 가는 것이다. 그래서 고통을 인내하는 능력은 인성발달과 통합된 인성을 유지하는 데 중요하다.

　　그럼에도 불구하고 극심한 고통은 나라는 인성의 통합성을 심하게 파괴하고 나와 세계의 연결을 끊어버림으로써 더 이상 살 수 없게 만들 수 있다. 이렇게 생존을 위협하는 고통은 외적인 상처 자체보다는, 나의 의식이 더 이상 통합성을 유지할 수 없고 세계와 연결이 끊어지게 되는 몸과 마음의 붕괴 과정일 수 있다. 오이겐은 불안이라는 감정이 고통의 심층 정서라고 주장한다. 불안은 자의식이 분열될 때, 세계와의 연결이 끊어질 때 작용하는 격정적인 감정이다. 그리고 극심한 고통에 대응하는 방식에서 나라는 인성은 근본적으로 바뀔 수 있다. 살아가면서 우리는 고통적 상황에서 벗어나려고 노력하고 자아를 통합하려고 하면서도 순간순간 내적인 분열을 경험한다. 달리 말하여 우리 모두는 다중인격이 될 가능성을 가지고 있다. 그리고 더 이상 자의식으로 통제가 불가능한 고통 속에서 살기 위해 심층의식은 자아전환도 마다하지 않는다(오이겐, 2013: 169). 어떤 사람은 극심한 고통의 상황을 거치면서 지금까지 믿었던 자아와 세계의 집착을 내려놓고, 새로운 삶의 의미를 찾을 수 있다.

　　자의식을 분열시키고 외부세계와의 연결을 끊어버릴 수 있는 심각한 고통은 몸, 마음, 사회적 상태에 어떤 스트레스적인 상황이 일어나 서로 영향을 주면서 원인과 결과로 엮이어 심화될 때 작용할 수 있다. 한편으로 몸은 자립성의

---

4) BBC 〈고통에 대한 보고서〉에서 포함된 인터뷰에 따르면 미숙아는 어떤 유전적인 문제나 뇌기능의 장애 때문에 정상아에 비해 고통을 더 많이 느껴 정상적인 사회생활을 유지하기 어렵다고 한다.

도구이고, 외부와 연결되어 주체성을 확장시킨다. 그리고 몸의 변화에 따라 자기의식이 새롭게 구성되는 부분이 있다. 깨어 있는 동안 끊임없이 새로운 정보와 자극에 반응하고, 새로운 정보를 체득하는 데 주의력과 지향이 활발하게 작용한다. 그런데 사람에 따라 다르게 변하지만 나이가 들면 일반적으로 새로움과 변화에 적응하기 어려워진다. 새로운 정보를 주의 깊게 선택하여 인지할 수 있게 하는 집중력도 떨어진다. 그리하여 외부 환경에 적응하는데 스트레스가 커질 수밖에 없다. 달리 말하여 신체적 손상이나 노화과정은 주체과정과 사회적 상호작용에 상당한 고통을 수반할 수 있다. 이에 점점 몸과 마음의 작용은 편안함과 안전을 추구하는 상황이나 방법을 발전시키는데 그 과정에서 이전의 통합된 인성과 다른 변화가 일어날 수 있다. 외부 세계에 연결되어 새롭게 의미를 구성하는 데 필요한 집중력이 떨어진 것에 대응하여, 이미 구성된 의미, 상징, 정보에 의존하여 자신과 세상을 인식하는 관성이 강해진다. 물론 그렇게 구성된 세계는 과거에 경험했던 세계도 아니고, 현재 일반사람들이 상호 주관적으로 경험하는 세계도 아니다.

심각한 신체적 기능의 손상에 따라 자의식과 외부세계와의 연결이 긴장하여 심각한 고통을 겪고 그 과정에서 나와 세계가 크게 변하는 과정을 이해하는데 치매환자의 행위가 유의한 사례가 될 수 있다. 일반적으로 치매의 중심증상과 주변증상이 구분되고 있다. 중심증상은 뇌기능의 쇠퇴나 손상과 직접 관련된 증후이다. 치매의 주된 질환인 알즈하이머의 경우, 뇌 손상의 정도에 따라 언어능력이 쇠퇴하고, 장소, 시간을 판단하고, 사람을 기억하고 구별하는 기능이 쇠퇴해간다(Levine Madori, 2012: 14-18). 한편 치매 상황의 스트레스가 표현되는 방식은 사람마다 차이가 크다. 배회하고 보이지 않는 것을 보고, 일어나지 않은 일을 일어났다고 의심하면서 고통스러워하는 것은 환자의 심층의식작용과 밀접히 연관된다. 앞서 지적하였듯이 우리가 환경을 인식하는 것은 단순한 자극 반응 과정이 아니라, 주의하고 이미 수집된 정보를 기억하고 해석하는 것이다. 적절한 정보를 수집하고 기억하고 활용하는 몸과 마음의 기능이 훌륭하다면 생존에 유리하다. 그런데 치매환자는 뇌기능의 손상으로 주의하고, 분석하고, 느끼고, 판별하는 기능이 약화되어 통합된 인성을 유지하기 힘들고 세계와 연결하기가 어려운 것이다. 결국 자신과 세계와의 관계를 해석하지 못하는 고통스런 상태에 놓이게 된다. 세계를 해석하는 틀이 작용하지 못하고, 통합된 자아 의식도 갖기 어려운 상황에서 심각한 불안 정서에 쌓이게 되고 이는 타자에 대한 두려움, 분노, 의심으로 표출된다. 오이겐(2013)의 해석에 따르면 치매환자가 나타내는 분노, 혼돈, 환각 등의 증세는 환자의 주관적인 생활세계가 심각하게 흔들리고 정의되지 못할 때 발생한다. 고통은 주관적으로 구성된 생활세계가 위협될 때 일어날 수 있다. 치매노인이 현재 일반 사람들이 공유하는 세계가 아닌 그만의 세계를 이야기하는데, 요양사가 구박을 한다면 자명한 세계에 대한 믿음이 의심되면서 상당한 혼란과 격한 감정을 표출하게 된다. 그리고 외부 세계와의 소통을 닫아버리고, 내면의 세계도 사라지게 된다. 멍한 상태가 된다.

다른 한편 흥미로운 것은 치매환자처럼 뇌기능이 크게 손상되었거나, 몸과 마음 작용이 극심하게 약화된 임종상황에서도 생명을 유지하려는 몸과 마음의 작용이 지속되는 것이다. 종합적인 의식과 판단 기능이 상실되어, 현실세계를 해석하는 게 어렵게 된 상황에서 고통을 최소화하는 방법은 심층의식의 정보, 특히 가장 좋게 기억되는 정보로 자신과 세계를 재구성하는 것이다. 치매환자는 보통의 인지력을 가진 사람도 그렇듯이 그러나 보통 사람보다 더 절실하게 자신의 안전하고 자명한 생활세계를 심층의식으로 구성한다. 나이가 몇 살이냐고 물을 때 20살이라고 말하고, 자신을 돌봐주는 딸을 언니라고 믿고, 집에 가서 식구들 밥해줘야 한다고 믿는다. 그리고 편안한 돌봄 환경 속에 있는 치매환자는 현재세계와 과거세계, 그리고 미지의 세계에 동시에 연결되어 자기를 표현하기도 한다. 시간, 공간, 사람을 우리가 체험하는 방식과는 다르게 인식하는 것이다. 치매환자와 비슷하게 정신분열을 겪는 사람도, 살기 위해 우리가 체험한다고 믿는 세계와 완전히 다른 세계를 창조한다고 이해할 수 있다. 다중인격은 살아가기 힘든 고통 속에서 살기 위해 구성한 자아이고 세계일 수 있다. 그 세계는 환자들이 경험했던 생활을 그대로 재현한 것이 아니라, 살기 위해 스스로 구성한 허구의 현실이다. 그리고 허구의 현실을 실재하는 세계라고 믿는다.

살아있다는 것은 외적 환경에 연결되어 몸과 마음이 계속 기능하면서 통합된 인성을 유지하는 것으로 정의할 수 있다. 자아와 세계는 몸, 마음, 사회의 인과 관계로 나타났다 사라질 수 있는 것이다. 그 자체 외적 환경과 연결되어 움직이는 몸과 마음의 기능이 나를 살게 하고 나의 인성을 주조한다. 그리고 생명과 고통의 과정에서 나라는 인성과 세계의 인식은 지속적으로 변화된다.

5. 임종을 경험한 사람들과의 만남

임종을 정의하기는 어렵다. 현장에서는 의학적으로 호스피스를 이용할 수 있다고 진단된 시점이라고 하고 사전의료의향서를 작성할 수 있는 시점으로 확장될 수 있다고 하지만 의료 수준이 발전될수록 임종기 시점을 판단하는 것은 분명하지 않다(구인회, 2004). 임종은 또한 다양한 돌봄 환경과 이해와 관계 속에서 독특하게 경험되고 있다. 그리고 노인, 가족, 의사, 전문 돌봄 제공자 그리고 종교 및 사회활동 행위자는 다양한 임종현장에서 죽음과 임종을 경험하고 있다.

노화를 경험하고 오래된 인생 경험을 갖고 있는 노인은 죽어가는 과정을 가장 절실하게 의식하고 있다. 건강에 대한 관심이 매우 크고 사회적으로 아직 쓸모 있게 살아가야 한다는 데 압박감을 갖고 돌봄이 필요한 상황을 심각하게 고민하고 자신의 삶과 죽음의 의미를 찾아야 하는 상황에 놓이게 된다. 전사회적인 수준에서 개인화가 진행되는 현대사회에서 사람들은 자신의 생애를 조직하고 선택할 것을 강요받고 있는 것 같다. 천선영의 통찰처럼 한국 사회도 나의 존재는 오로지 나의 삶을 통해서만 의미를 가질 수 있고 개인은 자신의 유한성과 투쟁하면서 자신의 죽음에 대해서도 책임을 져야하는 방식으로 빠르게 변하여 온 것 같다(천선영, 2012: 145-147). 급속한 고령화와 함께 임종 의료 결정, 호스피스, 안락사, 자살 등에 대한 사회적 관심이 확대되고 있는 것도 삶의 환경이 급속하게 개별화되면서 임종과 죽음을 맞는 과정도 개별화되고 있는 상황을 반영할 수 있다.

그럼에도 불구하고 연명의료를 결정하는 과정이나 사회적 돌봄 서비스를 선택하는 과정에서 가족의 영향이 여전히 중요하게 작용하고 있다. 가족은 임종 과정의 환자가 믿을 수 있는 대리자로서 인식된다. 한국사회에서 연명의료 문화가 확장된 데에는 고비용에도 불구하고 연명의료를 선택하는 것이 환자를 최대한 잘 돌보는 것이라는 사회적인 평가를 의식하는 태도 때문일 수 있다(Searight and Gafford, 2005). 가족의 연명의료 결정이 환자의 요구와 관계없이 택해지는 경우도 많다(이재리·이정권·황선진·김지은·정지인·김시영. 2012). 환자의 입장에서도 가족이 존재의 의미에 큰 부분을 차지하고 임종이나 죽음의 결정에 중요한 영향을 미칠 수 있다. 또한 가족부양이 약화되고 있듯이, 가족의 부양 의식이 있다 하더라도 가족이 돌볼 수 있는 조건이 크게 제약되면서 가족들도 임종 돌봄에 심각한 갈등을 경험하고 있다.

의료적인 관점은 노화과정과 임종과 죽음의 방식에 크게 영향을 미치고 있다. 만성질환 관리에 있어 의료적 관점이 중요해지고 노화과정이 신체·생리적으로 해석되면서 노화는 자연스런 과정이 아니라 관리의 관점으로 파악된다. 나아가 임종과 죽음에 대한 인식도 신체화되고 의료화되고 있다. 고통을 제어하고 생명을 연장하기 위해 의료적 개입이 늘어가고 병원에서 죽음을 맞고 있듯이 임종에 대한 의료적 관점이 크게 확대되고 있다.

임종 시간이 늘어나고 있는 것은 연명의료의 영향 때문만은 아니다. 많은 중증노인들이 요양시설에서 신체적 도움을 받으면서 살아가고 있다. 전문적인 장기요양서비스의 수요가 늘어나는 한편 계속 길어지는 임종과정에 대한 사회적 우려도 확대되고 있다. 요양시설에 대한 사회적 시선은 불우노인의 수용소나 인권유린의 장소 혹은 현대판 고려장이라는 부정적인 이미지에 약화되는 가족 돌봄의 불가피한 대안이거나 주체적으로 결정하는 서비스의 이미지가 덧붙여지고 있다. 요양시설 돌봄자들은 의존적으로 살아가는 노인들을 돌보는 역할을 하고 있기 때문에 오래된 임종에 대해 부정적인 생각을 가질 수 있다. 혹은 반대로 기관의 존속 이해나 경제적 이유 때문에 지연되는 임종현상에 긍정적인 태도를 가질 수도 있다. 그리고 요양시설에서는 임종이나 죽음 상황을 관리하는 독특한 전략이 개발되고 있다. 임종에 대한 신체·의료적인 관점이 확장되고 있지만 최근 들어 삶에 대한 성찰적인 시각에서 임종과 죽음을 긍정적으로 수용하려는 움직임도 시민사회 내에서 커지고 있는 것 같다. 종교는 죽음에 대한 질문과 답으로 구성된다고 할 만큼 죽음의 의미에 대한 상징과 의례를 체계화하고 있다(이창익, 2013). 유한성과 초월성의 관계를 강조하는 종교적 인식은 삶의 의미를 통합하는 데 그리고 임종과 죽음을 받아들이는 태도에 깊은 영향을 미칠 수 있다.

이렇게 다양한 현장에서 임종을 경험한 사람들과의 만남은 노년 전반에 대한 의료적 개입이 확장되는 영향을 살펴보기 위한 공동연구를 수행하면서였다.

공동연구의 일환으로 노화의 경험과 임종 현장에 직접 관련되어 있는 노인, 가족, 의료집단, 요양기관종사자, 그리고 종교 사회단체 종사자 600여 명에 대하여 설문조사를 실시하였고 이 중 20여 명에 대해 심층조사를 하였다. 조사 선정 방법의 자세한 내용에 대해서는 서이종·박경숙·구미진·정령·안경진(2014)을 참조할 수 있다.

여기서는 심층인터뷰 대상자 중 임종기 고통의 의미를 찾아가는 데 중요하다고 판단된 사례들에 기초하여 임종기 고통 과정의 유형적 특성을 탐색해보고자 하였다(〈표 1〉). 임종기의 고통을 경험적으로 고찰하는 데 여러 어려움과 제약이 있었음을 밝혀 둔다. 임종과정을 직접 관찰하는 것이 어려울 뿐만 아니라 임종기를 명확히 구분하는 것도 작위적이다. 중증만성질환의 다양한 상황과 임종 상황의 경계가 상당히 중첩되어 있기 때문이다. 달리 생각하면 중증만성질환 상황과 임종과정의 고통이 어느 정도 겹칠 수 있으므로 중증만성상황의 경험에서 임종상황을 추정하는 것도 유용한 연구 방법이 될 수 있다. 연구자가 관찰하거나 인터뷰한 사례 중에는 직접 임종과정을 관찰하거나 경험한 분도 있지만 그렇지 않은 분도 있어 그들이 의식하고 전하는 고통의 의미를 임종기의 고통으로 일반화하는 데에도 주의가 필요하다. 그리고 사례마다 전하고 있는 중요한 의미들을 심도 있게 해석하고 분류하고 개념화하는 작업이 이루어지지 못하였음을 고백한다.

노인 세 분은 심각한 중증질환을 갖고 있으며 삶에 있어서도 상당한 상처들을 갖고 있었다. 중증질환에 따른 신체적 고통도 컸지만 살아오는 동안 누적된 다양한 스트레스적인 상황들에서 심리적 고통을 갖고 있었다. 세 분은 고통과 삶과 죽음의 의미를 통합하는 방식에 있어서 고유한 특성을 보이고 있었다. BJH씨는 뇌병변으로 신체적 고통을 심하게 겪고 있다. 뇌병변을 겪게 된 이유로서 도박에 빠졌던 시간을 강조하였다. 굳어져 가는 몸의 상태를 느끼면서 자신 때문에 가족들에게 커다란 고통을 주는 것을 우려하고 가급적 빠른 죽음을 희망하고 있었다. MYJ씨는 남편과 아들 둘을 잃은 고통을 받아들이면서 삶의 유한성과 소중함을 깨닫고 있었다. 죽음과 삶을 분리하여 생각하지 않는 태도가 두드러졌다. KSJ씨는 평생 가난과 가족으로부터 무시당하고 사회에서 소외받으면서 살아왔다. 중병이면 병원에 가지 않을 것이고 아무것도 남기고 싶지 않고 미련 없이 삶을 정리하기를 기대하였다.

가족 세 분은 임종 돌봄 경험이 있고 가족 돌봄 상황에서 갈등을 크게 경험하였다. KTY씨는 남편으로부터 많은 상처를 받았지만 인내하면서 남편의 임종을 돌봤고 요양보호사 일을 하면서 중환자실에서 임종기 환자를 돌본 경험도 가지고 있었다. 삶에 있어 독립적인 태도가 강하였고 자신의 임종과 죽음에 대해서도 주체적인 결정을 강조하였다. LSJ씨 가족은 여러 병을 앓고 있는 어머니를 오랜 시간 돌보면서 가족 간에 갈등을 크게 경험하였다. 그의 어머니는 생계를 맡아 억척같이 살면서 일군 집과 자식에 대한 애착이 강하여 요양시설에 가는 것을 죽기만큼 싫어하신다고 한다. KYJ씨는 시어머니의 부당한 대우에서 누적된 원망과 시어머니의 마지막을 끝까지 돌보았는데 제대로 된 용서와 인정을 받지 못하여서 심한 분노와 우울증에 시달렸다.

요양시설종사자 두 분은 전직 간호사 출신으로 요양시설의 관리와 총괄책임을 맡고 있었다. KJH씨는 가족보다 전문요양시설에서 노인들을 더 잘 모시고 있고 그래서 노인들이 오래 산다고 말한다. 너무 오래 사는 것이 문제라고 생각하고 임종기에는 의료적 처치보다 심리적으로 돌보는 것이 중요하다고 말한다. KHJ씨는 요양시설에서 발생한 죽음이나 임종상황에 대한 가족들의 이중적인 태도, 요양사의 돌봄자질과 돌봄노동의 저평가, 요양원에 대한 부정적인 사회시선, 호스피스와 요양서비스의 연계 가능성에 대해서 말하였다. 아픈 노인을 돌보는 일을 하면서 삶의 소중함을 스스로 각인시키며 살려고 한다고 했다.

의사 두 분을 통해서는 임종의료와 호스피스의 관계와 고통에 대한 의료적 관점에 대하여 들을 수 있었다. 요양병원에 근무하고 있는 MS씨는 임종상태의 환자라도 회복가능성을 고려하고 환자가 안심할 수 있도록 말을 할 때도 주의하고 신체적 통증을 최소화하기 위해 의료적인 개입이 중요하다고 강조하였다. 한편 호스피스는 아무것도 하지 않는 것이라고 생각하고 있었다. 일반 중소병원에 근무하고 있는 LK씨는 임종상태의 환자가 회생불가능하고 의식이 없는 상태인 경우 엄격하게 제한된 상태에서 안락사를 인정할 수 있다고 하였다. 무의미한 연명의료가 일반적인 것은 죽음은 끝이며 나쁜 것이라고 생각하는 태도 때문이라고 한다. 환자의 고통을 줄이기 위한 의료처치와 방어적인 연명 처치 사이의 갈등에 대해서 이야기하였다.

<表 1> 인터뷰 참여자의 특성

집 단	사 례	일반 특성
노인	BJH	남성, 1937년생, 대졸, 교육계 종사(현재 무직), 뇌병변을 앓고 있음
	KSJ	여성, 1938년생, 초등, 생활보호, 만성질환으로 거동이 불편함
	MYJ	여성, 1937년생, 대졸, 약사(현재 무직), 뇌졸중 병력
가족	LSJ	남성, 1958년생, 초등, 건설업계, 어머니 돌봄
	KYJ	여성, 1958년생, 초등, 일일근로, 시어머니 돌봄
	KTY	여성, 1950년생, 중학교, 간병인, 남편 돌봄
요양시설종사자	KJH	여성, 1962년생, 간호사, 시설대표
	KHJ	여성, 간호사, 시설대표
의료진	LK	남성, 1964년생, 일반병원 외과의사
	MS	여성, 1979년생, 요양병원 의사
종교사회	KKU	남성, 1940년생, 대학, 목사(현재 자원봉사)
	LYK	남성, 1956년생, 대학, 불교계 활동
	LSJ	남성, 1981년생, 대학, 시민사회활동
	능행 스님	불교계 호스피스 사업 실천, 현 울산 자재병원 원장
	카리타스 수녀님	전 모현 호스피스 원장, 현 가정방문호스피스와 유족가족 치유 사업

종교인과 사회단체 종사자의 구술에서는 죽음을 받아들이는 태도가 강조되었다. KKU씨는 전직 목사로서 요양병원에서 자원봉사를 한 경험이 많았다. 고통 속에서 죽어가는 환자들이 종교적 믿음을 갖는 것이 중요하다고 강조하였다. 그리고 죽음을 받아들일 때 평화에 이를 수 있음을 강조하였다. 불교계에서 일하고 있는 LYK씨는 물질과 영혼의 균형적인 삶을 강조하였다. 죽어가는 자가 고통에서 벗어날 수 있도록 돕는 것이 중요하며 스스로도 나이 들고 쇠퇴할 때 위축되고 불편하지만 병을 수행삼아 죽음으로 담담하게 가고 싶다고 한다. 지역 복지 활동을 하고 있는 LSJ씨는 노인복지를 위해 일하고 있지만 스스로는 오래 사는 데 이중적인 감정이 든다고 말하였다. 한편으로 노인복지가 개선되어야 한다고 생각하지만 자신은 주체적인 생활이 가능하지 않은 삶을 오래 살고 싶지 않다. 설령 건강하더라도 100세까지 사는 것을 원하지 않는다는 말이 인상적이었다. 호스피스 활동을 실천하고 있는 능행 스님과 카리타스 수녀님은 삶을 절대 가치화 하고 죽음을 피해야 할 악의 원천으로 만드는 현대 문화에 심각한 우려를 표하였다. 생명존중은 삶을 절대가치화하고 죽음을 부정하는 것이 아니라

고 강조한다. 고통을 치유와 성찰의 주제로 삼고 삶과 죽음의 의미를 통합하는 것을 강조하였다.

6. 임종기 노인의 고통과정에 대한 유형화

앞에서 논하였듯이 고통은 몸과 마음의 작용으로 이루어지는 생명작용이라고 볼 수 있다. 살아있다는 것은 몸과 마음의 기능으로 통합된 인성을 유지하고 세계와 연결되는 것이다. 심각한 고통은 삶의 조건이 해체되거나 위협되는 몸과 마음의 상황일 수 있다. 그리고 인성이 분열되고 세계와의 연결이 끊어지는 몸과 마음 상태는 만성화된 갈등관계, 삶의 존재를 위협하는 해체적인 환경, 부조리한 권력과 이데올로기, 역할상실, 고립과 단절을 심화하고 삶의 가치를 부여하지 못하는 현대사회의 개체 중심적 생존전략 등 다양한 사회적 차원을 포함하고 있다.

서두에서 제기하고 있듯이 임종기 노인은 많은 고통을 호소하고 있다. 죽어가는 과정이 고통스러운 것은 인간의 일반적인 조건이거나 지극히 개인적인 문제라고 생각할 수도 있지만, 우리가 살아가는 방식과 그 안에서 부여하는 삶의 의미는 우리 세계의 권력, 이데올로기, 해석과 감정 틀에 의해 주조되며, 고통을 느끼고, 표현하고, 행동하는 방식은 다양한 사회적 의미를 갖고 있다. 그렇기 때문에 임종기의 고통은 죽음에 관련된 고민일 뿐만 아니라 우리의 삶이 어떤 사회적 상황에서의 삶인가를 성찰하게 하는 주제이다. 또한 임종기 고통의 사회적 의미는 삶과 죽음에 대한 우리의 인식을 제대로 보게 한다. 마지막 삶의 순간들이 생명연장의 처치 속에서 끝나거나 무정하게 끝나는 현상의 의미를 직시하고 삶의 의미를 분명하게 깨달을 수 있게 하는 주제이다.

여기서는 임종기 노인의 고통, 대처방식, 죽음을 맞는 태도의 유형적 특성을 탐색해보고 있다. 임종기 노인의 고통의 증상, 대처방식, 죽음을 맞는 태도는 서로 연결되어 있지만 시간적으로 꼭 선후 관계는 아니고, 정확히 선형적인 인과관계라고 보기 어렵다. 신체적 고통과 함께 환자의 심층의식에 기억된 사회관계, 가치, 욕구 그리고 자기상이 어우러져 고통이 표현되고, 고통에 대응하고, 죽음을 맞는 태도가 상황적으로 구성될 수 있다. 고통과정에는 몸, 마음, 사회적

<표 2> 임종기 고통과정의 유형화

고통의 복합적 양상	대처자원과 방식	죽음을 맞는 태도
* 신체적 고통 – 동시다발적 신체기능장애, 합병증, 통증, 섬망, 환각 * 정신적 고통 – 절망, 분노, 배신감, 무의미함, 무기력, 고독감, 두려움, 혼돈, 불안, 후회	* 자기 통합적 대응 – 삶을 긍정적으로 평가, 통합된 인성, 관계 정상화에 노력, 당당함과 자기결정 * 무아적 대응 – 욕심, 집착 내려놓기 * 고통완화 의료, 호스피스 * 종교	* 고통 속의 죽음 – 삶의 고통의 원인을 치유하지 못하고, 삶의 가치를 정리하지 못하고, 죽음을 받아들이지 못하면서 고통스럽게 죽음을 맞음 * 죽음을 통한 고통회피 – 임종의 두려움과 삶의 고통의 피난처로서 죽음을 맞음, 죽음은 끝이고 아무 의미가 없음, 안락사, 자살을 신중하게 고려함 * 평화로운 죽음 – 삶을 소중하게 여기고 죽음을 받아들이고, 평안하게 영면함. 시공간을 넘어선 나와 세계의 연결의식을 가짐

주: 인터뷰와 참여관찰에서 느꼈던 점과 생각했던 고통과정의 이미지, 개념들을 정리하여 유형화한 것이다.

상황이 연결되어 있고, 삶의 갈등을 극복하기 위해 노력하는 의지가 개입되어 있다. 그리고 고통에 대처하는 방식이나 자원은 문화, 역할규범, 권력구조에 영향을 받고 이런 사회적 환경에 대응한다.

1) 고통의 복합적 양상

임종기에는 신체적 고통이 심각하다. 심폐기능이 약화되고 평소 갖고 있던 합병증이 악화되는 경우도 많다. 요양병원에서 사망하는 환자들은 심장마비, 질식사, 욕창, 간병변, 폐부종, 다양한 합병증으로 사망하는 경우가 많다고 하는데 이들 증상의 고통은 매우 심각하다. 또한 가장 사망 위험이 높은 말기암 환자의 경우 변비, 식욕부진, 장폐색, 욕창, 구내염, 복수, 부종, 설사, 구역, 구토, 호흡곤란과 같은 증상과 극도로 피로하고 허약한 상황에서 집중력이 약화되어 환각 증세나 섬망 상태가 일어나고 꿈과 현실이 구분되지 않고 발작이 심해져 혼수상태가 된다고 한다. 몸의 신경과 각 기관의 기능이 약화된 상태에서 약간의 외부적 자극에도 심한 고통을 느낀다. 물을 마시는 행위나 보통의 신체적 접촉도 매우 고통스럽다고 한다. 이런 신체적 고통을 조절하기 위해서 다양한 완화 의료적 조치와 세심한 돌봄이 요구된다. 통증의 정도에 따라 비마약성 진통제와 마약성 진통제가 처방되고, 부종과 복수 관리를 하고, 호흡을 도울 수 있는 보조 장치를 이용하고, 환자의 체위를 조심스럽게 변경하고, 음식물 섭취를 도우는 등 임종 현장에서 신체적 통증을 완화하는 의료와 돌봄의 중요성은 거듭 강조해도 지나치지 않을 것이다.

생명이 멸하는 과정에서 신체를 이루는 기관들이 무너지는 고통이 어느 정도인지 솔직히 상상하기 어렵다. 그 고통에 압도되어 환자를 돌보는 가족이나 요양사들도 어떻게 환자를 도와줄 수 있는지 몰라 당황스럽고 무력감을 호소하기도 한다. 그럼에도 불구하고 임종현장이 고통과 절망감에 함몰된 것은 아니다. 오랫동안 임종 현장을 돌보고 있는 능행스님은 임종기 환자들은 영적으로 가장 순수한 상태에 있다고 한다. 오랫동안 요양병원을 찾아다니면서 임종기 환자를 돌본 KKU 목사님은 온 몸에 진통제를 맞고 있으면서도 환하게 웃으면서 목사님과의 만남을 기다리고 편안하게 죽음을 맞은 여성과 할머니와 단둘이서 산 어린 여학생이 백혈병으로 세상을 떠나기 전 나누었던 순수한 마음이 지워지지 않는다고 한다. 남은 가족들과의 이별도 슬프지만, 화해, 용서, 사랑의 감동을 확인하는 장소도 임종현장이다.

상상하기 어려운 고통 속에서 괴로워하는 모습과 영적이고, 순수하고, 화해와 사랑을 새롭게 발견하게 되는 모습이 교차하는 임종의 현장은 임종기 고통의 정신적 차원과 고통이 승화되고 치유되는 의미에 주목하게 된다. 실제 임종의 고통에는 신체만큼이나 정신적 차원이 중요하게 작용하고 있다. 그리고 정신적 고통 때문에 신체적 고통을 더 크게 호소하고 진통제 효과가 없다고 인지하는 경우도 있다.[5] 고통의 정신적 차원의 의미를 이해하는 데 고통을 표현하는 감정의 단어들이 다양하다는 데 주목할 수 있다. 고통의 정서는 통증뿐만 아니라, 심리적 허탈감, 무력감, 분노, 배신감, 자괴감, 고립감, 버려짐, 등의 복합적인 감정이 포함된다. 이런 감정은 관계 속에서 관계에 대한 자기 평가와 밀접히 연관된다. 감정은 자기에 의한 자기에 대한, 자기에 의한 타자에 대한, 타자에 의한 자

---

5) 2014년·12월 4일 개봉한 이창재 감독의 〈목숨〉은 모현 호스피스 병원을 무대로 한 다큐멘터리이다. 영화에 등장한 무연고 노인 신창열 씨는 후두암 선고를 받고 자살시도를 하였다가 복지사의 의뢰로 호스피스에 들어왔다. 너무 고통스러워 약을 처방해 달라고 하고, 약으로도 효과가 나지 않는다고 짜증을 냈다. 주변에서 말도 시키고, 관심을 보이자, 처음에는 다 귀찮다 하였지만 점점 사람들 사이에 어울렸고, 병세도 놀랄 만하게 좋아졌다.

기에 대한 행위이다(박형신·정수남, 2009; 김남옥, 2012). 몸과 마음으로 표현되는 고통은 자기와 타자를 지향한 관계 작용이다. 고통의 표현은 타자를 지향한 사회적 행위이고 관계에 영향을 미친다. 고통은 살아오면서 오랜 시간 동안 알게 모르게, 의식·무의식적으로 그물처럼 엮어진 관계로부터 파생된 갈등 인식일 수 있다. 이런 의미에서 죽어가는 과정의 고통은 신체기능의 손상뿐만이 아니라 살아오면서 만들어진 여러 관계에 내재된 갈등과 깊이 연결될 수 있다.

오랫동안 호스피스 현장에서 환자와 함께 하였던 성직자와 봉사자들의 평가에 따르면, 임종시의 정신적 고통은 지난날의 삶의 고통을 비춘다. 살아오면서 겪었던 만성적인 고통이 임종의 과정에서 밀려온다. 추억할 수 있는 것이 많지 않아 서럽고, 좀 더 오래전에 마음을 나누지 못하여 후회스럽고, 사랑이 결여된 가족관계에서 외롭게 죽음을 맞고, 돈 때문에 버려지고, 자신의 잘못된 분별과 차별로 외롭게 되었듯이 임종에서의 고통은 지나온 삶의 족적과 상처를 고스란히 비춘다.

그리고 고통의 상당부분이 살아가면서 맺은 강한 관계에서 비롯된다. 심각한 정신적 고통을 수반한 관계의 특성은 다양하지만, 특히 가족관계로부터의 상처가 두드러진다. 이는 한국인이 일반적으로 가족에 대한 몰입과 집착이 강하고 또한 한국의 가족 문화 안에 부당한 억압이 자리하고 있기 때문일 수 있다. 가부장적이고 권위적인 가족관계에서 자신의 존재를 인정받지 못하였던 원망이 분노로 표출되기도 한다. 가족을 위해 헌신하며 살았는데 제대로 평가받지 못하고 하찮게 여겨진다고 느껴질 때, 가족들을 열심히 돌봤는데 제대로 된 감사와 인정도 받지 못하고, 더 이상 힘이 없어졌을 때 아무도 자신을 돌봐주지 않는다는 생각에 심한 상실감, 배신감, 상처, 고립감, 절망, 무력감을 가질 수 있다.

한국사회에서도 혼자 죽음을 맞는 노인이 많아지고 있다. 어릴 때부터 독립적으로 살아가는 생존전략에 익숙한 서구 사회 노인과 비교할 때 가족을 중심으로 살아온 사람이 가족으로부터 제대로 돌봄을 받지 못한다고 느낄 때의 고립감은 더욱 클 수 있다. 서러움과 버려졌다는 감정은 평생을 가족을 돌보면서 살았지만 자신의 의지와는 관계없이 시설에서 임종을 맞는 여성 노인들의 핵심적인 감정일 수 있다. 가족으로부터 분리의식을 갖지 못하고 가족으로부터 돌봄을 받지 못하면서 죽음을 맞을 수 있다.

고독감은 관계나 역할로부터 배제되었을 때 혹은 스스로 관계에 적응하지 못하여 거부하는 상황의 감정일 수 있다(Seeman, 1989). 심각한 질병상태나 임종기에는 관계 변화가 다발적으로 일어날 수밖에 없다. 그에 따라 자기중심의 삶의 기반이 한꺼번에 무너지는 것 같은 자괴감을 가질 수 있다. 역할관계의 변화를 받아들이지 못해 고통을 호소할 수도 있다. 이제까지 살아가는 의미의 버팀이 되었던 역할들을 더 이상 수행하지 못하고, 자신에게 주어진 일이 더 이상 없다고 느낄 때 심각한 정신적 방황을 겪게 된다. 열심히 살았고, 자신의 삶에 대해 자긍심도 컸지만, 더 이상 이런 역할을 하지 못하는 처지를 받아들이지 못하여 괴로워할 수 있다. 또한 남은 가족이 걱정되어 죽음을 받아들이기 어려워하기도 한다. 자기다움을 잃어버렸다는 상실감, 쓸모없는 존재가 되었다고 자기를 비하하면서 고통스러워하기도 한다. 그리고 당당하지 못한 자신의 모습을 인정하지 못하여 관계로부터 분리되어 고독해하기도 한다.

또한 지나온 삶의 의미를 통합하지 못하여 혼돈과 불안을 겪게 된다. 중요하다고 여겼던 것이 허무하게 무너지는 느낌, 그리고 삶에 있어서 진정으로 소중한 것을 깨닫지 못하거나 체험하지 못하였다는 데에 대한 심각한 후회감이 밀려온다. 삶이 무엇인지, 잘 살았는지, 죽음을 어떻게 맞을 수 있는가에 대한 질문에 직면하여 불안감이 엄습한다.

임종시의 정신적 고통은 죽음을 믿지 않기 때문에 일어날 수 있다. 누구나 죽는다는 것을 알지만 무의식에서 자신의 죽음을 수용하는 것은 상당한 자기 성찰과 수행을 필요로 한다. 죽을 고비를 겪었거나 그와 비슷한 충격을 겪었던 사람들이 삶의 소중한 가치를 새롭게 생각하는 것은, 셸리 케이건이 강조하듯이, 평소 죽음을 인지하지 않고 살아가는 것을 반증한다. 죽는다는 것을 믿지 않기 때문에 죽음에 직면했을 때 비명을 지르고, 정말로 소중하게 여기는 일에 시간을 투자하지 않으며 살아가는 것일 수 있다(케이건, 2012).

죽음을 맞는 장소와 환경도 죽음을 임종 순간까지 믿지 않게 하는 데 일조하고 있다. 카리타스 수녀님과 능행스님을 비롯하여 호스피스를 실천하는 분들은 호스피스를 찾는 분들은 거의 모든 신체, 정신적 기반이 붕괴된 상태에서 병원에서 온다고 증언한다. 대체로 남은 삶의 시간이 일주일이나 보름이 채 안 돼서야 호스피스로 온다. 목사로서 호스피스에 참여했던 KKU씨는 자신이 돌본 환자 중에 방사선치료를 10번 받고, 호스피스에 온지 4일 만에 돌아가신 분도 있다고 한다.

　이렇게 연명의료의 확장으로 신체기능을 기계가 대체하여 신진대사를 유지시키고, 생명의 종말을 연기하게 되면서 임종의 경계는 명확성을 잃었다(구인회, 2004). 그리고 임종과정은 마지막까지 죽음과 싸우는 응급상황이 되고 있다. 응급상황에서 죽음을 준비한다는 것은 비정상적이고 비도덕적인 것으로 인식된다. 임종현장은 죽음을 맞는 장소가 아니라 생존투쟁의 장소가 된 것이다. 그러나 임종의료 결정에 책임을 질 수 있는 주체가 없다. 환자는 애초 임종의료 결정에서 배제되어 있고, 의사는 방어적인 입장에 있고, 가족은 의사의 명확한 판단을 기대하면서, 가족의 도리와 사회적 시선을 의식하면서, 적지 않은 의료비용을 감내하게 된다. 현대의료로 회복불가능하다고 판단되어서야 어떤 처치도 무의미한 것으로 여겨지고 죽음을 받아들이라고 한다. 그리고 죽음은 신속히 밀봉된다. 의사의 사망진단부터 몸의 온기가 남아 있는 상태로 급속 냉동되어 한두시간만에 재로 변하는 시스템이 마련되어 있다.

　살아오면서 만성화된 고통과 상처, 삶과 죽음의 의미를 통합하지 못하는 고통이 신체적 고통과 함께 밀려오는 상황에서 죽음을 맞는 것은 가장 비참한 인간의 모습일 수 있다. 그래서 역설적으로 임종은 생명을 보살피고 치유하는 가장 성스러운 현장이기도 하였는데, 의료기술이 확대되고 생명집착과 생명경시의 풍조가 만연한 오늘날 임종의 고통이 쉽게 방치되고 있는 것은 아닌가 성찰하게 된다.

2) 고통에 대처하는 방식

　고통은 생명작용에 불가피한 요소이다. 고통을 극복하면서 자아가 확장되는 경험을 한다. 그러나 극심한 고통은 통합된 인성과 세계와의 연결이 심각하게 위협되는 상황이다. 이런 고통을 이기지 못하여 미치광이가 되거나 죽음을 선택할 수 있다. 그렇지만 나와 세계를 재구성하는 과정을 통하여 고통에 적극적으로 대처하는 모습이 심각한 질환 상태에 있는 환자에서도 관찰된다. 마지막 생명 순간까지, 아마도 우리는 살아오면서 겪었던 상처와 삶과 죽음의 의미를 찾지 못하는 혼돈스러움에 적극적으로 대처하는 주체일 수 있다. 임종기 고통에 적극적으로 대처하는 첫 번째 유형은 자기통합적 대응이라고 명명할 수 있다. 이 유형의 특성은 평안하게 임종을 맞는데 이는 그들의 이전의 삶과 무관하지 않다. 주체가 자신의 삶을 얼마나 긍정적으로 평가하고, 살아오면서 만들었던 관계가 인성에 통합적인가에 따라 죽음을 평안하게 맞는 정도가 다를 수 있다. 지난 날의 삶의 가치와 자신의 욕구를 잘 통합할 수 있다면 살아오면서 소중하게 여겼던 삶의 가치들을 유지하면서, 그리고 믿을 수 있고 의지할 수 있는 관계 속에서 임종을 맞을 수 있다.

자기 통합적 대응에서는 당당함과 자기결정을 중시한다. KTY씨는 친정어머니와 시어머니, 그리고 남편의 죽음을 겪고, 중환자를 간병한 경험을 통해서 자신의 죽음에 대해서도 담담하게 준비하고 있다. 그는 권위적이고 상습적으로 폭력을 행사하는 남편 때문에 자살을 결심한 적도 있었지만, 아들 둘을 일찍 여읜 친정 어머니의 고통을 생각하고 또 자신의 자식을 생각하면서 살아가기로 결심하였다. 그는 남편을 편안하게 하여 주변 관계를 좋게 하려고 하였고, 자신의 감정을 조절하려고 노력하였다. 외부에 도움을 구하기에 앞서 스스로 문제를 해결하려는 태도를 가졌다고 한다. 이루 말로 표현하기 어려울 정도로 고생을 하였지만 인내하고, 남을 원망하기보다 용서하고 불화를 잠재울 수 있는 방법을 찾아 남편의 비위를 맞추고, 자식들의 독립을 지원하면서, 노후에 독립적으로 살아가고 있다. 그는 독립적인 태도를 강조한다. 시어머니는 아들에게 크게 의지하였지만 결국 자식에게 대접도 받지 못하고 서럽게 돌아가셨고 이에 반해 친정어머니는 가족들과도 분리의식을 갖고 자신의 노후를 스스로 준비하면서 편안하게 죽음을 맞았다고 기억한다. 오랜 시간 다져진 인내와, 책임감, 독립된 태도와 자신의 감정을 조절하는 노력의 결과 노후와 자신의 임종에 대해서도 편안하게 준비하고 있지만, 억눌린 상처를 충분히 치유 받지 못한 슬픔도 인터뷰 과정에서 느낄 수 있었다.

고통에 적극적으로 대응하는 또 다른 방식은 무아적 대응으로 명명하고 싶다. 이것은 우리 사회의 전통적 불교의식과 부합된다고 여겨지는데, 자신의 욕망과 집착을 내려놓음으로써 평안하게 임종을 맞는 태도를 보인다. 능행스님은 고통과 깨달음은 진흙과 연꽃의 관계와 같다고 말한다. 고통을 잘 견뎌낼 때 인

생의 깨달음을 얻을 수 있고 최고의 평화를 얻을 수 있다고 한다. 필자가 많은 노인을 만나 그들 생애를 들으면서 느꼈던 것도 인생의 가치를 크게 깨달은, 이른바 인생의 여정에서 큰 자아를 경험한 분들은 세속적인 성공을 누린 사람이 아니라 고통 속에서 자신을 넘어서고 더 넓게 세계와 연결될 수 있었던 사람들이다. 고통의 연금술이 적용되는 것 같다. 생명의 유한성과 고통을 수용하면서 나의 근본적인 전환을 경험한다.

인성에 따라서 고통을 인지하는 정도가 다르다. 실제의 상처는 작아도 고통을 크게 느낄 수 있고, 반대로 어느 정도가 되어야 고통인지 고통을 느끼기 어려울 수도 있다. 고통을 느끼지 못한다는 것도 양가적 의미를 가진다. 스스로 고통을 느끼지 못하도록 방어벽을 철저히 쌓은 것일 수 있다. 혹은 자신을 넘어섬으로써 고통에서 자유로울 수 있다. MYJ씨는 고통을 어떻게 느낄 수 있는가 반문한다. 어릴 때 집이 부유하지는 않았지만 교육열이 높고 자식들을 위해 헌신적으로 사신 부모님 덕택에 명문대학을 나오고, 약사 전문직을 가질 수 있었다고 말한다. 그러나 남편이 병약하였고, 일찍 세상을 떠나 아들 셋을 손수 키우며 살아왔다. 남편을 잃고 상실감과 우울증에 시달리기도 하였지만, 남편을 잃은 상실감과 미래에 대한 불안감보다 자식을 키워야 한다는 생존의식이 더 컸었던지, 남편을 잃은 상처는 시간 속에 옅어졌다. 그에게 더 큰 고통은 믿음직스럽던 두 아들과의 이별이었다.

그 고통 속에서, 세상을 보는 눈, 인생을 보는 눈, 죽음은 생각하는 눈이 다르게 되었던 것 같다. "나만 왜 이래 생각하면 못산다. 거기에 집착하면 못나온다. 하루 살면 사는 만큼 남에게 싫은 소리 할 수도 있는 것이고, 하루 더 살아봤자, 죄 한 번 더 짓는 것이다. 인생은 잠깐, 순간이다. 이 순간을 고통 속에서 허우적거리는 것은 어리석은 것"이라고 말한다. 고통과 비방 속에서 사는 것이 무의미하다고 한다. 그는 타자가 기분 나쁘게 말하는데 감정이 휘둘리지 않으려고 자신을 다잡는다. 오히려 자신의 불쾌한 감정을 보면서, 스스로 남에게 기분 나쁘게 하지 말아야지 생각한다. 상대방을 비난하는 마음은 상대방의 것이 아니라 나의 것이기 때문이다. MYJ씨는 나이가 들어가는 과정을 자연스럽게 받아들인다. 쇠퇴해 가는 것이 좋을 것 없지만 누구에게나 스스럼없이 물어볼 수 있고, 잘난 척 할 필요 없어 나이든 게 좋다고 한다. 자신을 낮추는 자세이다. "배운 사람이나 안 배운 사람이나 쇠퇴하면 거기에서 거기다." 이렇게 그는 고통을 통해서 인생의 소중함을 깨닫는다. 그리고 고통을 통해서 자명하다고 생각했던 아상에서 깨어났다. 자명한 객관 세계와 자아가 사실은 수많은 관계와 아집이 모여서 구성되고 그 관계가 흩어지면 사라지는 것을 진심으로 받아들인다.

이렇게 통합된 인격을 유지하거나 나를 넘어서는 마음의 수행을 통하여 죽음의 고통에 적극적으로 대처할 수 있다. 아픔이나 부당한 관계에 휘둘리지 않고, 당당함을 유지하고, 용서하고 자신을 내려놓는 마음을 갖게 되어 보다 큰 나로 전환될 수 있다. 그러나 아마도 더 많은 사람들이 임종의 두려움이나 살아오면서 겪은 만성적 고통 속에서 괴로워한다. 살아가면서 만들었던 원망과 나쁜 감정들과 자기 집착을 내려놓지 못하고, 죽음 앞에서 고통스러워 한다. 죽고 싶지 않아 절규하고, 삶의 의미를 찾지 못해 억울해하고, 자기 존재 기반을 잃어버렸다고, 소중한 것들과 이별하는 것에 힘들어하면서 괴로워한다. 살면서 만들어온 자아가 사라지려는 죽음의 앞에서 격정적으로 반응하는 것이다.

이런 상황에서 호스피스적인 돌봄이 강조된다. 호스피스를 실천하는 분들은 임종을 맞는 환자에 대한 전인적 돌봄이 필요하다고 강조한다. 임종은 더 이상 회복 불가능하여 어떤 치료도 무의미한 상황이 아니라, 몸과 마음에 대한 전체적 돌봄이 필요하다고 강조한다. 종교나 직업적 배경에 따라 호스피스를 실천하는 방식과 이념적 지향은 다를 수 있지만, 호스피스는 임종 상황에 놓인 환자의 고통에 초점을 두고, 고통에서 벗어나 평안한 상태로 죽음을 맞는 것을 도우려고 한다. 그리고 임종기 고통을 돌보는 데 의료적 처치도 중요하지만, 정신, 심리, 영적인 돌봄이 더 절실하다고 지적한다.

임종기 고통에 대한 전인적 돌봄에 종교가 갖는 역할은 크다. 죽음을 앞두고 있는 사람은 종교인이나 성직자에게 큰 위로를 받는다고 한다. 그러나 종교인도 죽어가는 자를 어떻게 위로할 수 있는가에 대해 혼돈과 갈등을 겪는다고 솔직한 심정을 토로한다. 그러면서 돌보는 과정 자체가 수행의 방법임을 깨닫는다고 한다. 죽어가는 자의 고통을 치유할 수 있기 위해서는, 인간의 수많은 삶과 고통을 진정으로 이해하는 것이 중요하다고 강조한다. 치유하기 위해서는 돌보는 자 스스로 자신에 대해서 거짓이 없는 것이 중요하다고 한다. 그래서 호스피스는 죽어가는 자를 돌보는 것일 뿐 아니라, 돌보는 자가 자신을 돌아보고, 보다 더 큰 나로 정진하는 수행이라고 강조한다.

죽음을 앞둔 환자에게 종교가 위안이 되는 것은 우리 안에 있는 성스럽고 영적인 갈구에 종교가 도움을 주기 때문일 수 있다. 호스피스 봉사를 한 목사 KKU씨는 환자들의 반응에는 어떤 패턴이 있다고 한다. 처음에는 불안해하고 공포감을 가진다. 가족들에게 신경질을 부리기도 한다고 한다. 그러다가 포기를 하고 죽음을 받아들이게 되면 매일 사람을 만나고, 이야기 하고, 세례를 받고 편안하게 생활하고 편안하게 죽음을 맞는다고 한다. 생명을 자기중심으로 보지 않고, 관계, 생태, 우주 중심으로 보면서 죽음을 성스럽게 해석할 수 있다. 많은 종교는 죽음과 죽음 이후에 대한 긍정적인 믿음을 제공한다. 죽음을 삶의 과정으로 받아들일 때, 그리고 삶의 유한함을 진심으로 인식할 때 이 순간의 소중함을 깨달음으로써 고통을 치유하는 것이다. 죽음을 받아들이면 남아 있는 삶이 좀 더 기쁘고 보람 있게 만들어진다. 죽음을 받아들임으로써 삶에 생명을 불러 넣을 수 있다. 죽음의 두려움을 극복하는 방법은 죽지 않는 묘약을 개발하는 것이 아니라, 삶의 가치와 의미를 재발견하는 것이라고 강조한다. 종교가 강조하는 영적인 세계는 나를 현세, 과거, 미래로 무한한 시공간으로 연결한다. 호스피스 교육에 참여하면서 크게 느낀 것 중의 하나는 수억 겁의 시간을 통해 이어진 생명 속에 내가 존재하고, 나라는 응집된 형체, 정신, 의식, 육체가 사라진다고 하더라도, 그 무에서 다시 생명이 반복해서 창발한다는 것을 믿을 수 있다는 것이다. 종교는 이렇게 영적인 통합을 통해 평안한 죽음을 유도할 수 있다. 불교에서는 가장 편안하게 죽음을 맞는 것이 중요한데, 죽음이란 다른 세계로 떠나는 다리이기 때문이라고 한다(능행, 2010). 모든 집착을 내려놓고 가장 빛나는 적멸에 이르는 사람도 있고, 업을 잘 닦아서 좋은 생각으로 다음 생애에 재생하는 사람도 있고, 원한과 고통의 업을 안고 다음 생애에 윤회하는 사람도 있다고 한다. 육신이 다 쇠하여 분리된 영혼이 좋은 길로 여행을 떠날 수 있기 위해서 평안하게 임종을 맞게 도와주는 것이 중요하다고 한다.

3) 죽음을 맞는 태도

임종상황에서 겪게 되는 고통의 양상, 그리고 고통에 대처하는 방식이나 환경에 따라 죽음을 맞는 태도가 매우 다양할 수 있지만, 여러 연관된 의미들이 모여지고 구별되어 몇 가지 유형적 특성을 구분해 볼 수 있다. 첫 번째 유형은 고통 속의 죽음으로 명명하고 싶다. 삶의 고통의 원인을 치유하지 못하고, 삶의 가치를 정리하지 못하고 죽음을 수용하지 못하면서 죽는 경우이다. 고통이 꼭 죽음에 본질적인 것은 아닐 수 있지만, 한국 사회의 여러 제도적 특성과 사람들의 삶의 방식이 고통 속에서 죽어가는 현상을 만성화하고 있을 수 있다. 생존투쟁의 장소는 죽음의 장소까지 침습하여, 생존을 위한 절규와 원망이 가득하고, 무정하고 차가운 손길에서 죽음은 무가치한 것으로 처리되고 있다.

죽음 인식의 두 번째 유형으로 주목되는 것은 임종기의 고통에 대한 불안이 너무 커서, 혹은 삶의 고통이 너무 커서 죽음을 고통의 도피처로 해석한다. 앞의 유형과 다른 것은 죽음을 수용하는 것이다. 그러나 죽음은 아무 의미가 없고, 끝이라고 생각한다. 연명치료를 거부하고 안락사나 자살도 신중하게 고려될 수 있다고 생각한다. 이는 죽음에 대한 자기 결정을 중시하는 문화적 특성으로 보일 수도 있는데 한국 노인뿐만 아니라 의료인과 가족도 죽음에 대한 자기결정에 대해 신중하지만 긍정적으로 인지하는 것으로 나타나 뜻밖이었다.6) 죽음의 두려움을 덮고도 남는 임종상황에 대한 고통은 자기 기능이 떨어져 아무 것도 하지 못하는 상황을 받아들이는 데에 대한 두려움도 컸지만, 가족에게 폐를 끼치는 것에 대한 부담인식도 강하였다. 의미 없는 삶을 치료하겠다고 자신과 가족 모두 고통스럽게 하는 상황을 피하고 싶어 한다. 힘들게 모은 재산을 제로로 만들어서 안 된다고 생각한다. 이런 인식은 가족 중심사회에서 구성된 사회적 죽음 인식일 수 있다.

또한 고통뿐인 삶에 미련이 없어 죽음을 기꺼이 수용하겠다는 분도 이 유형에 포함된다. 오랜 시간 고통을 감내하면서 살아온 분은 가급적 빨리 생을 마감하기를 원한다고 말한다. KSJ씨는 "몸뚱이가 힘이 드니까 만사 귀찮다. 평생을 고생만 해도 달라지지 않았다"고 말하면서도 지금은 마음이 편하다고 한다. 죽음은 끝이라고 생각하고, 죽음 이후는 아무 의미가 없다고 말한다. 죽음은 왔다가 가는 것이다. 그것뿐이다. 빈손으로 왔다 빈손으로 가는 것일 뿐이라고 한

---

6) 인터뷰에 참여한 의료인 MSK씨, LKS씨, 노인 BJH, KTY, KSJ, 가족 KYJ씨 모두 안락사에 대해 긍정적으로 인지하였다.

다. 삶에 미련도 없고, 오래 살고 싶지 않고, 아파서 남 성가시게 하지 않고 조용히 가고 싶다고 말한다. 돈이 없어 병원을 찾지 않는다는 KSJ씨는 진짜 죽을 병이라면 병원에 가지 않을 것이라고 말한다.

　세 번째 유형은 평안하게 죽음을 수용하고 죽음과 삶의 가치를 발견한다. 임종기를 옆에서 지켜본 호스피스 담당자들은 정말 새처럼 가볍게, 하늘에 유유히 흘러가는 구름처럼 평화롭게 인생을 살다 죽음도 평화롭게 맞는 분들도 적지 않다고 한다. 자기를 넘어서는 분, 평생을 한으로 살았지만 마지막 진심으로 용서를 하면서 순결하고 평화로운 상태로 영면하는 분들도 계신다고 한다. 그리고 지금 이 순간의 삶을 소중하게 여기고 소중한 관계를 발견한다. 인터뷰에서 만난 뇌병변을 앓고 있는 BJH씨는 죽음을 받아들이는 것은 우주에 대한 되갚음일 수 있다고 말한다. 우주의 시간에서 보면 자신에게 주어진 시간은 정말 순간이다. 그리고 내가 죽음으로써 다른 생명이 살 수 있다고 생각한다. 그는 늙은 어머니가 아들 지게에 업혀 산에 올라갈 때 자식이 내려올 때 길 잃어버리지 않도록 가만히 길표시를 남겨둔 이야기를 덧붙이면서, 고려장과 안락사에 대해 긍정적으로 생각하였다. 마음을 내려놓을 때 자신을 낮춤으로써 마음이 편안해 질 수 있다고 생각한다.

　죽음을 통해 자아는 다른 세계에 연결될 수 있다고 한다. MYJ씨는 죽음은 가장 큰 고통이고 동시에 해방일 수 있다고 생각한다. 하루를 살아가는 만큼 죄를 지으면서 산다고 생각할 수도 있다. 죽음으로써 육신은 다 없어지지만 영혼은 좋은 곳에 갈 수 있다고 한다. 흙으로 만들어 흙으로 돌아가는 것은 당연한 것이다. 죽음 뒤에 영원한 좋은 곳으로 갈 수 있다고 믿는다. 큰 욕심을 부리지 않으며 기도하는 것은 이루어진다고 믿는다. 그는 편안하게 죽음을 맞을 수 있도록 기도하고 하느님이 그 기도를 받아주시지 않을까 생각한다고 한다. 설사 죽음 이후의 편안한 곳으로 간다는 것을 믿지 않는 사람이라고 해도, 누구든지 왔다가 땅속으로 가는 것만 믿어도 된다고 말한다.

7. 맺음말

생명이 멸하는 과정은 상상하기 어려울 정도 심한 신체적 고통을 수반한다. 임종기 고통은 또한 지나온 삶의 상처와 고통을 비춘다. 부당한 관계로부터 누적된 상처, 자기존재를 지탱하였던 역할들의 상실, 자기집착, 미움과 몰이해로 소통하지 못하고 사랑하지 못하였던 삶에 대한 회한, 살아있음으로만 누릴 수 있는 기회의 상실, 삶과 죽음을 수용하지 못하는 아상 등이 엉켜 있다. 또한 임종기의 고통은 의료적 접근에 의존하면서 마지막까지 죽음을 믿지 않으며 절규하거나, 삶의 고통의 도피처로서 죽음을 선택하는 것을 종용하는 우리 사회를 돌아보게 된다. 임종의 고통은 생명의 신체적 기반이 무너지는 고통, 사회적 존재의 욕망, 책임, 역할, 관계의 고통, 그리고 유한한 생명을 인정해야 하는 고통이 함께 응축되어 있다.

한편으로 임종은 삶의 모든 비참함과 괴로움을 담고 있지만, 다른 한편으로 고통이 치유되고 인간이 가장 성스럽게 전환되는 현장이기도 하다. 고통에 적극적으로 대처하기 위해 자신의 삶의 가치를 통합하고, 사랑과 용서로서 관계를 정리할 수 있다. 번뇌의 근원에 대한 명증한 통찰을 통해 고통에서 벗어나기도 한다. 또한 호스피스와 같은 전인적 돌봄이 임종기 고통을 치유하는 데 큰 도움이 된다. 신체, 정신 기능이 극도로 쇠약한 상황에서 의료인, 가족, 봉사자 행위가 환자에게 미치는 영향은 매우 크다. 임종기를 돌보는 데 무엇보다 갖추어야 하는 것은 마음으로 소통하는 것이다. 이성으로 무장을 한 돌봄의 효과는 매우 제한된다.

어둡고 고통스러운 임종기를 상상하면서 일부 노인들은 안락사나 자살을 차악의 선택이라고 고려한다. 임종의 고통과 삶의 고통의 도피처로서 죽음을 인식하는 경우가 많다는 데 주의가 필요하다. 이는 믿을 수 있는 돌봄 환경이 취약함을 반증한다. 치료중심의 의료와 정신적 돌봄이 결여된 환경이 개선되어야 한다. 나아가 삶의 고통의 도피처로서 죽음을 인식하는 우리의 현실은 우리의 삶의 양식을 성찰하게 한다. 삶을 해체하는 환경, 고립과 단절을 심화하는 삶의 방식과 사회 환경에 대한 성찰과 변화의 노력이 요구된다. 몸과 마음의 고통은 자아와 세계의 고통을 비추고 있다는 점에서 고통에 대한 사회적인 고민이 필요하다.

　백세시대를 살아가게 되었지만 더 오래 살면서 지불해야 하는 대가들이 있다. 암 발생, 치매 발병률, 각종 만성질환의 제일 큰 원인은 다름 아닌 오래 사는 것이다. 물론 얼마나 몸과 마음을 잘 관리하였는가에 따라 노화의 양상은 상당히 다를 수 있지만 의료진 역시 노화과정이 인간의 의지에 따라 설명되고 관리되는 부분에 비해 나이라는 요인의 영향이 근본적임을 부정하지 않는다. 오래 살게 되면서 생애 어느 시점에서 우리 모두는 누구나 만성질환을 가질 가능성이 매우 높고, 만성질환과 함께 죽어갈 가능성도 매우 높다.

　개인 수준에서 만성질환 관리를 위한 여러 노력과 좌절이 어지럽게 교차하고 있는데 제도적 수준의 정비는 너무 취약한 것 같다. 특히 임종 돌봄 체계는 아직 기초 제도가 정착되지 않은 상황이다. 정부에서는 임종기 의료비용이 급속히 늘어나고 있는 데 주목하고 있고, 2000년대 말기암환자의 돌봄 사업의 일환으로 병원을 중심으로 완화의료 시범사업을 시행하면서, 완화의료제도의 정립 방안을 탐색하고 있는 수준이다(이영숙, 2013). 비정부 조직이 주관한 한국의 호스피스의 역사는 짧다고 보기 어렵다. 사회에서 버림받은 사람들과 노상에서 죽음을 맞는 사람들에 대한 돌봄으로 가톨릭계에서 1960년대 출발하였고, 죽음, 사후세계, 우주에 대한 심오한 사상체계를 갖고 있는 불교계에서도 지난 20년간 평안한 임종을 돌보는 일을 보살의 수행으로 실천하고 있다. 고통스런 임종이 남의 일이 아니게 된 상황에서 모든 시민의 편안한 임종을 위한 호스피스와 완화의료의 제도가 마련되는 것이 필요하다. 이를 위해서는 호스피스의 이념, 방법, 자원체계를 어떻게 제도화할 것인가에 종합적인 연구가 중요할 수 있다. 어떻게 우리가 죽어가고 있는지, 그 과정에 무엇이 상실되었는지, 나와 세계가 하나이고, 생명은 감성, 이성, 영성으로 존재한다는 관점에서 임종의 고통을 바라보게 된다면 우리의 삶도 우리의 집합인 사회도 좀 더 살기 좋게 달라질 수 있을 것이다.

제 7 장
임종의료결정과정에서의 의료 사회복지사의 역할

남서울대학교 사회복지학과   한수연

1. 들어가는 말

죽음을 경험한 뇌신경 전문 의사인 Eben Alexander는 뇌사 상태의 죽음을 선고 받은 7일 동안 그에게 의식이 남아있었다고 하였다(Newsweek, 2012).[1] 하지만 그의 특별한 죽음 경험을 제외하고는, 대부분의 인간에게 죽음은 피할 수 없는 중요한 사건으로, 탄생의 순간과 마찬가지로 죽음의 순간도 본인의 경험보다는 다른 사람의 경험들로 기억된다. 고대로부터 죽음에 관한 질문은 인간에게 계속되는 철학적 논제가 되어왔으며, 죽음을 삶의 끝, 또 다른 삶의 경계로 이해하려는 물리적 정의나, 혹은 삶으로부터 연결되었던 모든 관계와의 별리로 이해하려는 추상적 정의로 구분하기도 하였다.

'임종'은 개인의 죽음을 구체적 경험으로 이해하려는 것으로 죽음이 임박한

---

1) 미국의 bio-ethic 위원회(2014)에서는 최근 뇌사에 대한 새로운 판정 기준등에 대한 보고서를 발표하였으며, 뇌사는 현대 의학에서 죽음의 판정기준으로 그동안 의료계에서는 죽음으로 인정하기도 하였다. from http://www.bioethics.gov/sites/default/files/Gray%20Matters%20Vol%201.pdf
Dr. Alexander는 그의 죽음의 경험을 통해서 뇌사의 판정 기준에 대한 비판이나 문제점을 제기하기 보다는 죽음을 경험하는 과정에 대한 우리들의 인식의 변화가 필요하다고 주장하고 있다.

한 시점으로부터 죽음의 마지막 순간까지의 개별적이고 실증적인 죽음의 과정을 의미한다. 인간은 삶에서 죽음으로 전환되는 특별하고 긴박한 임종단계를 거치면서 죽음을 경험하게 되며, 또한 '임종'은 부모의 죽음을 곁에서 지키는 자녀의 행위까지도 포함하는 의미로서 죽음을 맞이하는 '개인과 가족의 죽음에 대한 공동체적 경험'으로 이해할 수 있다(국립 국어원, 2014). 그러므로 노인의 임종은 노화의 마지막 단계에서 당연하게 예상되는 죽음을 경험하는 개별적 죽음 과정이면서 동시에 노인의 임종과정에 함께 참여하는 가족의 집합적인 경험으로 정의할 수 있다.

노인환자의 임종의료(end of life care)는 노인의 임종기간 동안에 시술하는 의료적 행위이며, 연명의료 등을 사용하여 인위적으로 생명을 연장하려는 적극적인 의료개입과 편안한 죽음을 도와주고 고통을 줄여줄 수 있는 호스피스 및 완화의료 등의 소극적인 의료개입으로 분류할 수 있다. 인류의 과학기술의 진보와 생명의료기술의 발달로 연명의료 기술도 향상되었으며, 인위적인 연명의료 시술로 임종 기간을 지연시킬 수 있게 되었다. 현대의학은 의료인의 최선의 가치를 환자의 완치와 생명 연장으로 여기고 있으며, 실제로 의료 시스템 안에서 일하는 의료인들도 비록 치료가 불가능한 환자나 또는 고령으로 자연사를 준비하는 임종단계의 노인환자에게도 인위적으로 연명의료 등을 시술하려고 한다. 하지만 인공호흡기나 심폐소생술, 또는 투석 등의 시술을 통해 노인의 임종기간을 연장하면서 오히려 '편안한 죽음'이나 '고통 없는 죽음'의 기회가 박탈되고 있다는 윤리적 회의가 제기되고 있다(허대석, 2014). 현행 의료 시스템에서는 모든 환자들에게 적극적인 임종의료 개입을 권장하고 있지만 생명 연장에 관한 사회적, 종교적, 윤리적 해석 등이 서로 상이하여, 아직 연명의료의 의료적 효과성에 관한 합의점을 도출하지 못하고 있는 실정이다. 그러므로 노인환자의 임종의료는 육체적인 죽음으로 판정되는 생명의 정지, 또는 신체 기관 활동의 중단 등에 국한하여 임종의료 결정의 효용성이나 윤리적 문제를 논의하기보다는 정서적, 사회적, 영적인 죽음에 대한 정의를 모두 포괄하는 통합적인 성찰을 통한 논의가 되어야 할 것이다.[2]

---

2) 생사학적 관점에서 죽음의 정의와 죽음에 대한 사회적 인식의 변화를 추구하는 저자는 죽음을 준비하고, 적극적으로 죽음을 받아들이는 사회·윤리적 규범의 변화가 필요하다고 하였다. 오진탁, 2015 "인문학에서 보는 죽

우리나라도 서구에서와 같이 노인의 임종 장소가 집이 아닌 시설로 급격하게 전환되고 있어서, 전체 노인 사망자의 약 70%가 병원의 응급실, 중환자실, 그리고 노인병원과 장기요양 입소시설 등에서 임종을 맞이하고 있다(통계청, 2013).[3] 그러므로 노인환자와 가족들은 현재 의료 시스템 내에서 임종의료를 결정하는 주 결정자로서 연명의료 등을 결정하는 기회가 점차 증가하게 될 것이다. 하지만 적극적인 연명의료 개입을 선호하는 우리나라의 사회·윤리적 규범과 임종의료에 관한 법률 및 의료·보건 정책의 부재로 현재 의료 시스템을 이용하는 노인환자와 가족, 그리고 전문 의료인 모두 노인환자의 '자기결정 권리'에 대한 개념이 서로 상이하여 임종의료를 결정하는 과정에서 많은 혼란과 갈등이 발생하고 있다.

UN 마드리드 노인 인권 선언에 기초한 노인의 '자기결정 권리'에 의하면 의료시설을 이용하는 모든 노인환자는 본인의 자유의지에 근거하여 임종의료를 결정하고, 연명의료 시술에 대한 동의서를 작성, 기각, 수정할 수 있는 권리를 갖는 동시에 본인이 원하지 않는 연명의료는 거부, 또는 중단할 수 있는 권리를 보장받을 수 있도록 권장하고 있다.[4] 그렇다면 우리나라의 현행 의료 서비스 시스템은 임종의료를 결정하는 과정에 노인환자의 참여를 허용하고 있는지, 또는 이들의 품위 있고, 편안한 죽음을 보장할 수 있는 임종의료를 제공하고 있는지 궁금하다.

최근 10여 년 동안 우리나라에서 발생한 임종의료 결정에 관련된 일련의 사건들은[5] 가족의 근간에 치명적인 영향을 미쳤던 개별적 사건이었지만, 그 판결 결과들은 현재 우리 사회가 직면하고 있는 임종의료에 관련된 사회 및 법 제도의 구조적인 문제점에서 비롯되었음을 시사하고 있다. 말기 암 환자인 아버지

음관"

3) 미국은 1985년을 기준으로 노인의료보험인 Medicare에서 Long Term Care Service 사용에 대한 보험 혜택을 확장하면서, 많은 노인들이 집이 아닌 병원의 응급실이나 중환자실, 그리고 장기요양시설에서 임종을 맞이하게 되었다. 우리나라도 2008년 국가적 차원에서 노인 장기요양보험을 실시하게 되면서, 노인환자와 가족들은 집이 아닌 시설로 임종 장소를 선택하게 되었다. 물론 노인가구 구조의 변화, 노인 의료사업의 활성화, 그리고 경제적 압축 성장으로 장례 문화도 점차 바뀌고 있는 실정이다.

4) Council of Europe은 EU 회원국들의 인권 향상을 위한 노력을 꾸준히 하고 있으며, 특히 2014년 노인인권에 대한 권고문(Recommendation CM/Rec(2014)2)을 발표하여 노인의 임종의료결정권리와 자기결정 권리의 보장을 요구하였다.

5) 2013의정부고합392, 2009다17417, 2002도995.

의 안락사를 도왔던 자녀에 대한 '존속살인 죄'에 대한 판례(2013의정부고합392), 연명의료에 의존하는 어머니의 무의미한 연명치료 장치 제거를 요구한 가족의 판례(2009다17417), 그리고 중환자실 환자의 퇴원에 따른 가족과 전문 의료인의 '살인 및 살인방조 건'에 대한 판례(2002도995) 등은 환자와 가족, 그리고 전문 의료인들이 현행 의료 서비스 시스템에서 모두 피해자가 될 수밖에 없음을 인정하여야 할 것이다. 이들은 임종의료에 관한 충분한 정보나 지식을 공유하지 못하였거나, 열악한 임종의료 서비스에 의존할 수밖에 없었다. 앞으로 사회적 합의를 통해 임종의료 결정에 관한 사회·윤리적 규범을 확립하고, 임종의료 서비스를 위한 법률 및 의료·보건정책을 준비하지 못한다면 위와 같은 가슴 아픈 사건들은 언제라도 재연될 수 있을 것이다.

임종의료 결정에 관한 법률을 제정하고, 운영지침이나 규정 등을 마련하거나, 그리고 임종의료서비스를 제도화한다면 위의 판례들에서 노인환자, 가족 그리고 전문의료인이 감수해야 하는 문제점들이 보완될 수 있을까 가정해 보기로 하자. 우선 보건·의료 정책 차원에서 의사, 간호사 그리고 사회복지사 등이 회복이 어려운 말기 환자나 임종 단계의 노인환자와 가족에게 호스피스 및 완화의료 서비스를 제공할 수 있다면, 가족의 살인 및 방조죄를 방지할 수 있지 않았을까? 둘째, 보건·의료 정책 차원에서 의사, 간호사, 그리고 사회복지사 등이 입원 하는 모든 환자와 가족에게 사전의료의향서에 관한 상담을 제공하고, 사전에 임종의료 결정을 도와주었다면 '김 할머니'와 가족은 연명의료를 결정할 수 있는 충분한 기회를 갖는 것은 물론 어머니의 죽음을 요구(?)하는 길고 오랜 법적 투쟁이나 불필요한 죄책감으로부터 벗어날 수 있지 않았을까? 마지막으로 보건·의료 정책 차원에서 의사, 간호사 그리고 사회복지사 등이 입원 초기부터 환자의 안전한 퇴원을 위하여 계획하고 준비할 수 있었다면, 환자 가족과 의료인의 살인 및 방조죄를 방지할 수 있지 않았을까?

의료 서비스 시스템에서 근무하는 사회복지사는 비의료인으로 전문 의료인을 도와 노인의 임종과정에서 노인의 삶은 물론 죽음의 의미를 나누고, 노인의 가치를 존중하며, 노인 스스로 죽음을 수용할 수 있도록 정서적, 심리적 지원을 하고 있다(Taylor-Brown and Sormani, 2004). 특히 Bomba 등(2011)은 임종의료를 결정하는 과정에서 노인환자와 가족, 그리고 전문 의료인의 의견을 중재하고 합의를 도출하는 사회복지사 역할의 중요성을 인식하여야 한다고 주장하면서, 충분한 의료지식과 전문 사회복지 실천 기술 등을 사용하여 심리, 정서 지원 역할을 수행할 수 있는 의료사회서비스의 필요성을 강조하였다.

그러므로 본 장에서는 우리나라의 현행 의료 서비스 시스템 안에서 임종의료 결정에 참여하여 전문 의료인과 함께 노인환자와 가족에게 도움을 제공하는 사회복지사의 역할 및 사회복지사의 의료사회서비스의 중요성을 인식하고, 보건·정책적 지원의 필요성을 제안하고자 한다. 우선 미국과 유럽에서 제정·운영되고 있는 임종의료결정 관련법과 노인환자의 임종의료결정 권리를 소개하고자 한다. 그리고 문헌 고찰을 통해 임종의료결정 과정에서의 사회복지사의 역할 및 현재 개발되어 의료 현장에서 활용되고 있는 사회복지사의 의료사회서비스 프로그램 등을 소개하고자 한다. 마지막으로 본 장의 결론 부분에서는 임종의료 결정에 참여하는 사회복지사역할 및 업무기준에 관한 보건, 의료, 정책적 지원을 기대하면서, 몇 가지 논의점을 제안하고자 한다.

2. 노인환자의 임종의료결정 권리-미국과 유럽의 임종의료결정 관련 법을 중심으로

미국은 1976년 캘리포니아 주에서 처음으로 환자의 생존유언(Living Will)을 인정하는 '자연사 법'(Natural Death Act)이 입법화된 이후로, 지난 30여 년 동안 꾸준하게 환자의 임종의료 결정 권리를 확장하려는 입법화 활동과 시민운동이 계속되고 있다. 인간의 권리 존중과 의료 자원의 재분배라는 두 개의 중요한 패러다임 사이에서 균형을 잃지 않으려는 노력의 결과, 마침내 1990년 '옴니버스 예산 조정 법'(Omnibus Budget Reconciliation Act)의 관련법으로 '환자 자기 결정법'(Patient Self Determination Act; Pub. L. No. 101-508; PSDA)을 입법화하게 되었다 (Commission on Law and Ageing, 2010).

동 법의 기본 취지는 환자에게 본인의 임종의료를 결정하는 주 결정자의 권리를 부여하는 동시에 임종의료를 스스로 결정할 수 있도록 도움을 제공하는 것을 목적으로 한다. 환자는 '자기 결정 권리'에 따라 본인이 원하는 임종의료를 결정할 수 있게 되었으며, 그러므로 불필요한 연명의료를 거부할 수 있는 권리도 갖게 되었다. 또한 모든 환자는 사전의료의향서(advance directives for health care; ADHC)에 관한 정보를 제공받을 수 있으며, 사전에 본인의 생존 유언(Living Will)을 정하여 연명의료를 결정하고, 생존 유언을 대리 행사할 수 있는 의료대리인(health care proxy; HCP)의 지정을 문서화할 수 있게 되었다.6) 특히 지난 2005년 Tery Shiavo의 사례를 계기로 사전의료의향서 작성의 필요성이 확산되었으며, 2010년 새로 시행되기 시작한 'Affordable Health Care Act'에서는 노인환자의 임종의료결정 권리를 보호하기 위하여 응급실에서의 사전의료의향서의 전자 문서화를 적극적으로 권장하고 있다(Center for Medicare and Medicaid Service, 2014).7)

현재 미국의 50개 주에서는 정부가 의료시설을 이용하는 모든 노인환자들, 그리고 지역사회의 일반 노인을 대상으로 사전의료의향서에 대한 정보를 제공하고 있다. 또한 주 정부에서는 의료법 시행령에 따른 행정 지침서를 두어 병원, 재활전문 너싱홈, 장기요양 입소시설, 장기재가 요양 시설 및 호스피스 서비스기관의 전문 의료인과 비전문 의료인들을 대상으로 임종의료결정에 참여하여 도움을 제공하도록 규정하고 있다. 특히 비전문 의료인으로 사회복지사는 의사와 간호사와 함께 임종의료결정에 참여하여 노인환자와 가족의 자율성을 존중하고, 이들의 권리를 옹호하며, 임종의료를 결정을 할 수 있도록 도움을 제공하는 역할을 하고 있다.

유럽의 각 회원 국가들도 Council of Europe의 권고문에 따라서 (Recommendation CM/Rec, 2010), 노인환자의 임종의료결정 관련법의 중요성을 인식하고, 이들의 권리를 보장하기 위하여 입법화를 서두르게 되었다. 우선 영국은 일반인보다는 의료시설을 이용하는 환자와 임종이 임박한 환자를 대상으로 '사전의료

---

6) 'Patient Self Determination Act'에서는 의료 대리인에 대한 논란이 계속되어 왔다. 환자의 개인 정보 유지에 대한 윤리적 논의에도 불구하고 환자 스스로 의사결정을 할 수 없는 취약한 집단의 권리와 존엄성을 보장해야 한다는 주장에 따라 인지 능력의 퇴화로 자율권을 행사할 수 없는 말기 만성질환 노인환자나 알츠하이머, 치매 환자의 가족들이 임종의료결정에 참여할 수 있도록 지원하는 "가족 가치와 치료결정 법"(Family Values and Care Decisions Act, 2015) 제정을 진행하고 있다(Moody, 2008; Stone, & Bryant, 2012; White House, 2012).

7) Center for Medicare & Medicaid, 2014년 서비스 Manual에서는 응급실을 사용하는 노인환자에게 사전의료의향서 작성 여부와 결정을 전자의료기록으로 의무화하여 노인환자의 임종의료결정 권리를 보호하려는 노력을 하고 있다. from http://www.cms.gov/Regulations-and-Guidance/Legislation/EHRIncentivePrograms/downloads/2_Advance_Directives.pdf

의향서 법'을 제도화하여, 사전의료의향서 작성을 의무화하도록 하였다. 그리고
비 의료인으로 사회복지사가 호스피스 의료팀의 일원으로 노인환자와 가족의
임종의료결정 과정에서 호스피스 서비스를 설명하고 연명의료를 결정할 수 있
도록 도움을 제공하고 있다(Stein & Fineberg, 2013). 또한 독일도 2009년 이전의
'사전의료의향서 법'(Bundesgesetzblatt Teil 1 Nr 48, 31)을 새롭게 개정하면서, 임종
에 임박한 환자만이 아닌 모든 환자, 그리고 일반인도 사전의료의향서를 문서화
하여 작성할 수 있도록 하여 임종의료 결정 권리를 확장하였다. 독일은 영국이
나 오스트리아에 비해 사전의료의향서 작성이나 공증의 의무, 그리고 이미 작성
한 사전의료의향서를 주기적으로 갱신하여야 하는 의무 등을 법으로 제한하기
보다는 권장 사항으로 만들어 개인의 자율권을 좀 더 보장하려고 노력하였다.
동 법에서는 환자의 임종의료 결정에 가족의 참여를 매우 중요하게 인식하고 있
으며, 전문 의료인에게 환자의 질병 상태 및 치료 방법, 그리고 연명의료의 가능
성에 대하여 환자는 물론 가족, 또는 의료대리인에게 의무적으로 의료 상담을
하도록 하였다. 〈그림 1〉은 전문 의료인이 환자 및 가족과 의료대리인을 대상으
로 환자의 상태에 따라 단계적으로 임종의료를 결정할 수 있도록 도움을 제공하
는 과정을 도표화한 것이다.[8]

동 법에서는 또한 사전의료의향서를 작성하기에 앞서 환자와 가족의 임종
의료에 관한 가치와 태도를 함께 상의하고 연명의료 결정에 반영할 수 있는 상
담의 중요성을 인정하면서도 구체적으로 임종의료결정에 참여하여 상담을 제공
하는 비 의료인의 역할에 대한 명시를 누락하여 보완이 시급하다고 하였다
(Wiesing, Jox, Heβler, & Borasio, 2012).

아시아 국가들은 노인환자의 임종의료 결정에서 미국이나 유럽의 '개인 권
리' 중심적 가치보다는 '가족·집단 권리' 중심적 가치에 입각한 사회·윤리 규범
등의 문화적 차이를 보이고 있다. 하지만 '가족·집단 권리' 중심적 가치에 대한
재해석의 필요성과 임종의료결정의 중요성에 관한 인식이 점차 확산되고 있다.
실제로 한국을 포함한 중국과 일본에서 실시한 연구에 의하면, 임종 단계의 환

---

8) 동 법에서는 전문의료인의 상담과 분리하여, 비 의료인의 상담의 필요성을 초기 법안에 명시하고 있었지만, 구
체적으로 비 의료인의 역할이나 역할 규정을 명시하지 못하였다. 하지만 동 법이 전반적으로 임종의료결정에
대한 자율적 권장의 특성을 가지며, 비 의료인의 역할도 권장 사항으로 논의가 가능하다고 하였다.

<그림 1> 환자의 자기결정 권리: 의료결정과정에서의 중심 영역으로

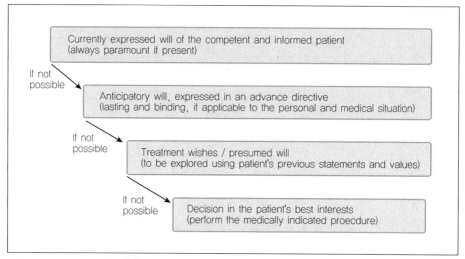

출처: Wiesing, jox 등(2012) "A New law on advance directives in Germany."

자들이 의사가 본인의 병명이나 병의 진행 상태를 가족이 아닌 본인에게 직접 알려주기를 원한다고 하였으며, 본인이 주도적으로 연명의료를 결정하고 싶다고 하였다(Kwon, et al, 2012). 하지만 서이종 등(2014)의 조사결과, 의료진 응답자의 42.1%가 실제 연명의료 결정에 참여한 경험을 통해서, 가족 의견의 불일치, 생명 단축에 대한 죄책감, 가족 및 환자의 이해부족, 그리고 법적 책임 등의 이유로 노인환자의 자기결정권리를 우선하기보다는 가족의 영향이나 가족 간의 의견 불일치에서 오는 법적 문제로 인하여 방어 진료를 선택하고 있다고 하였다. 이와 같이 환자와 가족, 전문 의료인들은 사전의료의향서나 연명의료의 필요성을 인식하고 있지만 의료 현장의 절차 과정에 따라 인식이 차이를 보이고 있었다. 김범석 등(2014)의 연구에서는 환자와 가족, 전문 의료인들 사이에서도 젊거나, 학력수준이 높을수록, 환자에게 직접 말기임을 알리는 것에 동의할수록, 무의미한 연명의료에 반대할수록, 암 환자의 적극적인 통증조절에 찬성할수록, 호스피스 완화의료에 호의적인 태도를 취할수록, 호스피스 완화의료를 위해 의료보험료를 더 낼 의향이 있을수록 사전의료의향서 작성의 필요성에 강하게 공감하고 있다고 하여, 앞으로 사전의료의향서의 제도화를 위해서 호스피스·완화의료 및 무의미한 연명의료에 대한 사회구성원의 포괄적인 인식 개선 및 사회 계층 운동, 그리고 국가적 차원의 보건·의료정책의 변화가 필요함을 제안하였다.9)

최근 우리나라에서도 노인환자의 자기결정권리가 존중되어야 하며, 의료 시술 동의서 및 사전의료의향서 작성을 제도화하여야 한다는 논의들이 시작되었다(김현주, 허정식, 2013; 이인영, 2013). 또한 임종의료 관련법의 제정을 위한 노력으로 '삶의 마지막 단계에서 자연스러운 죽음을 맞이할 권리에 관한 법률'(국회보건복지위원회, 2014)과 '임종과정 환자의 연명의료 결정에 관한 법률'(김재원 의원, 2015)이 국회에 상정되어 있다.10) 동 법에서는 노인을 포함한 모든 환자가 질병의 상태와 예후 및 연명의료 등을 정확하게 이해할 수 있어야 하며, 환자 스스로 연명의료 등을 선택 또는 거부할 수 있는 권리를 법으로 보장해 줄 것을 요구하고 있다. 그러므로 우리나라는 아직 임종의료결정 관련법이 입법화되지 못하여 미국이나 유럽에서처럼 노인환자와 가족의 임종의료결정 권리를 보장할 수 있는 의료보험법 시행령이나 세부 규정 등을 두지 못하고 있으며, 결과적으로 임종의료결정에 참여하는 환자와 가족, 전문 의료인, 그리고 비 의료인인 사회복지사를 보호할 수 있는 제도적 근거를 마련하지 못하고 있다.

3. 노인환자와 가족의 임종의료결정에서의 사회복지사 역할

1) 임종의료결정에 참여하는 사회복지사의 역할 및 업무기준

의료시설에서 근무하는 사회복지사는 다양한 분야의 의료 전문인들과 의료팀을 이루어 환자의 치료에 참여하고 있으며, 의료 전문인들과의 원활한 의사소통을 위하여 의료용어에 대한 이해와 의료지식을 갖추어야 한다(강흥구, 2014;

---

9) 호스피스 국민연대 모임, 케어라이츠, 사전의료의향서 실천 모임 등은 범 시민 운동으로 임종의료결정의 중요성을 인식하고, 노인환자와 가족, 전문 의료인과 사회복지사 등 비 전문 의료인을 위한 옹호활동 및 서비스 개발, 프로그램 실시를 하고 있다. 또한 임종의료 관련법의 제정 및 보건 ·의료 정책 개발을 위해 다양한 정책 활동에도 참여하고 있다.

10) 국회보건복지위원회 available from http://health.na.go.kr/site?siteId=site000003643&pageId=page000003697&is_kind=%EB%B2%95%EB%A5%A0%EC%95%88&is_searchTerm=PROPOSER&is_searchKeyword=%EA%B9%80%EC%84%B8%EC%97%B0&x=0&y=0

Liechty, 2011). 또한 이들은 환자와 가족에게 심리, 정서 서비스를 제공하기 위하여 전문 교육과 훈련을 받아야만 한다(홍영수, 2009).

현행 의료통합모델에서는 환자에게 최선의 의료서비스를 제공하기 위하여 각 의료 전문가들이 환자의 치료를 계획하고 수립하는 과정에 함께 참여하여 서로의 의견을 통합, 수렴하도록 권장하고 있다(Mosby's Medical Dictionary, 2014). 그러므로 임종의료결정 과정에서도 의료인인 의사와 간호사와 함께 사회복지사는 비 의료인으로서 서로의 전문성을 바탕으로 노인환자와 가족이 임종의료를 결정할 수 있도록 상호 보완적 역할을 수행하여야 한다. 전문 의료인인 의사와 간호사는 노인환자와 가족의 임종의료 결정에 매우 중요한 역할을 담당하고 있다. 하지만 이들은 환자의 완치와 생명 연장을 중시하는 현대 의료 이론에 입각하여 훈련을 받게 되어 실제 의료 현장에서 노인환자나 가족이 연명의료를 거절하거나 포기하는 경우 심리적 불편함을 느낄 수 있다고 하였다(문재영, 이희영, 임채만, 고윤석, 2012; Huang, Hu, Chiu & Chen, 2008). 서이종 등(2014)의 조사 결과, 의료진 응답자의 42.1%가 실제 연명의료 중단의 경험이 있으며, 가족이 환자의 연명의료를 포기하는 경우 의료인으로서의 윤리적 고민이 크다고 응답하였다. 의료인으로서 연명의료의 효과성에 대한 확신이나, 본인의 의료적 견해와는 달리 병원의 수입이나 병원 경영 차원의 이해관계 둥 에서 비롯되는 윤리적 문제 등으로 임종의료결정 과정에서 참여하는 의료인의 역할에 부담을 느낀다고 하였다.

임종의료결정에 참여하는 사회복지사는 환자중심의 서비스 이론에 입각하여 현재 의료 서비스 시스템에서 보호받기 어려운 노인환자와 가족의 임종의료 결정 권리를 옹호하고, 사전의료의향서에 대한 정보를 제공하는 일을 사회복지사의 중요한 역할로 인식하고 있다(Black, 2010; Haymen & Gurtheil, 2006). 그러므로 의료시설 및 장기요양 입소시설에서 노인환자와 가족의 임종의료결정 과정에 참여하여 도움을 제공하는 사회복지사의 역할은 중요한 업무 수행 능력으로 평가할 수 있다. Kane 등(2005, 51)은 임종의료결정에서의 사회복지사의 역할을 사전의료의향서에 대한 충분한 지식을 바탕으로 노인환자와 가족에게 임종의료에 대한 정보를 제공하고, 노인환자와 가족이 연명의료를 스스로 결정할 수 있도록 도움을 주며, 전문교육이나 훈련을 통해 노인환자나 가족이 임종의료결정 과정에서 경험하는 다양한 심리, 정서적 어려움을 지원하는 것으로 정의하였다.

의료 서비스 시스템에서 함께 근무하는 간호사와 사회복지사는 임종의료결정에서의 업무기준이나 역할이 서로 다르지만 의료팀으로 상호 보완적인 도움을 제공하는 것이 중요하며, 특히 사회복지사는 간호사의 역할을 보완하기 위하여 환자의 가치나 의견에 초점을 두고, 가족들과 환자의 의견을 조정하며, 환자의 죽음이나 상실에 대한 감정을 충분하게 들어줄 수 있는 역할에 중점을 두게 된다(Black, 2010). 또한 노인환자와 가족들이 간호사나 사회복지사의 역할에 대하여 기대하는 역할이 서로 달라서 사회복지사에게는 특히 죽음에 대한 가치나 연명의료 선택에 대한 대화를 편하게 나누거나 노인환자와 가족, 그리고 전문의료진 사이에서 서로 다른 의견을 중재할 수 있는 역할을 더 많이 기대한다고 하였다(Baker, 2000).

사회복지사의 죽음이나 임종의료결정에 대한 개인적 가치나 태도(Katz and Genevay, 2002; Black, 2007; Bern-Klug, 2008; Laguna et al., 2012), 노인환자와 가족에게 도움을 제공한 경험(Baker, 2001; Fagerlin and Schneider, 2004), 그리고 임종의료결정에 관한 전문교육이나 훈련을 받은 경험(Social Work Policy Institution, 2010; Bomba et al., 2011) 등에 따라서 임종의료 결정과정에서의 사회복지사 역할 이해도와 역할 수행에 차이를 보일 수 있다. 사회복지사가 노인환자와 함께 일한 근무 경력이나 환자 수 등도 사회복지사 역할에 영향을 줄 수 있다. 전문 의료인이나 환자, 가족들을 대상으로 하는 연구 중에서도 노인환자를 간호한 경험이 있거나 임종의료 결정에 관한 교육이나 훈련을 받은 경험이 있는 간호사와 전문 의료인 등(조계화·김균무, 2010; 홍선우·김신미, 2013)이 사전의료의향서 작성이나 연명의료에 대한 태도나 인식이 긍정적임을 알 수 있었다.

〈그림 2〉는 임종의료 결정에 참여하는 간호사와 사회복지사가 노인환자와 가족에게 사전의료의향서 작성과 연명의료 등에 관한 정보를 제공하고 도움을 주는 과정에서 중요하다고 판정하는 세 분야의 영역과 이들이 속한 의료 서비스 시스템의 환경적 특성의 중요성을 보여주고 있다.

일반 의료 서비스 시스템과는 달리 장기요양보험법으로 운영되는 우리나라 장기요양 입소시설 사회복지사의 임종의료결정 과정에서의 역할 중요성에 대한 인식이 제기되고 있다(한수연·이홍직, 2013). 장기요양 입소시설은 의료서비스가 필요한 "노인의료복지시설"로 분류되며, 노인환자를 응급의료 서비스로 연계하는

〈그림 2〉 간호사와 사회복지사의 사전의료의향서 필요성에 대한 판단 요인들[11]

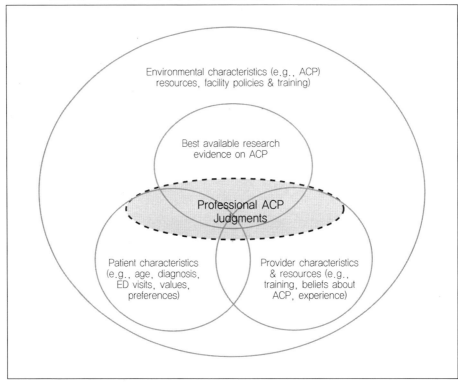

출처: Baughan et al.(2012).

과정에서 임종의료결정이 자주 요구되는 시설이다. 특히 말기 만성질환, 말기 알츠하이머 및 말기 치매 진단으로 본인의 연명의료를 스스로 선택할 수 없는 노인환자는 일반 노인환자에 비해 임종의료결정 권리 침해를 경험하기 쉬운 시 설이다. 그러므로 장기요양 입소시설을 이용하는 노인환자와 가족을 대상으로 임종의료결정에 관한 정보를 제공하고, 결정 과정에 참여하여 도움을 줄 수 있 는 사회복지사의 역할은 중요하다. 실제로 한수연(2015a, b)의 연구에 의하면, 장 기요양 입소시설 사회복지사의 노인환자와 가족의 임종의료결정 권리에 대한 이해와 임종의료결정에 참여하여 도움을 준 경험, 그리고 사전의료의향서에 관

---

11) Baughan 등은 간호사와 사회복지사가 사전의료의향서 작성의 필요성을 판단하는 예측 요인들 중에서 환자의 연령, 질병, 응급실 사용, 가치와 선호도 보다는 간호사나 사회복지사의 교육이나 훈련경험, 도움을 준 경험, 그 리고 임종의료 결정에 대한 인식 등이 더 중요한 작용을 하고 있다고 하였다.

한 지식 정도에 따라 임종의료결정에서의 사회복지사 역할에 대한 이해도가 높다고 하였다. 하지만 연구에 참여한 사회복지사의 50~60%가 임종의료결정에 도움을 제공하는 역할을 수행하고 있으면서도 사전의료의향서 및 연명의료 등 임종의료 결정에 관한 전문 교육이나 훈련을 받은 경험이 매우 적다고 하였으며, 이들이 원하는 교육 내용으로는 사전의료의향서에 필요한 의료지식 등 전문지식과 심리·정서 지원을 할 수 있는 상담 기술 등이라고 하였다.

2) 우리나라 의료법/장기요양보험법의 사회복지사 업무 기준 및 역할 규정

우리나라 의료법에서 규정하는 의료시설 사회복지사의 업무 및 역할은 국민건강진흥법 하위법령인 의료보험법 시행규칙(보건복지가족부령 제123호), 제38조, 6항 "의료인 등의 정원"에 의하여 다음과 같이 사회복지사 업무 및 역할 규정을 찾아볼 수 있다. 의료시설의 사회복지사는 "사회복지사 자격증을 가진 자 중에서 환자의 갱생, 재활과 사회복귀를 위한 상담 및 지도 업무를 담당하는 요원(의료법, 2009. 7. 1.)"으로 명시하고 있다. 하지만 사회복지사 1인당 환자 수나 자격증에 대한 요건은 명시되어 있지 않다. 현재 대한 의료사회복지사 협회는 협회 차원에서 자체적으로 의료사회복지사의 자격규정을 수립하고 수련과정과 보수교육 등 의료사회복지사 교육과 훈련을 담당하고 있다.

한편 우리나라 장기요양 입소 시설의 사회복지사 업무 및 역할에 대한 규정은 노인복지법 제34조, 장기요양 보험법, 제35조 3항, "시설 조건 및 인력 (보건복지부령 제 228호 별표 4)"과 "노인의료복지시설의 시설 및 직원배치 기준(노인복지법 시행규칙 제 22조 제1항)"에 따라 다음과 같다. 장기요양 입소시설의 사회복지사는 "노인의료복지시설의 입소자에게 건강유지, 여가선용 등 노인복지 제공 계획을 수립하고 복지증진에 관하여 상담, 지도한다"로 명시하고 있다. 또한 행정지침에서는 입소자 50인 이하의 장기요양 입소시설의 경우 사회복지사와 사무국장 등의 직원 배치기준이 동일하여, 사회복지사에게 전문 의료사회서비스가 아닌 장기요양 입소 시설 운영 및 행정 서비스를 지원할 수 있도록 하고 있다.

대한의료사회복지사 협회에서는 의료 서비스 시스템의 사회복지사의 업무 기준은 사회복지사 직무 표준들 전체 33개 하위항목을 다시 7개의 사회복지사

직무 기준으로 분류하고 있으며, 각 항목들은 심리 사회 정신적 문제 해결 지원, 경제적 문제 해결지원, 지역사회자원연결, 사회복귀 및 재활, 팀 접근, 사회사업 행정, 및 교육 연구조사 분야로 나누어 정의하고 있다(한인영 외, 2013). 또한 강흥구(2014)는 의료 서비스 시스템의 사회복지사 역할을 크게 3가지로 정의하여, 환자와 가족에게 심리·사회적 지원을 제공하는 치료자, 부족한 환경적, 재정적 도움을 제공하는 원조자, 그리고 의료 서비스 시스템 내에서 전문 의료인과의 서비스 조정자로 설명하였다. 하지만 남석인 등(2014)이 우리나라 의료사회복지사 역할에 대한 인식 조사를 한 결과, 경력이나 직책, 병상 규모 등과는 상관없이, 의료사회복지사가 가장 중요하다고 인식하는 역할이나 실제로 업무시간에 가장 많은 시간을 투입하는 역할이 모두 환자와 가족의 경제적 문제해결과 지역사회 자원 연결이라고 하여,[12] 치료자나 조정자의 역할보다는 환자의 의료비나 병원비를 지원하는 지원자의 역할에 치중하고 있음을 알 수 있다.

4. 임종의료결정에서에서 사회복지사의 의료사회서비스

노인환자와 가족의 임종의료결정에 참여하여 도움을 제공하는 사회복지사의 치료자 역할은 매우 중요하며, 전문적인 사회복지실천 기술이 요구되고 있다. Black(2010)의 연구에서도 사회복지사의 심리·정서적 지원은 노인환자와 가족의 죽음에 대한 두려움과 상실감을 줄일 수 있다고 하여, 사회복지사의 치료자 역할을 강조하였다. 사회복지사의 의료사회서비스는 의료 서비스 시스템에서 전문 의료인을 도와 환자의 치료 효과를 높이기 위하여 제공하는 서비스로서, 환자의 질병이나 예후에 대한 의료적 이해를 바탕으로 심리·정서적 치료 계획을 세워, 프로그램 등을 제공하는 것이다. 그러므로 노인환자와 가족의 임종의료 결정에 참여하는 사회복지사는 전문의료사회서비스를 제공할 수 있어야 할 것이다. 전문의료사회서비스로는 환자의 임종 단계를 이해하고, 말기 상태의

---

12) 대한의료사회복지사협회는 협회에 등록된 의료사회복지사를 대상으로 역할기준과 표준 설정을 위한 노력을 계속하고 있으며, 최근 실시한 연구를 토대로 의료사회복지사의 역할이 병원비의 보조나 경제적 지원에 편중에서 벗어나, 사회복지사의 심리, 정서적 치료 서비스를 개발하고, 보수 교육 등을 실시하여 의료사회서비스의 전문성 강화를 제도적으로 보장하여야 한다고 하였다. 대한의료사회복지사협회 춘계 심포지엄, 2014.

질병이나 임종을 예후하는 의료적 지식과 임종의료 결정 권리 및 사전의료의향서에 관한 정확한 지식을 갖추고, 전문 의료인을 도와 노인환자 및 가족이 임종의료를 결정할 수 있도록 상담과 교육 프로그램을 제공하는 것이다.

사회복지사의 의료사회서비스로는 우선 노인환자나 가족에게 사전의료의향서와 연명의료에 관한 정보를 제공할 정도의 기초적인 사전의료의향서 지식을 갖는 것이다. 사회복지사의 사전의료의향서에 관한 지식은 임종의료결정에서 노인환자와 가족에게 자기결정 권리의 필요성을 설명하고, 연명의료와 호스피스 및 완화의료에 대한 정보를 제공할 정도의 지식을 갖는 것이다. 구체적으로 연명의료의 결정시기와 연명의료 시술 종류 및 간단한 처치법 등을 설명할 정도의 의료지식과 사전의료의향서 작성에 필요한 법률 및 행정 절차와 의료대리인(Health Care Proxy; HCP) 선정 방법, 의료대리인의 권리 행사 및 개입 시점, 역할 등을 설명할 수 있어야 한다(Center for Medicare and Medicaid Service, 2014).[13]

사회복지사가 사전의료의향서의 필요성을 이해하고, 정확한 정보를 제공할 정도의 지식을 갖는 경우, 임종의료 결정에 참여하여 도움을 제공하는 사회복지사의 역할 이해도가 높아지며, 사회복지사의 업무 및 역할 수행능력에도 긍정적인 영향을 미칠 수 있다(Teno et al., 2007; Waldrop, 2008; Black, 2010). 사회복지사의 사전의료의향서에 관한 지식은 사회복지사가 임종의료결정에 관련된 전문 교육이나 훈련을 받은 경험이 있거나, 노인환자나 가족과 일한 근무 기간이 길거나, 또는 임종의료결정에 참여하여 도움을 준 경험이 있는 경우 높다고 하였다(Black, 2010 ; Kane et al,. 2005). 우리나라 장기요양시설에서 근무하는 사회복지사를 대상으로 연구한 한수연(2014)의 연구에서도 사회복지사의 사전의료의향서 지식이 높을수록 임종의료결정 권리에 대한 이해도와 사회복지사 역할에 대한 이해도가 높아질 수 있지만, 이들이 노인환자와 가족에게 사전의료의향서에 관한 정보를 충분히 제공할 정도의 의료지식이나 일반지식을 갖지 못하고 있으며, 특히 전문 교육이나 훈련을 통해 사전의료의향서 지식을 갖추어야 한다고 하였다(한수연, 2014).

---

13) Center for Medicare and Medicaid는 국가에서 운영하는 노인의료보험과 장애 및 저소득층을 위한 의료보험 서비스를 주관하는 정부의 기관으로 의료보험 수가를 책정하고, 의료인 및 비의료인의 역할을 명시하며, 의료보험 서비스에 대한 구체적인 규정을 정하여 매년 지침서(Manual)를 제공하고 있다.

임종의료결정에 참여하는 사회복지사의 복지 실천기술 중에서 의사소통 기술은 심리·정서적 지원을 위한 기본적 기술이다. 사회복지사는 의사소통 기술을 사용하며 환자나 가족의 의견을 경청하고, 죽음에 관한 대화를 시작할 수 있어야 하며, 정확한 정보를 제공하고, 노인환자와 가족의 죽음에 관한 서로 다른 이해에 대한 합의점을 찾도록 도움을 제공할 수 있다. 또한 사회복지사의 복지 실천기술인 상담과 교육 등은 노인환자와 가족, 그리고 전문 의료인이 임종의료를 결정할 수 있도록 심리·정서적 지원을 제공하는 중요한 의료사회서비스이다. 여러 연구들에서 상담과 교육 등 전문 사회복지실천 기술을 이용한 사회복지사의 의료사회서비스가 노인환자와 가족의 임종의료 결정 권리 및 절차에 관한 이해도를 높이고, 불안감을 줄이며, 편안한 죽음에 대한 긍정적인 사고를 증가시킬 수 있다고 하였다(Cohen & Kass, 2006; McInnis-Dittrich, 2005; Lacey, 2006; Teno et al., 2007). 실제로 임종의료결정에서 제공하는 상담 기술로는 죽음에 대한 두려움이나 갈등을 해결할 수 있는 스트레스 해결 및 적응을 위한 치료 기술과 애도 및 상실로부터 경험하는 슬픔을 상담하고 치료하는 기술 등이며, 노인환자의 임종 과정에서 필요한 외부 자원이나 서비스를 지원할 수 있는 사례관리 기술과 교육 등도 중요한 사회복지사의 실천 기술이다.

예를 들어 사회복지사의 심리교육치료 프로그램은 질병을 앓고 있는 환자와 가족들의 불안감을 줄이고, 질병에 대한 지식을 높여주어 질병 관리 및 질병으로 인한 스트레스 대처 기능 향상에 효과를 미치고 있다(Luken & Thorning, 2010; McFarlane et al, 1995). 그러므로 사회복지사의 심리교육치료 프로그램은 임종의료결정에서 경험하는 노인환자와 가족에게 정확한 정보를 제공하고, 임종의료결정 과정에서 발생하는 스트레스나 두려움, 불안감을 줄여줄 수 있는 상담을 제공하여 이들의 임종의료결정 권리 및 작성 절차에 관한 이해도를 높이고, 연명의료를 결정할 수 있도록 도움을 제공할 수 있다는 연구들도 있다(Han et al., Lee & Park, 2013; Han & Lukens, 2014).

5. 맺는 말

　본 장에서는 우리나라의 현행 의료 서비스 시스템 안에서 임종의료 결정에 참여하여 전문 의료인과 함께 노인환자와 가족에게 도움을 제공하는 사회복지사의 역할 및 사회복지사의 의료사회서비스의 중요성을 인식하고, 보건·정책적 차원에서 이들의 역할 및 업무기준을 제정하고, 의료사회서비스를 강화할 수 있는 정책을 제안하고자 한다.

　서이종 등(2014)은 우리나라의 의료서비스 시스템에서 임종을 맞이하고 있는 노인환자의 죽음은 노인과 가족의 개인적 죽음 준비 정도나 효 규범이나 임종 비용에 대한 사회·윤리적 해석, 그리고 병원의 임종의료 절차를 규정하는 법제도 등이 복합적이고 상호적으로 영향을 미치는 생명정치(bio-polotics)의 개념으로 이해하여야 한다고 하였다. 이제 우리나라에서도 임종의료결정 관련법의 제도화가 본격적으로 진행될 것으로 기대하며, 외국의 임종의료결정 관련법 제정과정에서 경험했던 다양한 문제점이나 실수 등을 되풀이하지 말아야 할 것이다.

　하지만 우리나라에서 임종의료결정 관련법을 제정하고 성공적으로 정착하기 위하여 다음과 같은 두 가지 사회 및 법제도의 전제 조건이 고려되었으면 한다. 우선 우리나라의 사회·문화적 특성을 반영하여 노인환자의 '자기결정 권리'를 새롭게 정의하여야 할 것이다. 노인환자의 '자율성이 보장되는 결정'을 위하여, 노인 환자의 의사결정 능력을 판정하는 의료적 기준과 함께 우리나라의 사회·윤리적 가치 기준을 반영할 수 있어야 있어야 한다. 임종의료결정에서 가족의 영향력이 개인의 결정을 지배하는 우리나라에서는 노인환자의 임종의료결정에 참여하는 가족의 범위를 정하고, 역할을 의무화하는 것은 물론 제도적으로 이들이 역할을 수행할 수 있도록 도움을 제공해야만 한다. 이미 미국과 유럽에서는 오랜 논의를 거쳐 임종의료 결정에 참여하는 가족의 중요성을 인식하고, 제도적으로 이들이 역할을 수행하려고 노력하고 있다. 둘째, 현재 우리나라 의료·사회적 가치의 전환을 통해 임종의료 서비스를 의료의 연속선으로 정의하고, 임종단계에서의 중요한 의료적 개입으로서 정의할 수 있어야 할 것이다. 그러므로 임종 과정에서의 '삶의 질' 향상을 위해 의료보험에서 임종의료 서비스를 보장할 수 있어야 하며, 시설 중심의 서비스는 물론 재가 서비스 등을 제도적으로 지원할 수 있어야 할 것이다.

그러므로 본 장에서는 임종의료결정 관련법을 통해 비의료인인 사회복지사 역할의 보건·정책적 지원을 위하여 다음과 같은 제안을 하고자 한다.

첫째, 현행 우리나라의 암관리법에서는 의료인이 말기암 환자나 가족에게 호스피스·완화의료의 선택과 이용 절차에 관하여 설명하도록 규정하고 있지만,[14] 모든 임종에 임박한 말기 환자와 자연사를 기대하는 노인환자를 대상으로 임종의료결정 관련법의 확대 및 제정이 필요하며, 전문 의료인은 물론 비의료인인 사회복지사의 업무기준을 정하고, 역할 수행 능력을 평가할 수 있는 시행령을 마련하는 것이 시급하다. 환자의 자기결정 권리 존중에 대한 이해와 권리 옹호는 중요한 의료사회서비스의 실천 원칙으로 사회복지사의 업무기준에 적용할 수 있다(NASW, 2010). 그러므로 우리나라에서도 임종의료결정 관련법 제정을 준비하는 단계에서 정부 관련 부처는 의료시설은 물론 장기요양 입소시설에서 근무하고 있는 사회복지사의 임종의료결정 서비스 현황 조사를 실시하고, 보건·정책적 차원에서 사회복지사의 역할을 제도적으로 지원하기 위하여 사회복지사의 업무 기준 및 수행능력 평가 기준 개발을 위한 기초 자료를 준비하여야 할 것이다.

둘째, 미국이나 영국, 독일의 임종의료결정 관련법에서는 임종의료결정에 참여하는 사회복지사의 의료사회서비스의 중요성을 인식하고 있으며, 환자와 가족, 그리고 임종의료결정에 참여하는 의사, 간호사는 물론 의료시설에서 근무하는 직원들을 위하여 사회복지사의 의료사회서비스가 확장되어야 한다고 하였다. 의료 서비스 시스템에서 근무하는 사회복지사는 임종단계의 노인환자에 대한 의료적 이해를 바탕으로 노인환자와 가족에게 상담과 교육 등의 전문 서비스를 제공할 수 있어야 한다. 우리나라에서도 임종의료결정 관련법에서 의료 시설은 물론 장기요양시설의 사회복지사가 제공할 수 있는 의료사회서비스를 확대하기 위하여, 보건·정책적 차원에서 다양한 의료사회서비스 프로그램의 개발

---

14) 우리나라 암관리법 제23조(의료인의 설명의무), 제24조(완화의료의 신청)에서는 의료선택 권리 및 의료선택 절차에 대하여 제도적으로 규정하고 있다. 즉 환자와 가족은 본인의 질병에 대한 정확한 정보와 설명을 듣고, 호스피스 및 완화의료를 결정할 수 있으며, 본인이 미리 지정한 의료대리인을 신청할 수 있다고 하였다.

및 서비스 제공의 현실화를 위하여 보험수가 적용 등의 제도적 지원이 병행되어야 하며, 동시에 의료사회서비스를 위한 교육 및 훈련 프로그램을 개발하고 지원할 수 있어야 할 것이다.

　　마지막으로, 우리나라에서 노인환자와 가족이 적극적인 연명의료나 암치료를 포기하는 경우, 이들이 선택할 수 있는 호스피스·완화의료 서비스가 매우 제한적이다. 우선 시설 현황에서 전국 54개소의 868 병상과 그 이용률도 12.7%로 매우 저조하다.15) 최근 호스피스 프로그램에서의 사회복지사 역할 연구 등에서 이들의 역할은 이미 임종의료결정을 마치고 호스피스 서비스를 이용하는 환자나 가족을 위한 심리·정서 및 경제적 지원 등으로 정의하고 있어서(최희경, 2013), 호스피스 서비스를 결정하기 이전 단계의 임종의료결정 과정에 참여하여 도움을 제공하는 사회복지사의 역할을 포함할 수 있어야 할 것이다. 또한 임종에 임박한 노인환자는 물론 지역사회 일반 노인, 그리고 그들의 가족들도 사전의료의향서를 작성하고 연명의료를 선택할 수 있는 권리를 보호받을 수 있어야 할 것이다. 이들에게 정보를 제공하고 임종의료결정 권리 옹호에 도움을 제공하는 사회복지사 역할도 중요하다. 그러므로 우리나라에서도 노인환자와 가족의 임종의료결정 권리를 보호하기 위하여 보건·정책적 차원에서 사회복지사의 의료서비스를 공공 의료 서비스로 확대하여야 하며, 또한 호스피스 서비스를 결정하는 단계부터 전문 의료인을 도와 노인환자의 가족의 임종의료결정에 도움을 제공하는 사회복지사의 의료사회서비스의 확대 및 제도적 지원을 제안하는 바이다.

---

15) 김대균, 2014은 말기암 환자의 완화케어 시설과 이용율에 관한 우리나라의 현황을 보고하면서, 건강보험 체계에서 말기암 치료비 지출의 경제적 이유로 호스피스 서비스 확대가 요구되고 있다고 하였다.

| 참고문헌 |

▣ 강수택, 1998, 『일상생활의 패러다임』 민음사.

▣ 강홍구, 2014, "의료사회복지사의 역할." 『의료사회복지실천론』 3rd, 정민사.

▣ 건강보험관리공단, 2012, "건강보험 진료비 실태조사."

▣ 구인회, 2004, "죽음의 개념과 뇌사찬반론." 『과학사상』 2004년 1권.

▣ 국립국어원, 2014, 표준 국어 대사전 available from "http://stdweb2.korean.go.kr/ search/view.jsp"

▣ 국민건강보험 건강보험정책연구원, 2011, "사망 전 의료이용의 합리적 관리를 위한 진료비 지출구조 분석."

▣ 국민건강보험공단, 2012, "실천적 건강복지 플랜."

▣ 권귀숙, 2004, "기억의 재구성 과정." 『한국사회학』 38(1): 107-130.

▣ 권복규 외, 2010, "우리나라 일부 병원에서 환자, 보호자, 의료진의 연명치료 중지 관련 의사결정에 관한 태도 연구" 『한국의료윤리학회지』 13(1).

▣ 금융의원회, 2012, "실손의료보험 종합개선대책"

▣ 기든스, 안소니, 1998. 『사회구성론』. 황명주 외 옮김. 자작아카데미.

▣ 김남옥, 2012, "몸의 사회학적 연구 현황과 새로운 과제." 『사회와 이론』 21(1): 289-326.

▣ 김대균, 2014, "호스피스 완화의료 활성화를 우한 핵심 선결과제" 호스피스완화의료체계 정립을 위한 국가 정책 방향 토론회.

▣ 김상우, 2005, 『죽음의 사회학』, 부산대학교 출판부.

▣ 김선미 외, 2011, "사망전 의료이용의 합리적 관리를 위한 진료비 지출구조 분석." 건강보험정책연구원.

▣ 김소윤 외, 2009, "연명치료중단과 유보 결정에 대한 한국 중환자 전담의사 의식과 실행" 『한국의료윤리학회지』 12(1).

▣ 김시영 외, 2012, 『가정완화의료 및 완화케어팀 제도 도입 방안 연구』, 호스피스완화의료학회.

▣ 김현주·허정석, 2013, "사전의료의향서에 대한 제언" 『한국의료법학회지』, 21(1).

▣ 김혜경 외, 2011, 『노인돌봄: 노인돌봄의 경험과 윤리: 좋은 돌봄을 위하여』, 양서원.

▣ 김홍중, 2013, "사회로 변신한 신과 행위자의 가면을 쓴 메사아의 전투: 아렌트의 '사회

적인 것'의 개념을 중심으로."『한국사회학』 47(5): 1-33.

▣ 김훈기, 2005,『생명공학과 정치: 한국 생명윤리법의 사회적 형성과정』, 휘슬러.

▣ 남석인·최권호, 2014, "의료사회복지사의 역할 및 특성 연구." 대한 의료사회복지사협회 제33차 춘계 심포지엄

▣ 능행, 2010,『이 순간』. 휴.

▣ 다미니오·안토니오, 1999,『데카르트의 오류』. 김린 옮김. 중앙문화사.

▣ 뒤르켐, 에밀, 2008,『자살론』, 황보종우 옮김, 청아출판사.

▣ 문재영·이희영·임채민·고윤석, 2012, "연명치료 중지에 대한 내과 전공의들의 인식과 심리적 스트레스"『Korean J Crit Care Med』 27(1): 16-23.

▣ '모든 병원비를 국민건강보험 하나로' 시민회의, 2011, "모든 병원비를 국민건강보험 하나로 해결하는 재정 해법." 건강보험 하나로 시민회의 정책토론회.

▣ 모심과살림연구소, 2010,『죽임의 문명에서 살림의 문명으로』, 한 살림.

▣ 문순홍, 2006,『생태학의 담론』, 아르케.

▣ 박경숙, 2003,『고령화 사회 이미 진행된 미래』. 의암출판.

▣ _____, 2004, "생애구술을 통해 본 노인의 자아"『한국사회학』38(4): 101-132.

▣ 박경숙, 김주현, 이상림, 최인희, 손정인. 2009. "노인인권상황 실태조사 결과보고서." 국가인권위원회.

▣ 박명화 외. 2009. "2008년 노인생활실태 및 복지욕구조사." 계명대학교 산학협력단, 보건복지부.

▣ 박재원 외, 2013, "재가 및 요양시설 거주 노인의 사전의료의향서에 대한 지식, 경험 및 선호도"『한국노년학』33(3).

▣ 박종현 외, 2010, "장기요양과 의료서비스의 통합케어 모형개발." 건강보험정책연구원,

▣ 박형신·정수남, 2013, "거시적 감정사회학을 위하여."『사회와 이론』15: 195-234.

▣ 보건복지부, 2011, "노인장기요양보험법령집." http://www.longtermcare.or.kr/portal/site/nydev/B0018/

▣ 보건복지부, 2014,『2014년 완화의료전문기관 지원 사업안내』.

▣ 보건복지부·국립암센터, 2009,『완화의료 팀원을 위한 호스피스완화의료 개론』.

▣ 보건복지부·국립암센터, 2012,『완화의료 팀원을 위한 호스피스완화의료 개론』.

▣ 보건복지부 질병정책과, 2013, "말기암환자 완화의료 정책" 한국호스피스협회 춘계 학술세미나 발표자료.

▣ 보건사회연구소, 2012, "한국의료패널 기초분석보고서."

▣ 보건의료정책 포럼, 2011, "민간의료보험 시장규모와 역할" 발표문.

▣ 보험연구원, "생명보험 상품별 해지율 추정 및 예측모형."

▣ 서남규 외, 2013, "질병별 및 사회경제요인별 의료비 규모 추정 연구." 건강보험정책연구원.

▣ 서이종, 2006, "배아연구에 따른 한국 종교의 생명윤리의 태동과 그 사회학적 비교" 『ECO』 10(1).

▣ 서이종, 2008, "막스 베버의 자본주의 '정신'의 문제제기와 그 이론적 특성" 『사회와 이론』 13(2).

▣ 서이종, 2014a, "노년의 생명윤리와 생명정치" 2013년 국제회의 What's Matter in Politics of the Elderly 발표문 2014. 5.

▣ 서이종, 2014b, "'사회적인 것'으로서 죽음과 노인의 죽음정치" 2014년 비판사회학. 대회 발표문 2014. 10. 25.

▣ 서이종·박경숙·구미진·정령·안경진, 2014, "노화, 만성질환, 임종기 연명의료, 완화의료에 대한 의식 조사 결과와 쟁점." SSK 노년의 생명(윤리) 정치 포럼 국제 세미나.

▣ 서이종·박경숙 등, 2014, "노년의 생명윤리의 생명사회·생명정치적 연구 – 노화·만성질환·죽음에 대한 의식조사." 한국연구재단 SSK 1차년도 결과보고서. 2014. 6.

▣ 설선혜/이춘길, 2008, "신경윤리학: 뇌과학의 윤리적, 철학적, 법적, 사회적 문제" 『한국심리학회』 27 (1).

▣ 송병기, "한국의 사회문화적 배경은 노인을 둘러싼 의료적 대처, 특히 인공영양 공급에 어떻게 반응하는가?" 제46회 이화생명포럼(2014. 12. 4.), 이화여자대학교 생명의료법연구소.

▣ 시마다 히로미, 2011, 『사람은 홀로 죽는다』. 이소담 옮김, 미래의 창.

▣ 신동일, 2012, "연명치료중단을 위한 법해석과 현실" 국가생명윤리정책연구원 창립기념 정책세미나 '한국에서의 연명치료중지, 어디로 가야 하나? – 사전의료의향서를 중심으로' 2012. 4. 25.

▣ 오진탁, 2015, 『생과 사의 인문학』. 모시는 사람들.

▣ 오이겐(大井玄), 2013, 『치매 노인은 무엇을 보고 있는가』 안상현 옮김, 윤출판.

▣ C. G. 융, C. S. 홀, J. 야코비, 1986, 『융 심리학 해설』 설영환 옮김, 선영사.

▣ 염운옥. 2009. 『생명에도 계급이 있는가; 유전자 정치와 영국의 우생학』, 책세상.

▣ 윤영호, 2014a, 『나는 한국에서 죽기 싫다』 엘도라도.

▣ _____, 2014b, "말기환자의 인간답고 편안한 임종을 위한 웰다잉지원방안" 말기 환자를 위한 웰다잉지원방안 국회 토론회 2014. 12. 8.

▣ 이가옥 외, 2004, "노인독립 담론에 대한 비판적 고찰". 『한국사회복지학』 56권 1호.

▣ 이건세, 2009, 『호스피스 완화의료 관리지침 표준화 및 효율적인 의료전달체계 구축』, 심평원.

▣ 이금룡, 2006. "한국사회의 노년기 연령규범에 관한 연구"『한국노년학』26(1).

▣ 이상문. 2005, "정신, 신체적 건강" 박경숙 외, 『빈곤의 순환고리들』동아대출판부: 58-92

▣ 이선미·이희영·김재윤·강성욱, 2011, 『사망전의료이용의 합리적 관리를 위한 진료비 지출구조 분석』건강보험정책연구원.

▣ 이영숙, 2013, "한국 호스피스 완화의료 사회복지의 과거, 현재 그리고 미래 전략."『한국호스피스완화의료학회지』16(2): 65-73.

▣ 이은봉, 2000, 『한국인의 죽음관』서울대출판부.

▣ 이은주, 2007, "노화방지의학의 허와 실"『대한의사협회지』50(3).

▣ 이인영, 2013, "법학자의 관점에서 본 연명의료의 환자결정권 보장과 제도화 방안." 대한의사협회 의료정책연구소, 의료정책포럼, 11(3).

▣ 이재리·이정권·황선진·김지은·정지인·김시영. 2012. "말기암환자의 완화의료에 대한 의사들의 인식과 완화의료 의뢰 시 장애요인."『한국호스피스완화의료학회지』15/1: 10-17.

▣ 이창익. 2013. "죽음에 관한 일곱 가지 이야기: 정진홍의 죽음론."『종교문화비평』24: 177-221.

▣ 이호용 외, 2013, "장기요양보험이 의료이용 변화에 미치는 영향" 건강보험정책연구원.

▣ 임소연, 2011, "성형외과의 몸-이미지와 시각화 기술", 『과학기술학연구』11(1).

▣ 정경희 외. 2005. "2004년도 전국 노인생활실태 및 복지욕구조사." 서울: 한국보건사회연구원.

▣ _____. 2006. "한국의 사회서비스 쟁점 및 발전전략." 서울: 한국보건사회연구원.

▣ 정순둘, 2001, "노인의 가족유형과 고독감에 관한 연구."『한국가족복지학』4(7): 255-274.

▣ 조계화·김균무, 2010, "간호사와 의사의 임종치료선호도 점수에 영향을 미치는 예측요인."『한국의료 윤리학회지』, 13(4): 305-320.

▣ 조성남, 2004, 『에이지붐 시대』, 이화여자대학교 출판부.

▣ 천선영, 2001/2, "노망과 치매 사이", 『사회와 문화』13집.

▣ _____, 2012. 『죽음을 살다: 우리 시대 죽음의 의미와 담론』. 나남.

▣ 최경석, 2009, "자발적인 소극적 안락사와 소위 '존엄사'의 구분 가능성", 『한국의료윤리학회지』12(1).

▣ 최경석, 2014, "연명치료 관련 대법원 판결과 쟁점" 8회 노년의 생명정치 포럼 발표문.

▣ 최민자, 2009, 『생명에 관한 81개조 테제-생명정치 구현을 위한 진지로의 접근』, 모시는 사람들.

◾ 최영순, 2014, "말기환자 임종 현실과 문제점, 말기환자를 위한 웰다잉 지원방안" 국토 토론회 발표문 2014. 12. 8.

◾ 최희경, 2011, "호스피스·완화의료에서의 사회복지사 역할과 수행능력에 대한 연구." 『사회과학조사』, 29(4); 225-48.

◾ 케이건, 셸리. 2012. 『죽음이란 무엇인가』. 박세연 옮김. 엘도라도

◾ 통계청, 2013, "2013 출생사망통계(잠정)" available from http://kostat.go.kr/portal/korea/ kor_nw/2/1/index.board?bmode=read&bSeq=&aSeq=311884&pageNo=1&rowNum= 10&navCount=10&currPg=&sTarget=title&sTx=%EC%B6%9C%EC%83%9D+%EC% 82%AC%EB%A7%9D

◾ 한국죽음학회, 2010, 『한국인의 웰다잉 가이드라인』, 대화문화아카데미 대화출판사.

◾ 한수연, 2015a, "노인환자와 가족의 임종의료결정 권리이해도 및 사회복지사 역할 이해 도"『호스피스 완화의료학회지』. 18(1): 42-50.

◾ _____, 2015b "장기요양시설 사회복지사 사전의료의향서 지식 및 노인환자 임종의료 결정에서의 사회복지사 역할 이해도."『생명연구』, 36.

◾ 한수연·이홍직, 2013, "노인환자와 가족의 연명 의료 의사결정 참여에 관한 소고: 미국 의 의료보험법을 중심으로."『GRI 연구논총』, 15(2): 71-80.

◾ 한인영·최현미·장수미·임정원·이인정·이영선, 2014, 『의료현장과 사회복지 실천』, 학지사.

◾ 한은정 외, 2014, "장기요양보험 인정자의 사망 전 급여이용 실태 분석" 건강보험정책연 구원, 2014. 12. 1.

◾ 한자경, 2006, 『불교의 무아론』, 이화여자대학교출판부.

◾ 허대석, 2008, "무의미한 연명치료를 거부할 권리"『대한의사협회지』 51(6).

◾ _____, 2014, "한국인의 임종문화" 말기환자를 위한 웰다잉지원방안 국회 토론회 2014. 12. 8.

◾ 홍선우·김신미, 2013, "지역사회 거주 노인의 임종기치료, 연명 의료, 사전의료의향서 에 대한 지식."『한국간호교육학회지』, 19(3): 330-340.

◾ 홍영수, 2009, "의료사회복지사 역할."『의료사회복지실천론』 신정.

◾ 후설, 에드문트, 1988, 『현상학의 이념, 엄밀한 학으로서의 철학』 이영호, 이종훈 옮김, 서광사.

◾ NHK 무연사회 프로젝트팀. 2012. 『무연사회: 혼자 살다 혼자 죽는 사회』. 김범수 옮김. 용오름.

◾ Tom L. Beauchamp·James F. Childress, 2014, 『생명의료윤리의 원칙들』, 박찬구 외 역, 이화여자대학교 생명의료법연구소.

■ 波平惠美子(나미히라에미코), 1990, 『病と死の文化』朝日選書.

■ Agamben, Giorgio, 1995, *Homo sacer* (호모 사케르: 주권 권력과 벌거벗은 생명), 새물
결, 2008.

■ _____, 2003, *Stato di eccezione* (예외상태, 김향 옮김), 새물결, 2009.

■ Albrecht AE, Marcus BH, Roberts M, Forman DE, Parisi AF, 1998. "Effects of smoking
cessation on exercise performance in female smokers participating in exercise training"
American Journal of Cardiology 82: 950-955.

■ Altman, Irwin et als. eds. 1984. *Elderly People and the Environment*. Springer
Science+Businuss Media, LLC.

■ Baars, Jan et al, (eds.), 2014, Ageing, Meaning and Social Structure: Connecting critical
and humanistic gerontology, Policy Press.

■ Baker J. L., 1958. "The unsuccessful aged" *Journal of the American Geriatrics Society*
7: 570-572.

■ Baltes P. B., 1997. "On the incomplete architecture of human ontogeny: Selection,
optimization, and compensation as foundation of developmental theory", *American
Psychologist* 52: 366-380.

■ Berger, Peter & Luckmann, Thomas. 1971. *The Social Construction of Reality: A
Treaties in the Sociology of Knowledge*. Penguin Books.

■ Bern-Klug, 2008, "State Variations in Nursing Home Social Worker Qualifications."
Journal of Gerontological Social Work. 51(3-4), 379-409.

■ Black, K., 2006, "Advance Directives Communication: Nurses' and Social Workers'
Perception of Roles", *American Journal of Hospice & Palliative Medicine*, 23(3),
175-84.

■ _____, 2010, "Promoting Advance Care Planning the National Health Care Day
Initiative" *Journal of Social Worker in End of Life and Palliative Care*, 6 (1-2), 11-26.

■ Bomba P. A., Morrissey, M.B., and Leven, D.C., 2011,"Key Role of Social Work in
Effective Communication and Conflict Resoultion Porcess", *Journal of Social Work End
of Life and Palliative Care* 7 (1), 56-82.

■ Bourdieu, Pierre, 1979, *La Distinction* (구별짓기 상, 하, 최종철 옮김), 새물결.

■ Bourgois, Philippe, 2000, "Disciplining Addictions: The Bio-Politics of Methadone and
Heroin in the United States." in: *Culture, Medicine and Psychiatry* 24.

■ Browning, R. C. and K. A. Cagney. 2003. "Moving beyond Poverty: Neighborhood

Structure, Social Processes, and Health", *Journal of Health and Social Behavior* 44:
522–571.

▣ Buchanan, Allen et al. 2001 *From Chance to Choice: Genetics & Justice*, Cambridge
Uni. Press.

▣ Butler Butler R. N., 1974. "Successful aging" *Mental Health* 58: 6–12.

▣ Callahan, Daniel, 2000, "Justice, Biomedical Progress and Palliative Care", *Progress in
Palliative Care* 8 (3/4).

▣ CMS, 2014, "CMS Manual System", from, www.cms.gov/Regulations–and–Guidance/
Guidanc

▣ Cohen, E., & Kass, L. R. 2006. "Cast Me Not Off in Old Age" *Commentary*, 121(1),
32–39.

▣ Corrigan, O., 2003, "Empty ethics: the problem with informed consent", in: *Sociology
of Health and Illness* 25(3).

▣ Corrigan, O. et. al., 2009, *The Limit of Consent: A Socio–Ethical Approach to Human
Subject Research in Medicine*, Oxford University Press.

▣ Damasio, Antonio. 1994. *Decartes' Error: Emotion, Reason, and the Human Brain*. NY:
Putna.

▣ De Vries, R. et. al., 2007, *The View from Here: Bioethics and the Social Sciences*,
Blackwell.

▣ Deguchi Y, Nishimura K, 2001. "Efficacy of influenza vaccine in elderly persons in
welfare nursing homes: reduction in risks of mortality and morbidity during an influenza
A (H3N2) epidemic" *Journal of Gerontology Medical Science*, 56A: M391–M394.

▣ Dowd, James. 1975. "Aging as Exchange: a Preface to Theory." *Journal of Gerontology*.
30/5: 584–594.

▣ Dworkin, G./S. Bok, 1998, *Euthanasia and Physician–Assisted Suicide* (안락사 논쟁),
책세상, 1999.

▣ Elias, Nobert, 2001, *Loneliness of the Dying* (죽어가는 자의 고독, 김수정 옮김), 문학
동네.

▣ Erikson, Erik. 1978. *Identity and the Life Cycle*. New York: W. W. Norton & Company.

▣ Esposito, Roberto, 2008, *Bios: Biopolitics and Philosophy* (translated by T. Campbell),
Minneapolis: University of Minnesota Press.

▣ Etnier J. L., Salazar W, Landers D. M., Petruzzello SJ, Han M, Nowell P, 1997. "The influence
of physical fitness and exercise upon cognitive functioning–a meta–analysis" *Journal*

of Sport Exercise Psychology 19: 249-277.

▣ Evans, J. H. 2000, "A Sociological Account of the Growth of Principlism" in: *Hastings Center Report* 30.

▣ Fagerlin, A., & Schneider, C., 2004, "Enough The Failure of the Living Will" *The Hastings Center Report* 34 (2), 30-42.

▣ FDA, 2009, LASIK: Quality of Life Project, Warning Letter to Facilities, FDA Health Information Foucault, Michel, 2007, *The Birth of Biopolitics: Lectures at the College de France 1978-1979* (trans, by G. Burchell), Palgrave Macmillan.

▣ Fiatarone-Singh MA, 2002. "Exercise comes of age: rationale and recommendations for a geriatric exercise prescription", *Journal of Gerontology Medical Science* 57A: M262-M282.

▣ Fisher A, Morley J. E., "Antiaging medicine: the good, the bad, and the ugly", *Journal of Gerontology & Biology Science Med Sci.* 2002 Oct; 57(10): M636-9.

▣ Flaherty J. H., McBride M, Marzouk S, et al. 1998. "Decreasing hospitalization rates for older home care patients with symptoms of depression" *Journal of American Geriatric Society* 46: 31-38.

▣ Flaherty J. H., Morley J. E., Murphy D, Wasserman M. 2002. "The development of outpatient clinical Glidepaths TM" *Journal of American Geriatric Society* 50: 1886-1901.

▣ Foucault, Michel, 2007, *The Birth of Biopolitics: Lectures at the College de France 1978-1979* (trans, by G. Burchell), Palgrave Macmillan.

▣ Foucault, Michel, 1973, *The Birth of the Clinic* (trans. by A. M. Sheridan) London: Routledge.

▣ Fox, R./J. P. Swazey, 2008, *Observing Bioethics*, Oxford University Press.

▣ Franklin, Sarah/M. Lock, 2003, *Remaking Life and Death: Towards an Anthropology of the Biosciences*, Santa Fe, N. M.: School of American Research Press.

▣ Fries J. F., 2002. "Successful aging-an emerging paradigm of gerontology" *Clinical Geriatric Medicine.* Aug; 18(3): 371-82.

▣ Garreau, Joel, 2005, *Radical Evolution: The Promise and Peril of Enhancing Our Minds, Our Bodies-And What it means to be Human*, New York: Doubleday.

▣ Geertz, Clifford. 1973. *The Interpretation of Cultures.* Basic Books.

▣ Gray, Chris Hables, 2002, *Cyborg Citizen: Politics in the Posthuman Age*, Routledge.

▣ Han, S., Kim, J., Han, J., Park, S., and Lee, H., 2013, "The Effect of Psychoeducational

Intervention Program on Family Caregivers' Understanding about End of Life Decision for Korean Immigrant Olders with Dementia" 사회복지연구, 35, 1-23.

▣ Haraway, Donna, 1993, "The Biopolitics of Postmodern Bodies: Determinations in Immune System Discourses." in: Lindenbaum, S./M. Lock (eds.) *The Anthropology of Medicine and Everyday Life, Berkeley*, CA.: University of California Press.

▣ Hardt, Michael/A. Negri, 2004, *Multitude: War and Democracy in the Age of Empire*, Penguin Press.

▣ Haymen, J. C. and Gutheil, I. A., 2006, "Social Work Involvement in End of Life Planning" *Journal of Gerontological Social Work* 47(3-4), 47-61.

▣ Hedgecoe, Adam, 2004, *The Politics of Personalised Medicine*, Cambridge University Press.

▣ Hercberg S, Galan P, Preziosi P, Alfarez MJ, Vazquez C, 1998. "The potential role of antioxidant vitamins in preventing cardiovascular diseases and cancers" *Nutrition* 14: 513-520.

▣ Hermanson B, Omenn G. S., Kronmal R. A., Gersh B. J., 1988. "Beneficial six-year outcome of smoking cessation in older men and women with coronary artery disease. Results from the CASS registry" *New England Journal of Medicine.* 319: 1365-1369.

▣ Hochschild, Russel. 1979. "Emotion Work, Feeling Rules, and Social Structure", *American Journal of Sociology* 85/3: 551-574.

▣ Huang, C-H., Hu,W-Y., Chiu, T-Y., Chen, C-Y. 2008. "The Practicalities of Terminally Ill Patients Signing Their Own DNR Orders: A Study in Taiwan", *Journal of Medical Ethics*, 34(5). 336-340.

▣ Hubert HB, Bloch D. A., Oehlert J. W., Fries J. F., 2002. "Lifestyle habits and com-pression of morbidity" *Journal of Gerontological Medicne Science.* 57A: M347-M351.

▣ Hughes, James J., 2004, *Citizen Cyborg: Why Democratic Societies Must Respond to the Redesigned Human of the Future*, Westview.

▣ Hughes, James J., 2006, "Human Enhancement and the Emerging Technopolitics of the 21st Century." in: Bainbridge, W.S. et al. (eds.), *Managing Nano-Bio-Info-Cogno Innovations: Converging Technologies in Society*, Springer.

▣ IOM(Institute of Medicine of the National Academies), 2015, *Dying In America: Improving Individual Preferences Near the End of Life*, Washington D. C.

▣ Jacobson, Nora, 2012, *Dignity and Health*, Nashville: Vanderbilt University Press.

▣ John W. Rowe, Robert L. Kahn. 1987, "Human Aging: Usual and Successful", *Science*,

New Series, Vol. 237, No. 4811. (Jul. 10, 1987), pp. 143-149.

▣ Juvin, Herve, 2010, *The Coming of the Body* (trans. by John Howe), Verso.

▣ Kane, M. N., Hamlin, E. R., and Hawkins, W. E., 2005, "Perceptions of Preparedness to Assist Elders with End of Life Care Preferences" *Journal of Social Work End of Life and Palliative Care* 1(1), 49-69.

▣ Katz, R. S. and Genevay, B., 2002, "Our patients, our families, ourselves: The Impact of the professional's emotional responses on end-of-life care", *American Behavioral Scientist*, 46: 327-339.

▣ Kaufman, Sharon R./Lynn M. Morgan, 2005, "The Anthropology of the Beginnings and Ends of Life." in: *Annual Review of Anthropology* 34.

▣ Kaufman, Sharon. 1986. T*he Ageless Self: Sources of Meaning in Late Life*. The University of Wisconsin Press.

▣ Keller, Evelyn Fox, 2008, "Nature and the Natural." in: *BioSocieties* 3, 117-124.

▣ Kirkendall, A. M., Waldrop, D., & Moone, R. P. 2012. "Caring People with Intellectual Disabilities and Life-Limiting Illness: Merging Person-Centered Planning and Patient-Centered, Family Focused Care." *Journal of Social Work in End-of-Life & Palliative Care*, 8(2), 135-150.

▣ Klawiter, Maren, 2008, *The Biopolitics of Breast Cancer: Changing Cultures of Disease and Activism*, University of Minnesota Press.

▣ Knoops et al. Mediterranean Diet, 2004, "Lifestyle Factors, and 10-Year Mortality in Elderly European" *Journal of American Medical Association* 292: 1433-1439.

▣ Kramer A. F., Hahn S, McAuley E, 2000. "Influence of aerobic fitness on the Neurocognitive function of older adults" *Journal of Aging Physical Activity* 8: 379-385.

▣ Krimsky, Sheldon et al. (eds.) 2005 *Rights and Liberties in the Biotech* Age, Rowman & Littlefield.

▣ Kwon, Koh, Yun, Suh, Heo, 2012, "A Survey of the Pespectives of Patient who are seriously ill regarding EOL decision in some medical institutionss of Korea, China, and Japan" *Journal of Medical Ethics*, 38(5), 301-316.

▣ Lacey D., 2005, "Nursing Home Social Worker Skills and End-of-Life Planning", *Social Work in Health Care* 40(4), 19-40.

▣ Laguna, J., Enguidanos, S., Sicitiano, M., and Coulourides-Kogan, A., 2012, "Racial/ Ethnic Minority Access to End-of-Life Care: A Conceptual Framework.", *Home Health Care Services Quarterly*, 31(1): 60-83.

■ Lemke, Thomas, 2011, *Biopolitics: An Advanced Introduction*, New York University Press.

■ Levine Madori, Linda. 2012. *Transcending Dementia through the TTAP Method*. Maryland: Health Professions Press.

■ Liechty, J. M., 2011, "Health Literacy: Critical Opportunities for Social Work Leadership in Health Care and Research" *Health and Social Work* 36(2), 99-107.

■ Longino, Charles and Cary Kart. 1982. "Explicating Activity Theory: A Formal Replication." *Journal of Gerontology*. 37/6: 713-722.

■ Lukens, E. & Thorning, H. 2010. "Psychoeducational family groups." In: A. Ru bin, D.W. Springer & K. Trawver.(Eds.) *Psychosocial Treatment of Schizophrenia*. Hoboken, New Jersey: John Wiley & Sons.

■ Lynn, Joanne/David M. Adamson, 2003, *Well-Living at the End-of-Life*, Santa Monica, CA.: RAND

■ McFarlane, William R., Ellen Lukens, Bruce Link, Robert Dushay, Susan A. Deakins, Margaret Newmark, Edward J. Dunne, Bonnie Horen, and Joanne Toran. 1995. "Multiple-family groups and psychoeducation in the treatment of schizophrenia" *Archives of General Psychiatry* 52: 679-687.

■ McInnis-Dittrich, K.(2005). *Dying, Bereavement, and Advance Directives*. In 2nd Ed., Social Work with Elders(pp. 346-379). Pearson A & B New York.

■ Menec V. H., 2003, "The relation between everyday activities and successful aging: a 6-year longitudinal study" *Journal of Gerontology B Psychological Science Social Science*. Mar;58(2): S74-82.

■ Milbrath, Lester W. 1993, "Redefining the Good Life in a Sustainable Society." in: *Environmental Values* 2.

■ Minkler, Meredith/C. L. Estes (eds.), 1991, *Critical Perspectives on Aging*, Baywood Publish.

■ Moody, H. R. 2008. "The White House Conference on Aging in 2015; The Shape of Things to Come", from http://assets.aarp.org/www.aarp.org_/articles/research/oaa/whconf_2015.pdf

■ Murtagh, Fem et al, 2004, "Patterns of Dying: palliative care for non-malignant disease", *Clinical Medicine* 4 (1) Jan/Febr. 2004

■ NASW, 2014. "Standards for Social Work Practice in Health Care Settings." from http://www.socialworkers.org/practice/naswstandards/Health%20care%20standardsfinal%

20draft.pdf

▣ Nelsen, Judith E. et al., 2010, "Models for structuring a clinical initiative to enhance palliative care in the intensive care unit: A Report from the IPAL−ICU Project", *Critical Care Medicine* 38 (9) pp. 1765−1772 Sept. 2010.

▣ Newseek, 10, 8, 2012, "Heaven is Real." from http://www.newsweek.com/proof−heaven−doctors−experience−afterlife−65327

▣ Njolstad I, Arnesen E, Lund−Larsen GP, 1996. "Smoking, serum lipids, blood pressure, and sex differences in myocardial infarction. A 12−year follow−up of the Finnmark Study" *Circulation*. 93: 450−456.

▣ Notman, M. T./C. Nadelson, 2002, "The hormone replacement therapy controversy." in: *Archives of Women's Mental Health* 5.

▣ Pearlin, Leonard. 1989. "The Sociological Study of Stress." *Journal of Health and Social Behavior* 30/3: 241−256.

▣ Peterson, Alan, 2011, *The Politics of Bioethics*, London: Routledge.

▣ Rabinow, Paul, 1996, "Artificiality and enlightenment: from sociobiology to biosociality." in: *Essays on the Anthropology of Reason*, Princenton University Press.

▣ Rabinow, Paul/N. Rose, 2006, "Biopower Today." in: *BioSocieties* 1, 195−217.

▣ Rid, A., Wendler, D., 2010, "Can We Improve Treatment Decision−Making for Incapacitated Patients?", *Hasting Report*, 40(5), 36−45.

▣ Riley M. W., 1998. "Letter to the editor" *The Gerontologist* 38: 51.

▣ Robertson, George et al. (ed.), 1996, *FutureNatural: Nature, Science, Culture*, Routledge.

▣ Rose, Nikolas, 2007, *The Politics of Life Itself*, Princeton University Press.

▣ Rowe J. W., Kahn R. L., 1997, "Successful aging", *The Gerontologist*. Aug; 37(4): 433−40.

▣ Sabatino, C. P., 2013, "The Evolution of Health Care Advance Planning Law and Policy" *The Milbank Quarterly* 88(2), 211−239.

▣ Sandel, Michael, 2007, *The Case Against Perfection* (생명의 윤리를 말하다, 강명신 옮김), 동녘.

▣ Sandhu S. K, Barlow H. M., 2002, "Strategies for successful aging" *Clinical Geriatric Medicine*. Aug; 18(3): 643−8.

▣ Searight, Russel and Jennifer Gafford. 2005. "Cultural Diversity at the End of Life; Issues and Guidelines for Family Physicians." *American Family Physician* 71/3.

▣ Seeman, M. 1983. "Alienation Motifs in Contemporary Theorizing: the Hidden

Continuity of Class Themes." *Social Psychology Quarterly* 46: 171-84.

▣ Singh NA, Clements KM, Singh MAF, 2001. "The efficacy of exercise as a long-term antidepressant in elderly subjects: a randomized, controlled trial" *Journal of Gerontological Medical Science* 56A: M497-M504.

▣ Social Work Policy Institution, 2010, *Hospice Social Work: Linking Policy*, Practice and Research, Washington, DC. National Association of Social Workers.

▣ Solomon, Mildred Z. et al, 1993, "Decisions Near the End of Life: Professional Views on Life-Sustaining Treatment" *Public Health Policy Forum* 83 (1).

▣ Stein, G. L, Fineberg, I. C., 2013, "Advance Care Planning in the US and UK", *The British Journal of Social Work*, 43(2), 233-248.

▣ Strawbridge W. J., Wallhagen M. I., Cohen R. D., 2002. "Successful aging and well-being: Self-rated compared with Rowe and Kahn" *The Gerontologist* 42: 727-733.

▣ Sulik, Gayle A., 2009, "Managing biomedical uncertainty: the technoscientific illness identity." in: *Sociology of Health & Illness* 30(7).

▣ Szasz, Thomas, 2007, The *Medicalization of Everyday Life*, Syracuse University Press.

▣ Taylor-Brown, Sormanti, M., 2004, "End of Life Care" *Health and Social Work*, 29(1), 3-5.

▣ Teno, J. M., Gruneir, A., Schwartz, Z., Nanda, A., & Wetle, T., 2007, "Association bet ween Advance Directives and Quality of End-Of-Life Care: A Nation Study" *Journal of American Geriatrics Society*, 55, 189-194.

▣ The Aberdeen Boday Group, 2004, T*he Body: Critical Concepts in Sociology* Vol. 1-5, Routledge.

▣ The President's Council on Bioethics, 2005, *Taking Care: Ethical Caregiving In Our Aging Society*, Washington D. C.

▣ U.S. President's Council on Bioethics, 2008, *Controversies in the Determination of Death*, A White Paper, Washington D.C.

▣ Vaillant G. E., Mukamal K., 2001, "Successful aging" *American Journal of Psychiatry.* 2001 Jun; 158(6): 839-47.

▣ Victor, Christina, 2014. "Are Most Older People Really Not Lonely?." presented GSA 2014 Annual Scientific Meeting, Washington, DC.

▣ Waldrop, D. P. & Meeker, M. A. (2012). "Hospice Decision Making: Diagnosis Makes a Difference" *The Gerontologist* 52 (5) 686-697.

■ Walker, Alan (ed.), 2014, *The New Science of Ageing*, Policy Press Wahl, Hans-Werner et al. 2006, *The Many Faces of Health, Competence, and Well-being in Old Age*, Springer.

■ White House(2012). "The Affordable Care Act Helps Seniors." From http://www. whitehouse.gov/sites/default/files/docs/the_aca_helps_seniors.pdf

■ Wiesing, Jox, Heβler, & Borasio, 2010, "A New Law in Advance Directives in Germany" *Journal of Medical Ethics*, 36(12), 779-783.

■ Wilhelmsson C, Vedin JA, Elmfeldt D, Tibblin G, Wilhelmsen L, 1975. "Smoking and myocardial infarction" *Lancet* 1: 415-420.

| 찾아보기 |

공동저자 약력

편집저자 서이종

서울대학교 사회학과 학부와 대학원을 졸업하고 독일베를린자유대학에서 박사학위를 받고 현재 서울대학교 사회학과 교수로 재직 중이며 과학사/철학 협동과정 겸임교수로 활동하고 있다. 전공분야는 과학기술사회학으로 의생명기술과 정보기술의 사회적 영향에 관한 연구를 하고 있다. 저서로는 과학사회논쟁과 한국사회(2005), 학문후속세대를 위한 연구윤리(2013) 등이 있으며 "Dr. Hwang Scandal from the Viewpoint of Politics of Science"(2009), "미국 터스키기 매독연구의 생명윤리 논란과 그 영향"(2009), "막스 베버의 사회학과 비인간들"(2011) "일본제국군의 세균전 과정에서 731부대의 대규모 현장세균실험의 역사적 의의"(2014), "만주의 '벌거벗은 생명'과 731부대의 특설감옥 생체실험의 희생자"(2014) 등이 있다. yjsuh@snu.ac.kr

공동저자 조비룡

서울대학교 의대를 졸업하고 1994년부터 서울대병원 가정의학과에 근무하여 현재 서울의대 가정의학 주임교수이며 서울대학교병원 건강증진센터장을 담당하고 있다. 2002년 미시간대학과 존스홉킨스 대학 등에서 교환교수로 지냈다. 현재 대한노인병학회 학술이사, 대한가정의학회 일차의료 연구소장으로 활동하고 있고, 보건복지부, 질병관리본부, 중앙약사심의위원회, 국민건강보험 공단의 자문위원을 담당하고 있다. 주요 연구분야와 논문은 건강증진, 건강검진, 노인의학, 암생존자 건강관리 등을 다루고 있다.

공동저자 김종명

포천의료원 가정의학과 과장의사로 재직 중이며 "민간의료보험, 절대로 들지마라"(2012) 출간하였다.

공동저자 최경석

서울대 미학과에서 학사 및 석사 학위 취득 후, 미국 Michigan State University 철학과에서 박사학위를 받았으며 현재 이화여대 법학전문대학원 교수이며 대학원 생명윤리정책 협동과정 겸임교수이다. 또한 한국생명윤리학회 부회장, 한국의료윤리학회 편집위원장으로 활동하고 있다. 주요 논문으로 "사전지시와 Physician Orders for Life-Sustaining Treatment의 윤리적·법적 쟁점", "김 할머니 사건에 대한 대법원 판결의 논거 분석과 비판", "자발적인 소극적 안락사와 소위 '존엄사'의 구분 가능성" 등이 있다.

공동저자 박경숙

미국 브라운대에서 사회학박사 학위를 취득하였고, 서울대학교 사회학과 교수로 재직 중이며 인구, 노년분야를 중심으로 연구하고 있다. 주요 논저로는 『북한사회와 굴절된 근대: 인구, 국가, 북한주민의 삶』(2013), 『세대갈등의 소용돌이: 가족, 경제, 문화, 정치적 메카니즘』(2013, 공저), 『빈곤의 순환고리들』(2005, 공저), 『고령화 사회 이미 진행된 미래』(2003), "식민지시기(1910-1945) 조선의 인구동태와 구조" (2009, 한국인구학), "일제의 인구조사와 인구통치: 1908-1936년 재만 일본영사경찰의 인구집계자료를 중심으로"(2012, 사회와 역사) 등이 있다. pks0505@snu.ac.kr

공동저자 한수연

숙명여자대학교에서 이학박사 학위를 취득하고, 미국 Columbia University School of Social Work에서 석사 학위를 마쳤으며 현재 남서울대학교 사회복지학과 조교수로 재직 중이다. 미국 New Jersey주에서 운영하는 Medical Center에서 의료사회복지사로 근무하였으며 임상사회복지사 자격증 (LCSW)을 소지하고 있다. 현재 노인과 가족의 임종의료결정 권리 향상을 위하여 시민단체인 "Care Rights" NGO를 설립하여 운영하고 있다. 주요 논문으로 "노인환자와 가족의 연명치료 의사결정 참여에 관한 소고", "노인환자와 가족의 임종의료결정 권리 및 사회복지사 역할 이해도", "장기요양 시설 사회복지사의 사전의료의향서 지식 및 노인환자 임종의료결정에서의 사회복지사 역할 이해도" 등이 있다.

노년의 생명윤리와 생명정치(1)

고령사회의 노년기 만성질환과 호스피스의 생명정치

초판인쇄	2015년 6월 25일
초판발행	2015년 6월 30일
엮은이	서이종
펴낸이	안종만
편 집	김선민·전채린
기획/마케팅	이영조
표지디자인	홍실비아
제 작	우인도·고철민
펴낸곳	(주) **박영사**
	서울특별시 종로구 새문안로3길 36, 1601
	등록 1959. 3. 11. 제300-1959-1호(倫)
전 화	02)733-6771
f a x	02)736-4818
e-mail	pys@pybook.co.kr
homepage	www.pybook.co.kr
ISBN	979-11-303-0205-8 93330

정 가   16,000원